PASSERELLES

Tle BAC PRO

NOUVEAU BAC PRO

Histoire Géographie EMC

Sous la direction de A. Couderc

S. Albert

M. Barlogis

A. Baron

F. Blanchard

M. Boulanger

M. Fekete

V. Legallicier

D. Le Nuz

A. Morvan

G. Ritter

L. Welykyj

FOUCHER

SOMMAIRE HISTOIRE

LA FRANCE, L'EUROPE ET LE MONDE DEPUIS 1945

Maquette intérieure Marc Henry
Mise en page et adaptation maquette Ici & ailleurs
Cartographie Légendes Cartographie
Infographie Vincent Landrin
Iconographie Brigitte Hammond
Relecture Marianne Stjepanovic

ISBN 978-2-216-16182-9

SOMMAIRE GÉOGRAPHIE

LES HOMMES FACE AUX CHANGEMENTS GLOBAUX

SOMMAIRE ENSEIGNEMENT MORAL ET CIVIQUE

AP ACCOMPAGNEMENT PERSONNALISÉ

SUJETS D'EXAMEN

CAPACITÉS

Cette liste n'est pas exhaustive. Toutes les autres capacités obligatoires sont également traitées de manière méthodologique dans « Je m'exprime à l'écrit » ou « Le + Numérique ».

LES ANIMATIONS SONORES

HISTOIRE

GÉOGRAPHIE

LE + NUMÉRIQUE

(quiz + activités interactives)

Thème I Le jeu des puissances internationales

Doc 1 **Affiche de 1944**

Affiche de F.H.K. Henrion, Croix gammée écartelée par les efforts conjugués des quatre principaux alliés, 1944, *Université de Brighton*.

EAC Quels mots associeriez-vous à cette image ? Pourquoi ?

dans les relations depuis 1945

SECONDE GUERRE MONDIALE (1939-1945)

AFFRONTEMENT ENTRE LES ÉTATS-UNIS ET L'URSS PENDANT LA GUERRE FROIDE (1947-1991)

DE NOUVEAUX RAPPORTS DE FORCE

1991 : dislocation de l'URSS et fin de la guerre froide

2001 : Attentats terroristes aux États-Unis

1940 1950 1960 1970 1980 1990 2000

Doc 2 **Dans les décombres du World Trade Center à New York, 11 septembre 2001**

Photographie de Beth A. Keiser

EAC Quels sentiments mêlés se dégagent de cette scène ? Expliquez votre réponse.

EN ROUTE VERS LE THÈME

1. **Doc 1** À quels pays sont associées les mains ? Que laisse supposer leur action conjointe lors de la Seconde Guerre mondiale ?
2. **Doc 2** Quel drapeau identifiez-vous ? Que révèle sa mise en scène ?
3. **Doc 1, 2 ET CHRONOLOGIE** Quel aspect du jeu des puissances est pointé dans chaque document ?

1 Le monde dans la guerre froide

1 UN MONDE BIPOLAIRE*

Doc 1 *Le monde divisé en deux de 1947 à 1991

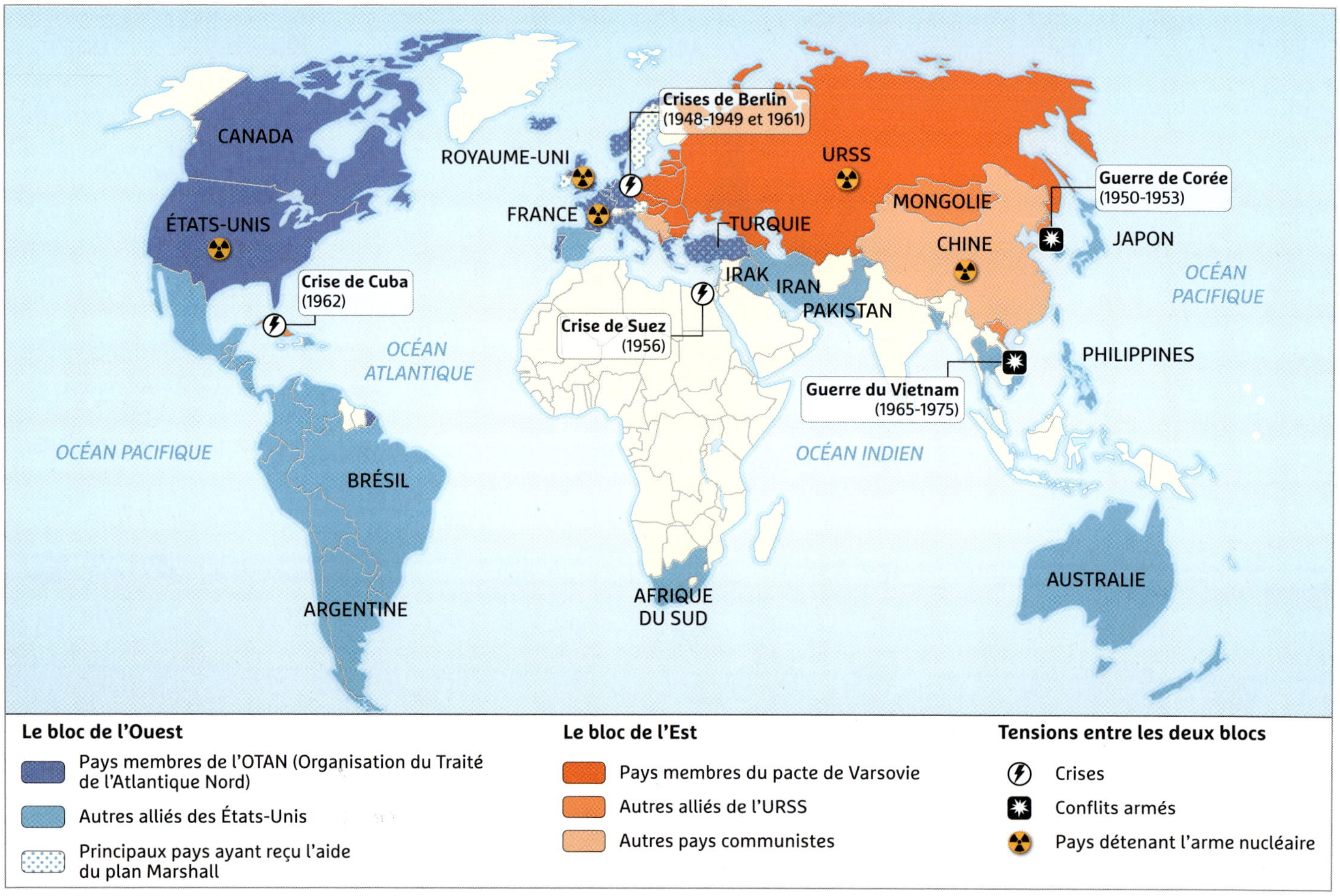

LEXIQUE

- **Guerre froide :** conflit entre les États-Unis et l'URSS de 1947 à 1991, sans affrontement direct, en vue de dominer le monde divisé en deux camps : le bloc de l'Ouest occidental et capitaliste et le bloc de l'Est soviétique et communiste.
- **Superpuissance :** État qui exerce un poids politique, économique, culturel et militaire à l'échelle mondiale. Pendant la guerre froide, les États-Unis et l'URSS sont les deux superpuissances.
- **Propagande :** action exercée sur l'opinion par tous les moyens disponibles pour lui faire accepter des idées et obtenir son adhésion.

1. **Doc 1 et lexique** Quels pays sont à la tête des deux blocs et quels sont leurs alliés respectifs ?
2. **Doc 1 et lexique** Quels éléments permettent de comprendre que cette guerre est appelée « froide » ? Selon vous, comment peut-on expliquer la particularité de cette guerre ?
3. **Doc 2** D'après ce document, quelles seraient les conséquences du communisme aux États-Unis ?
4. **Doc 3** Quelle image de l'armée américaine donne à voir cette affiche ?
5. **Doc 2 et 3** AP *(Comment analyser une image de propagande, p. 151)* **Capacité.** Que nous permet de comprendre la confrontation de ces deux documents sur la propagande des États-Unis et de l'URSS ?

Doc 2 Couverture d'une BD américaine de 1947

« Demain : l'Amérique sous le communisme ! »

Doc 3 Affiche soviétique de 1982

« L'armée américaine est un instrument d'agression et de braquage. »

CAPACITÉ

Confronter les points de vue des États-Unis et de l'Union soviétique à travers l'analyse de documents de propagande *(Doc 2 et 3)*

MÉTHODE

1. Présenter les documents et les contextualiser
2. Décrire chaque document
3. Analyser les deux documents pour confronter les deux points de vue exposés

APPLIQUER

1. Durant quelle période historique les documents 2 et 3 ont-ils été produits ?
2. Indiquez la nature et les destinataires de ces documents.
3. Décrivez ce que vous voyez dans chaque image (lieu, décor, personnages, gestes, attitudes).
4. Quel point de vue sur l'ennemi chaque superpuissance veut-elle faire partager ?
5. Pourquoi peut-on dire que ces documents relèvent de la propagande (voir le lexique) ?
6. Quels sont les points communs entre ces deux affiches dans leur contenu et leur objectif ?

→ Quel rôle joue la propagande dans la construction d'un monde bipolaire pendant la guerre froide ?

2 DES TENSIONS EST/OUEST

Doc 1 Chronologie de la guerre de Corée (1950-1953)

Automne 1945	Après l'occupation japonaise de la Seconde Guerre mondiale, la Corée est partagée en deux zones : la zone soviétique au nord du 38e parallèle et la zone américaine au sud.
25 juin 1950	Les troupes nord-coréennes communistes soutenues par l'URSS franchissent le 38e parallèle et envahissent la Corée du Sud soutenue par les États-Unis.
26 juin 1950	La Corée du Nord rejette le cessez-le-feu exigé par l'Organisation des Nations unies (ONU).
30 juin 1950	Le président Harry S. Truman envoie des troupes américaines en Corée du Sud.
15 septembre 1950	Des troupes de l'ONU débarquent en Corée du Sud.
16 octobre 1950	La Chine communiste envoie les premiers contingents en Corée.
2 novembre 1950	Les forces des États-Unis et de l'ONU affrontent les troupes chinoises.
26 novembre 1950	Les forces communistes lancent une offensive générale contre les troupes des États-Unis et de l'ONU.
11 avril 1951	Le général américain Mac Arthur, commandant suprême des forces de l'ONU en Corée, qui souhaite l'usage de la bombe atomique, est relevé de ses fonctions.
27 juillet 1953	Après trois ans de conflits armés, le cessez-le-feu est signé à Panmunjeom. La Corée est partagée en deux, de part et d'autre du 38e parallèle.

Doc 2 La crise des missiles de Cuba (1962)

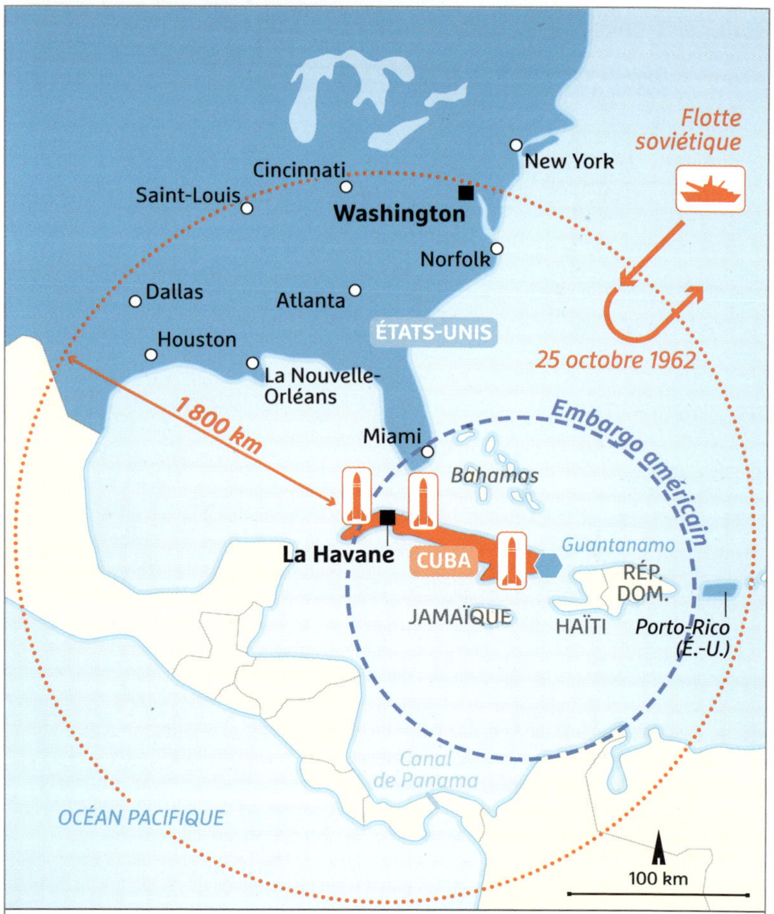

Base de fusées soviétiques sur le territoire cubain

Rayon d'action des fusées soviétiques

Base américaine sur le territoire cubain

Embargo américain à partir du 22 octobre 1962

LEXIQUE

- **Arme nucléaire :** arme utilisant l'énergie nucléaire, obtenue par la fission ou la fusion de noyaux atomiques. En raison de sa puissance de destruction, la possession de l'arme nucléaire montre la puissance d'un État. Une résolution de l'ONU de 1961 qualifie son utilisation de « crime contre l'humanité ».
- **ONU :** l'Organisation des Nations unies est une organisation internationale fondée en 1945, regroupant 193 États. Ses objectifs sont la paix, la sécurité, la justice internationale, ainsi que le respect des droits de l'homme et le développement durable.

Doc 3 L'équilibre de la terreur vu par un historien

L'idée directrice [...] était celle de la solidarité des deux Grands contre la guerre totale dont ils seraient les premières victimes. Inévitablement ennemis par position, à cause de l'incompatibilité de leurs idéologies, États-Unis et Union soviétique ont un intérêt suprême commun. Ils ne sont ni désireux ni capables de régner ensemble mais ils sont résolus, dans la mesure où chacun est désormais exposé aux coups de l'autre, à ne pas s'autodétruire.

Paix et guerre entre les nations, de Raymond Aron, © Éditions Calmann-Lévy, 1962, 1984 et 2004.

Doc 4 L'équilibre de la terreur vu par un caricaturiste

1. **Doc 1** Quels sont les acteurs qui s'affrontent pendant la guerre de Corée ? Pourquoi peut-on dire que cette situation était dangereuse ?
2. **Doc 2** Quel danger ont frôlé les États-Unis et le monde en 1962 ? Justifiez votre réponse en citant des éléments de la carte et de la légende.
3. **Doc 4** Quelles puissances représentent ces deux militaires ? Que tiennent-ils au bout de leurs mains ?
4. **Doc 3 et 4** À partir de l'analyse de Raymond Aron, formulez la proposition du militaire de gauche et imaginez la réponse de celui de droite.

→ Comment la possession de l'arme nucléaire conduit-elle à un « équilibre de la terreur » pendant la guerre froide ? Pour appuyer votre réponse, vous pouvez compléter le schéma ci-dessous en utilisant les termes suivants : *crise de Cuba, équilibre de la terreur, peur de la destruction nucléaire, guerre de Corée*

LE + NUMÉRIQUE

OBJECTIF : comprendre deux crises majeures de la guerre froide

Visionne la vidéo : « La guerre de Corée »
→ *Réponds au quiz puis à la question de synthèse.*

#Vidéo
La guerre de Corée 1 : 46 min
foucherconnect.fr/21mhg01

Visionne la vidéo : « La crise des missiles de Cuba ».
→ *Réponds au quiz puis à la question de synthèse.*

#Vidéo
La crise des missiles de Cuba 4 : 37 min
foucherconnect.fr/21mhg03

....	→	....	→	....
....		....		....
....		....		....

→ = entraînent ; a/ont pour conséquence ; provoquent

Schéma mis en phrase : ....

....

....

3 DE NOUVEAUX ENJEUX INTERNATIONAUX

Doc 1 L'action de l'ONU analysée par un historien

« Il y a une raison majeure pour laquelle l'ONU a échoué pendant cette période [de la guerre froide], c'est-à-dire n'a pas réussi à agir comme ses fondateurs l'avaient proposé, comme « un centre où s'harmonisent les efforts des nations » […] ; elle a échoué parce qu'elle n'a même pas tenté d'y réussir : elle n'était pas considérée, même par la plupart de ses membres, comme un lieu où les grandes puissances ou quelques autres négociaient les solutions de leurs différends. Elle était envisagée comme un forum public où les problèmes étaient discutés publiquement, où les opposants étaient publiquement condamnés, où les résolutions étaient publiquement proposées, où l'opinion publique était mobilisée pour la cause que l'on défendait. Elle était considérée par conséquent plutôt comme un champ de bataille que comme un lieu où l'on recherche la paix, comme un endroit où l'on marque des points plutôt que de chercher à s'entendre, comme un instrument de confrontation plutôt que de conciliation. »

Maurice Bertrand et Antonio Domini, *L'ONU*, Paris, La Découverte, « Repères », 2015.

Doc 2 Affiche d'Amnesty international[1]

Amnesty international est une ONG (organisation non gouvernementale) fondée en 1961 pour défendre les droits de l'homme.

Doc 4 Logo créé en 1975

Doc 3 L'enjeu du développement

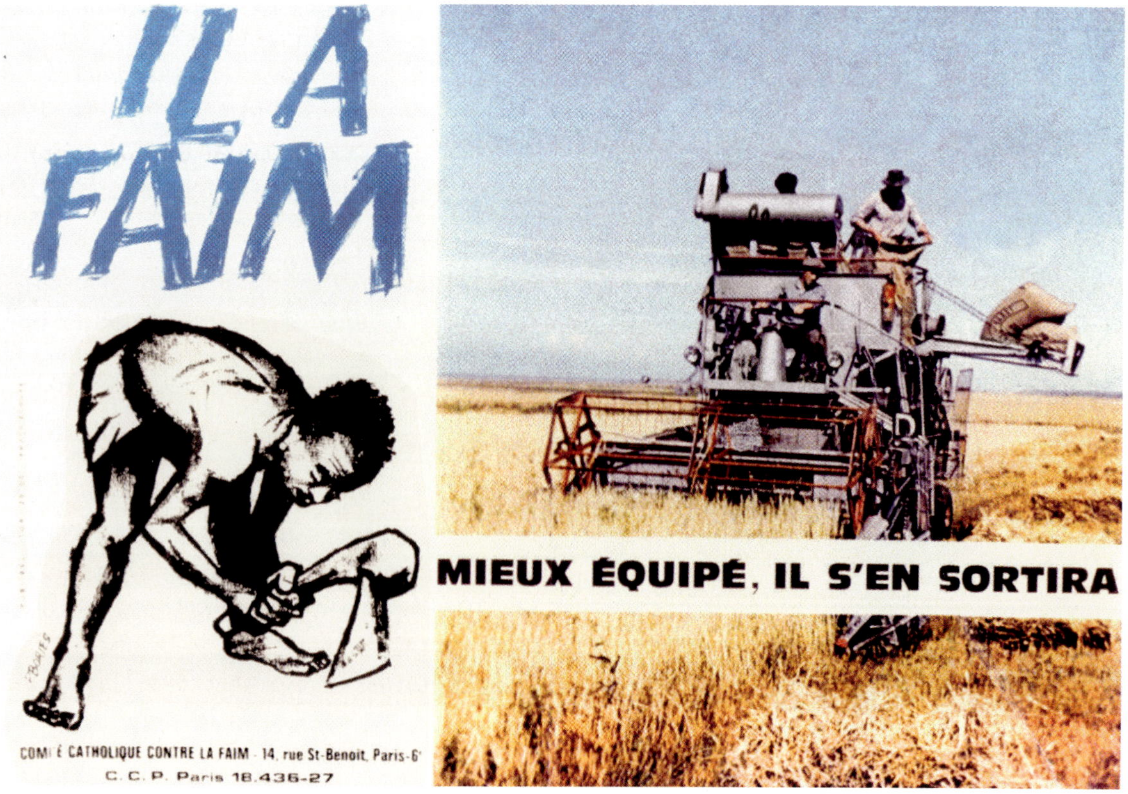

Affiche du Comité catholique contre la faim et pour le développement (CCFD), 1964.

Doc 5 Les accords d'Helsinki de 1975

Extraits de l'acte final de la Conférence sur la sécurité et la coopération en Europe d'Helsinki (1975) à laquelle ont participé presque tous les pays d'Europe de l'Ouest et de l'Est, ainsi que les États-Unis, l'URSS et l'ONU.

Les États participants

Réaffirmant, pour autant qu'ils sont membres des Nations unies et en accord avec les buts et les principes des Nations unies, leur appui total et actif à l'Organisation des Nations unies et au renforcement de son rôle et de son efficacité pour consolider la paix, la sécurité et la justice internationales et pour faire avancer le règlement des problèmes internationaux ainsi que pour développer les relations amicales et la coopération entre les États ;

Déclarent qu'ils sont résolus à respecter et à mettre en pratique, chacun d'entre eux dans ses relations avec tous les autres États participants, indépendamment de leur système politique, économique ou social ainsi que de leur dimension, de leur situation géographique ou de leur niveau de développement économique, les principes suivants, tous d'une importance primordiale, qui régissent leurs relations mutuelles :

1. Égalité souveraine, respect des droits inhérents à la souveraineté
2. Non-recours à la menace ou à l'emploi de la force
3. Inviolabilité des frontières
4. Intégrité territoriale des États
5. Règlement pacifique des différends
6. Non-intervention dans les affaires intérieures
7. Respect des droits de l'homme et des libertés fondamentales, y compris la liberté de pensée, de conscience, de religion ou de conviction
8. Égalité des droits des peuples et droit des peuples à disposer d'eux-mêmes
9. Coopération entre les États
10. Exécution de bonne foi des obligations assumées conformément au droit international

https://www.osce.org/fr/mc/39502

LE + NUMÉRIQUE

OBJECTIF : comprendre l'action d'une ONG

Visionne la vidéo : « Prix Nobel de la paix : Amnesty International ».

→ *Réponds au quiz puis à la question d'analyse.*

#Vidéo
Prix Nobel de la paix : Amnesty International 2 : 32 min
foucherconnect.fr/21mhg05

1 **Doc 1** Quel est le point de vue de l'historien Evan Luard sur l'action de l'ONU pendant la guerre froide ? Comment justifie-t-il son opinion ?

2 **Doc 2, 3 et 4** Quels sont les nouveaux enjeux internationaux montrés par ces trois documents ?

3 **Doc 5** Quels pays participent aux accords d'Helsinski et sous l'égide de quelle organisation ?

4 **Doc 5** Quels sont les objectifs de ces accords ?

5 **Doc 1 et 5** Comparez le rôle joué par l'ONU dans les accords d'Helsinki avec le point de vue exposé sur son action (Doc 1) : quelles remarques pouvez-vous faire ?

→ **Quels sont les nouveaux enjeux internationaux qui apparaissent pendant la guerre froide et quel rôle joue l'ONU ?**

JE RETIENS

1 Le monde dans la guerre froide

1 Un monde bipolaire

De 1947 à 1991, le monde est coupé en deux entre le bloc de l'Ouest pro-américain et le bloc de l'Est pro-soviétique. Cette rivalité est alimentée des deux côtés par une propagande qui repose sur l'opposition entre le camp du bien et celui du mal.

2 Des tensions Est/Ouest

Les deux Grands s'affrontent indirectement (guerre de Corée) et frôlent le pire lors de la crise de Cuba (1962). La possession de l'arme nucléaire provoque un « équilibre de la terreur ».

3 De nouveaux enjeux internationaux

L'action de l'ONU est en partie paralysée pendant la guerre froide, mais elle réaffirme ses convictions lors des accords d'Helsinki (1975), alors que de nouveaux enjeux internationaux apparaissent : droits de l'homme, développement, environnement.

2 Un échiquier mondial élargi

1 L'EUROPE DE L'OUEST, NOUVELLE ORGANISATION RÉGIONALE

Doc 1 Vers une unification européenne

La paix mondiale ne saurait être sauvegardée sans des efforts créateurs à la mesure des dangers qui la menacent. [...] L'Europe n'a pas été faite, nous avons eu la guerre. L'Europe ne se fera pas d'un coup ni dans une construction d'ensemble : elle se fera par des réalisations concrètes créant d'abord une solidarité de fait. Le rassemblement des nations européennes exige que l'opposition séculaire[1] de la France et de l'Allemagne soit éliminée. [...] Le gouvernement français propose de placer l'ensemble de la production franco-allemande de charbon et d'acier sous une Haute Autorité commune, dans une organisation[2] ouverte à la participation des autres pays d'Europe. [...] Ainsi sera réalisée simplement et rapidement la fusion d'intérêts indispensable à l'établissement d'une communauté économique et introduit le ferment d'une communauté plus large et plus profonde entre des pays longtemps opposés par des divisions sanglantes.

Déclaration de Robert Schuman, ministre français des Affaires étrangères, 9 mai 1950.

1. Très ancienne.
2. Ce sera la CECA (Communauté européenne du charbon et de l'acier), créée en 1951.

Doc 2 Une unification avant tout économique

#Carte animée et sonore
foucherconnect.fr/21mhg51

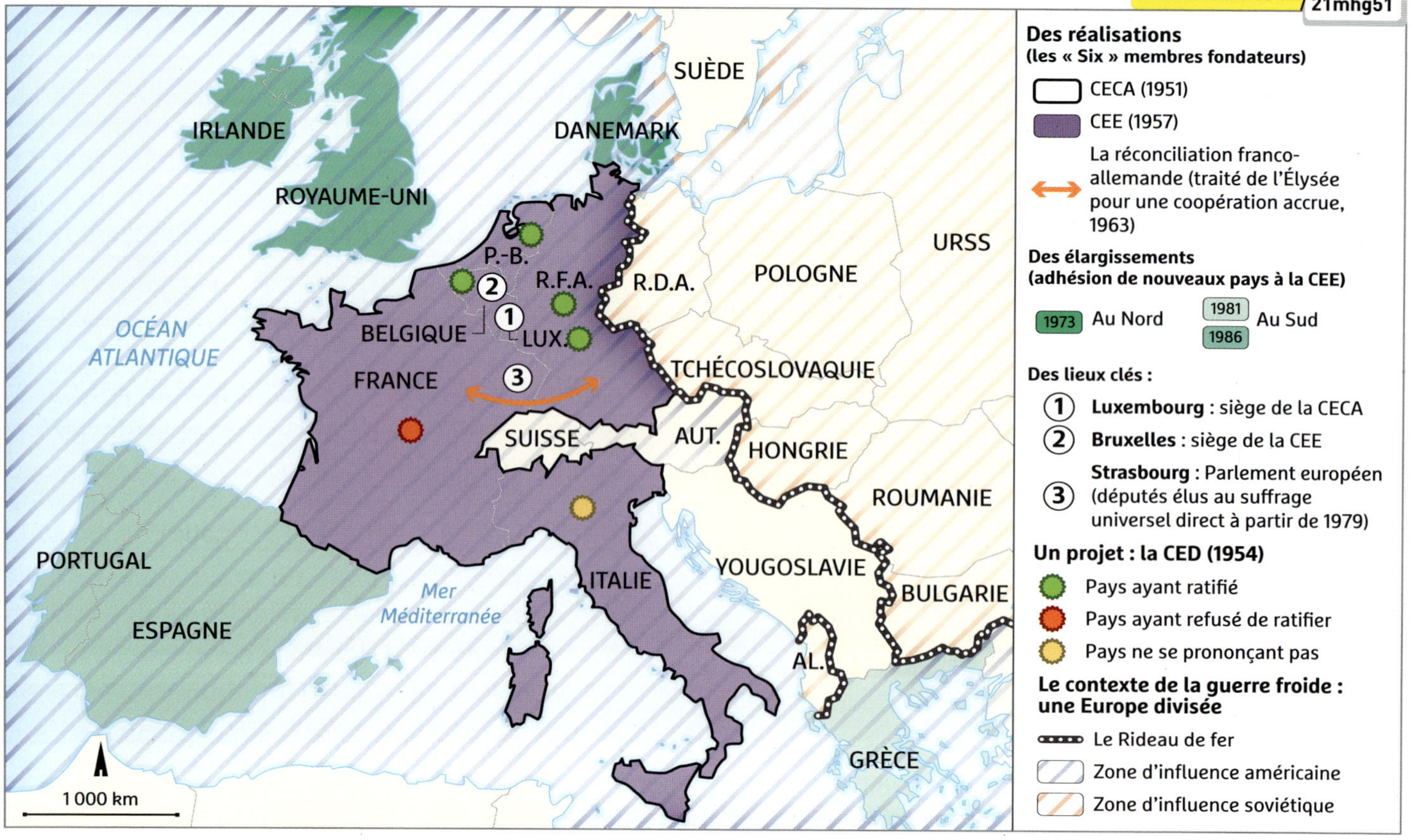

Doc 3 Une armée européenne envisagée

Affiche de Paul Colin (1954), commandée par le gouvernement français pour le projet de la CED exposé en 1950.

LEXIQUE

- **CEE (Communauté économique européenne) :** organisation européenne créée en 1957 pour réaliser un grand marché commun entre ses États membres.
- **Puissance régionale :** État ou groupe d'États dont l'influence se limite à son environnement proche.

Doc 4 La question du réarmement allemand

Couverture de la revue communiste *Démocratie nouvelle*, numéro spécial (1953).

PARCOURS DIFFÉRENCIÉS — Comprendre l'affirmation de l'Europe de l'Ouest

PARCOURS 1

1. **Doc 1** Quel objectif vise le « rassemblement des nations européennes » ? Pourquoi ?
2. **Doc 1 ET 2** À quelles « réalisations concrètes » aboutit ce « rassemblement » dans les années 1950 ? Quels en sont les États membres ?
3. **Doc 2** Quels changements géographique et politique connaît ce « rassemblement » dans les années 1970-1980 ?
4. **Doc 2** Quelle partie de l'Europe n'est pas concernée par ces réalisations ? Pourquoi ?
5. **Doc 3** Quel autre projet a été envisagé ? Dans quel domaine et contre quelles menaces ?
6. **Doc 2 ET 3** Ce projet a-t-il abouti ? Pourquoi ?

PARCOURS 2

1. **Doc 1 ET 2** Pourquoi et de quelle façon l'Europe de l'Ouest cherche-t-elle à s'organiser ?
2. **Doc 2** Comment évolue cette organisation dans les années 1970-1980 ?
3. **Doc 2, 3 ET 4** Quel projet révèle les limites de cette organisation ? Pourquoi ?

→ **Montrez comment l'Europe de l'Ouest cherche à s'affirmer sur l'échiquier mondial : objectif, organisation et limites.**

2 DE NOUVEAUX ÉTATS

Doc 1 Des pays nouvellement indépendants (1945-1975)

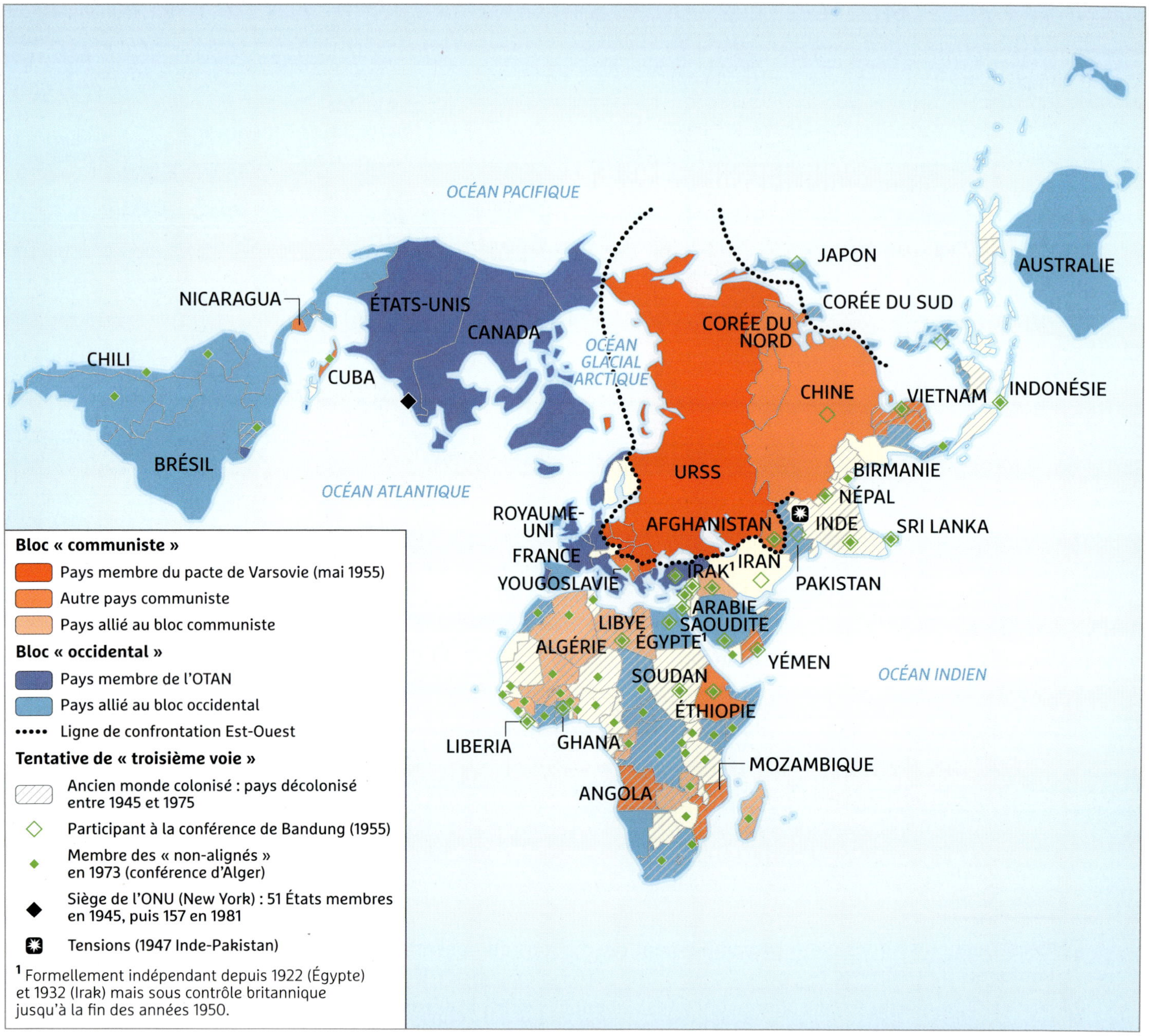

1. **Doc 1** Quel processus historique est à l'origine de l'émergence de nouveaux États sur l'échiquier mondial après 1945 ? Dans quelle partie du monde se situent-ils ?
2. **Doc 1** Dans quel contexte international s'opère ce processus ?
3. **Doc 1** Quelle « voie » ces nouveaux États envisagent-ils de suivre en matière de politique étrangère ?
4. **Doc 2** **Capacité.** En quoi consiste cette politique étrangère ?
5. **Doc 3** Dégagez les caractéristiques des hommes dessinés, puis celles des rats : nombre, taille, attitude générale.
6. **Doc 1 ET 3** Quels pays incarnent ces personnages ?
7. **Doc 2 ET 3** Rapprochez la date de ce dessin de celle de la conférence de Bandung. Quel regard critique porte le dessinateur sur cette politique étrangère initiée par ces nouveaux États ?

LEXIQUE

- **Décolonisation :** processus qui aboutit à l'indépendance d'un pays colonisé. Accéléré dans les années 1960, il aboutit à la multiplication de nouveaux États.
- **Non-alignement :** refus de certains pays d'appartenir à l'un des deux blocs pendant la guerre froide.

Doc 2 L'affirmation d'une « troisième voie » : le non-alignement

Le 18 avril 1955 s'ouvre à Bandung, capitale de l'Indonésie, la première conférence afro-asiatique. 29 États récemment indépendants y participent : 23 d'Asie et 9 d'Afrique.

Depuis sept jours nous sommes dans cette belle ville de Bandung, et Bandung a été au cours de cette semaine le point de mire, la capitale, devrais-je dire, de l'Asie et de l'Afrique. [...] Il n'y a plus d'Asie soumise, elle est vivante, dynamique [...]. Nous sommes résolus à n'être d'aucune façon dominés par aucun pays, par aucun continent. Nous ne sommes pas des « béni-oui-oui » qui disent « oui » à n'importe quel pays. Nous sommes des grands pays du monde et voulons vivre libres sans recevoir d'ordres de personne. Nous attachons de l'importance à l'amitié des grandes puissances mais [...], à l'avenir, nous ne coopérerons avec elles que sur un pied d'égalité.

C'est pourquoi nous élevons notre voix contre l'hégémonie et le colonialisme dont beaucoup d'entre nous ont souffert pendant longtemps. Et c'est pourquoi nous devons veiller à ce qu'aucune autre forme de domination ne nous menace. Nous voulons être amis avec l'Ouest, avec l'Est, avec tout le monde. Le seul chemin qui mène droit au cœur et à l'âme de l'Asie est celui de la tolérance, de l'amitié, de la coopération.

Discours de clôture de Jawaharlal Nehru, Premier ministre de l'Union indienne, 24 avril 1955

Doc 3 Les limites du non-alignement, dessin de presse de Plantu, 1978

Ce dessin évoque le conte allemand du joueur de flûte de Hamelin qui attira, par sa musique, des rats jusqu'à une rivière où ils se noyèrent.

Dessin de Plantu tiré de l'album *Pauvres Chéris*, 1978.

CAPACITÉ — Dégager l'intérêt, la portée et le sens d'un document de la période (Doc 2)

MÉTHODE

1. **Présenter le document et le contextualiser**
2. **Dégager l'intérêt du document**
   Reformuler l'idée principale.
3. **Mesurer la portée et le sens du document**
   Mettre en perspective le document : il s'agit de s'interroger sur son impact.

APPLIQUER

1. Repérez le type, la nature, l'auteur, le(s) destinataire(s) et la date du Doc 2. À quelle occasion est-il produit ?
2. Précisez la situation internationale lorsque ce document est produit. Aidez-vous du Doc 1.
3. Que veut l'auteur pour les États nouvellement indépendants ?
4. Selon quels principes politiques ? Justifiez vos réponses.
5. À l'aide du Doc 1, indiquez le terme qui désigne ces États.
6. D'après le Doc 1, quel retentissement a cette politique sur l'échiquier international ? À quelles occasions peut-elle être défendue ?

→ **Expliquez comment les États nouvellement indépendants cherchent à peser sur les relations internationales.**

3 L'AFFIRMATION DE LA CHINE

Doc 1 La Chine, nouvelle puissance influente pendant la guerre froide

Doc 2 La Chine pendant la guerre de Corée

Affiche de propagande chinoise, 1951.

« Soutenons avec force le contingent des volontaires (1) dans la guerre de résistance aux États-Unis (2) et d'aide à la Corée[1] (3). »

1. Corée du Nord.

Doc 3 Le jeu des puissances selon la Chine

Membre permanent du conseil de sécurité de l'ONU à partir de 1971, la Chine expose devant son Assemblée générale sa perception de la scène mondiale.

À en juger par les changements intervenus dans les relations internationales, notre globe comporte en fait maintenant trois parties, trois mondes qui sont à la fois mutuellement liés et contradictoires entre eux. Les États-Unis et l'Union soviétique forment le premier monde, les pays en voie de développement d'Asie, d'Afrique et d'Amérique latine et des autres régions, le tiers-monde[1], et les pays développés se trouvant entre les deux, le second monde[2]. Les deux superpuissances, les États-Unis et l'Union soviétique, tentent en vain de s'assurer l'hégémonie[3] mondiale. Elles cherchent par divers moyens à placer sous leur contrôle respectif les pays en voie de développement [...]. La Chine appartient au tiers-monde. Le gouvernement et le peuple chinois, indéfectiblement fidèles aux enseignements du président Mao[4], appuient résolument la lutte menée par les nations et les peuples opprimés de partout pour la conquête et la sauvegarde de l'indépendance nationale et le développement de l'économie nationale, contre le colonialisme, l'impérialisme et l'hégémonie.

Discours de Deng Xiaoping, chef de la délégation chinoise à l'ONU, 10 avril 1974.

1. Ensemble géographique correspondant aux pays en voie de développement.
2. Tous les autres pays ne faisant partie ni du premier ni du troisième monde, comme le Canada, le Japon et les pays européens.
3. Domination.
4. Mao Tsé-toung, chef d'État chinois.

Doc 4 Dates clés de la Chine au début de la guerre froide

1949	La Chine devient communiste.
1950	La Chine soutient les Coréens du Nord pendant la guerre de Corée.
1955	La Chine participe à la conférence de Bandung.

LE + NUMÉRIQUE

OBJECTIF : comprendre l'impact de l'entrée de la Chine à l'ONU, 1971

Visionne le reportage qui couvre cet événement.

→ *Réponds au questionnaire associé.*

#Vidéo
1971, La République populaire de Chine aux Nations unis 2 : 36 min
foucherconnect.fr/21mhg31

1. **Doc 1 et 4** Montrez que la Chine est un pays qui se trouve géographiquement et politiquement au cœur de la guerre froide.
2. **Doc 2** Quels sont les pays incarnés par les personnages ?
3. **Doc 1, 2 et 4** Dans quel contexte s'affrontent-ils ?
4. **Doc 2** AP *(Comment justifier une réponse en histoire, p. 152)* Quelle image la Chine cherche-t-elle à se donner sur la scène internationale ? Justifiez votre interprétation.
5. **Doc 3** Quels sont les « mondes » qui composent la scène internationale selon la Chine ?
6. **Doc 3** De quel monde la Chine se revendique-t-elle ? Quel rôle veut-elle y jouer ?
7. **Doc 1 et 3** De quels moyens dispose-t-elle pour se faire entendre ?

→ **Montrez comment la Chine s'affirme comme puissance internationale dans les années 1950-1970.**

JE RETIENS

2 Un échiquier mondial élargi

1 L'Europe de l'Ouest, nouvelle organisation régionale

À partir des années 1950, des États de l'Europe de l'Ouest multiplient les initiatives de coopération pour tenter de se dégager du contexte de la guerre froide. La CEE est créée.

2 De nouveaux États

Dans la seconde moitié du XXe siècle, les pays colonisés accèdent à l'indépendance. Ils s'efforcent de trouver une place dans les relations internationales en refusant de rallier les États-Unis ou l'URSS : ils forment les non-alignés.

3 L'affirmation de la Chine

Pays communiste depuis 1949, la Chine affirme peu à peu sa puissance militaire et diplomatique de manière autonome sur la scène mondiale.

3 De nouveaux rapports de force

1 LA FIN DE LA GUERRE FROIDE

Doc 1 La dislocation du bloc de l'Est

- **1991** Date des premières élections libres
- **1992** Date de la proclamation d'indépendance des républiques de la Yougoslavie
- Réunification allemande (1990)
- Dislocation de la Yougoslavie (1991-1992) et de la Tchécoslovaquie (1993)
- Arrivée au pouvoir de grands dissidents

Forme de prise par la transition politique
- Rupture nette
- Compromis politique
- Maintien partiel au pouvoir
- Sortie violente du communisme

Situation en 1993
- SLOVÉNIE Nouvel État
- RFA État disparu

Doc 2 « La guerre froide est finie »

Le 25 décembre 1991, la veille de la dislocation de l'URSS[1], le chef d'État Mikhaïl Gorbatchev fait une dernière allocution télévisée, avant de démissionner.

Nous vivons dans un monde nouveau : la guerre froide est finie. [...] Nous avons renoncé à l'ingérence[2] dans les affaires d'autrui. [...] Les peuples, les nations ont obtenu une liberté réelle pour choisir la voie de leur autodétermination. [...] L'ancien système s'est écroulé avant que le nouveau ait pu se mettre en place.

Je quitte mon poste avec inquiétude mais aussi avec espoir.

Nathalie Renault-Rodet, *Les Discours de l'Histoire*, éditions Eyrolles, 2015.

1. Le 26 décembre, l'URSS, créée en 1922, disparaît après la reconnaissance de l'indépendance des anciennes républiques soviétiques.
2. Ingérence : intervention d'un État dans les affaires intérieures d'un autre État.

LEXIQUE

- **Dislocation :** processus au cours duquel un ensemble politique se défait.
- **Dissident :** personne qui n'adhère plus au système politique en place dans son pays.
- **Transition politique :** passage d'un régime politique à un autre.
- **Compromis politique :** arrangement obtenu à la suite de négociations.

LE + NUMÉRIQUE

OBJECTIF : comprendre deux événements clés de la période

Visionne la vidéo « La chute du mur de Berlin ».

→ *Réponds au quiz.*

#Vidéo La chute du mur de Berlin 5 : 15 min — foucherconnect.fr/21mhg30

Visionne la vidéo « La guerre du Golfe : 30 ans après, le récit d'un conflit historique »

→ *Réponds au quiz.*

#Vidéo La guerre du Golfe 2 : 00 min — foucherconnect.fr/21mhg32

Doc 3 La 1re guerre du Golfe (« Tempête du désert »)

Doc 4 Le monde après la guerre froide

Après la victoire de la 1re guerre du Golfe, le président américain Georges Bush prononce ce discours au Congrès, le 6 mars 1991.

« Notre engagement en faveur de la paix au Moyen-Orient ne s'arrête pas à la libération du Koweït. [...] À tous les défis offerts par cette région du monde, il n'y a pas de solution unique, de réponse seulement américaine. [...] Maintenant nous voyons apparaître un nouvel ordre mondial [...]. Un monde où les Nations unies, libérées de l'impasse de la guerre froide, sont en mesure de réaliser la vision historique de leurs fondateurs. Un monde dans lequel la liberté et les droits de l'homme sont respectés par toutes les nations. »

Nathalie Renault-Rodet, *Les Discours de l'Histoire*, éditions Eyrolles, 2015.

PARCOURS DIFFÉRENCIÉS

Décrire la fin de la guerre froide et l'esquisse d'un nouvel ordre mondial

PARCOURS 1

1. **Doc 1** Quelles sont les différentes formes que prend la dislocation du bloc de l'Est ? Donnez quelques exemples.
2. **Doc 2** Comment l'URSS a-t-elle réagi à la dislocation du bloc de l'Est ? Comment Gorbatchev justifie-t-il cette attitude ?
3. **Doc 2** Quel sort connaît l'URSS en décembre 1991 ?
4. **Doc 3** Quels sont les enjeux et les différents acteurs de la guerre du Golfe ?
5. **Doc 3 et 4** Comment Bush justifie-t-il l'intervention militaire ? Quel enjeu de cette guerre présenté dans le Doc 3 n'est pas évoqué par Bush ?

PARCOURS 2

Doc 1 à 4 Recopiez et complétez le tableau chronologique ci-dessous qui montre les dates essentielles de la fin de la guerre froide et l'esquisse d'un nouvel ordre mondial.

Date	Événement (lieu, acteurs, caractéristique)	Attitude / position des deux Grands	Importance, portée historique
Juin 1989			
9 nov. 1989			
Mai 1990			
1991-1992			
Janv. 1991			
Déc. 1991			

→ **Entre 1989 et 1991, comment se termine la guerre froide et comment semble se dessiner le « nouvel ordre mondial » ?**

2 UNE EUROPE REMODELÉE

Doc 1 La construction européenne à partir des années 1990

#Carte animée et sonore
foucherconnect.fr/21mhg54

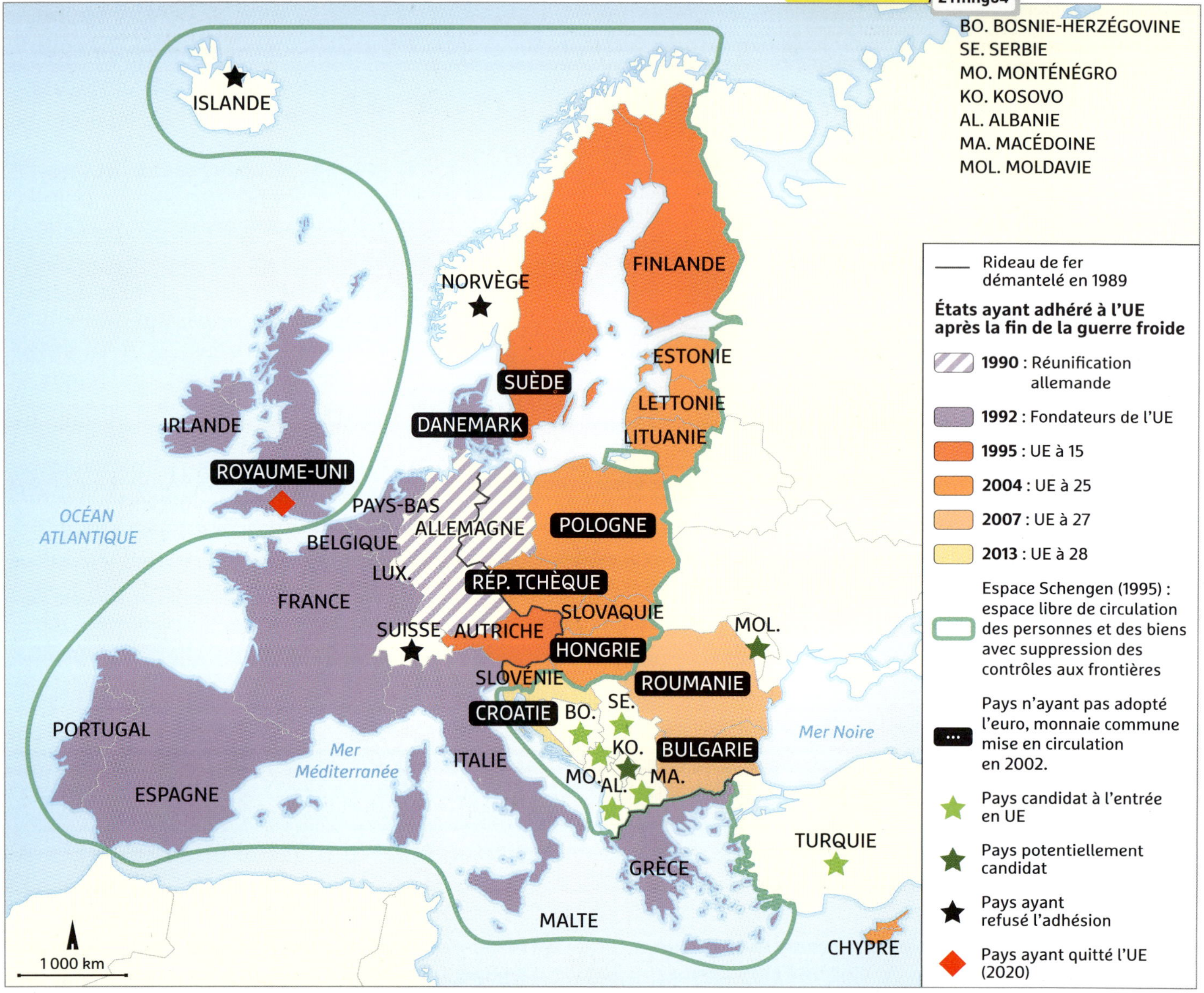

Doc 2 Le traité de Maastricht, 1992

Par le présent traité, les Hautes Parties Contractantes instituent entre elles une Union européenne, ci-après dénommée « Union ». [...]

L'Union se donne pour objectifs :

– de promouvoir un progrès économique et social équilibré et durable, [...] par le renforcement de la cohésion économique et sociale et par l'établissement d'une union économique et monétaire comportant, à terme, une monnaie unique [...] ;

– d'affirmer son identité sur la scène internationale, notamment par la mise en œuvre d'une politique étrangère et de sécurité commune, y compris la définition à terme d'une politique de défense commune [...] ;

– de renforcer la protection des droits et des intérêts des ressortissants de ses États membres par l'instauration d'une citoyenneté de l'Union ; [...]

1. Tout citoyen de l'Union résidant dans un État membre dont il n'est pas ressortissant a le droit de vote et d'éligibilité aux élections municipales dans l'État membre où il réside.

2. Tout citoyen de l'Union résidant dans un État membre dont il n'est pas ressortissant a le droit de vote et d'éligibilité au Parlement européen.

Extraits

Doc 3 Une vision de l'UE au début du XXIe siècle

LEXIQUE

- **Approfondissement :** renforcement des institutions européennes et intégration de plus en plus étroite des États membres.

« Hourra, nous sommes 25 ! »
La scène fait référence au mythe d'Europe, princesse enlevée par Zeus métamorphosé en taureau.
Dessin de Horst Haitzinger paru le 30 avril 2004.

1. **Doc 1** Vers quel espace géographique la construction européenne s'étend-elle depuis 1990 ? Pourquoi ?
2. **Doc 1** À quelle cadence et jusqu'à quand s'opère cet élargissement ?
3. **Doc 2** Quelles sont les initiatives prises à Maastricht ? Pourquoi constituent-elles un tournant majeur de la construction européenne ?
4. **Doc 3** Qui sont les personnages à bord de la charrette ? Leur enthousiasme est-il fondé ?
5. **Doc 4** Sous les traits de quel animal est représentée l'Union européenne ? Qui sont les deux autres animaux ?
6. **Doc 4** Que révèlent cette mise en scène animalière et le jeu de lumière sur les intentions de l'Union européenne sur la scène internationale ?
7. **Doc 3 et 4** Montrez que ces deux visions de l'Union européenne s'opposent.

→ **Présentez les évolutions de la construction européenne depuis la fin de la guerre froide : élargissement, approfondissement et limites.**

Doc 4 L'Union européenne, une puissance influente ?

Caricature de Ruben Oppenheimer, *Courrier international*, 20 novembre 2009.

3 UN MONDE DÉSORMAIS MULTIPOLAIRE

Doc 1 Les États-Unis face au terrorisme

Ayant combattu pour notre indépendance[1], nous savons que la liberté doit être payée au prix fort. De la guerre civile[2] à notre lutte contre le fascisme[3], en passant par la longue lutte crépusculaire de la guerre froide, les champs de bataille ont changé et la technologie a évolué. […] Avec l'effondrement du mur de Berlin, une nouvelle aube de la démocratie s'est installée à l'étranger et une décennie de paix et de prospérité est arrivée ici chez nous. Et pendant un instant, il a semblé que le XXIe siècle serait une période tranquille. Et puis, le 11 septembre 2001, […] des milliers de personnes ont été enlevées, alors que des nuages de feu, de métal et de cendres descendaient sur un matin ensoleillé. C'était un type de guerre différent. Aucune armée n'est venue sur nos côtes et nos militaires n'étaient pas les cibles principales. Au lieu de cela, un groupe de terroristes est venu tuer autant de civils que possible. Et donc notre nation est entrée en guerre. […] La menace est aujourd'hui plus diffuse. […] La plupart, mais pas la totalité, du terrorisme auquel nous avons été confrontés est alimenté par une idéologie commune, une croyance de certains extrémistes selon laquelle l'islam est en conflit avec les États-Unis et l'Occident, et que la violence contre des cibles occidentales, y compris des civils, est justifiée par la poursuite d'une cause plus large. Bien sûr, cette idéologie est fondée sur un mensonge, car les États-Unis ne sont pas en guerre avec l'islam. Et cette idéologie est rejetée par une grande majorité des musulmans, qui sont les victimes les plus fréquentes des attaques terroristes.

Allocution du président américain Obama à l'université de la Défense nationale à Washington D.C., 23 mai 2013.

1. Guerre d'Indépendance américaine (1776-1783).
2. Guerre de Sécession (1861-1865).
3. États-Unis engagés dans la Seconde Guerre mondiale.

Doc 2 Le monde au début du XXIe siècle

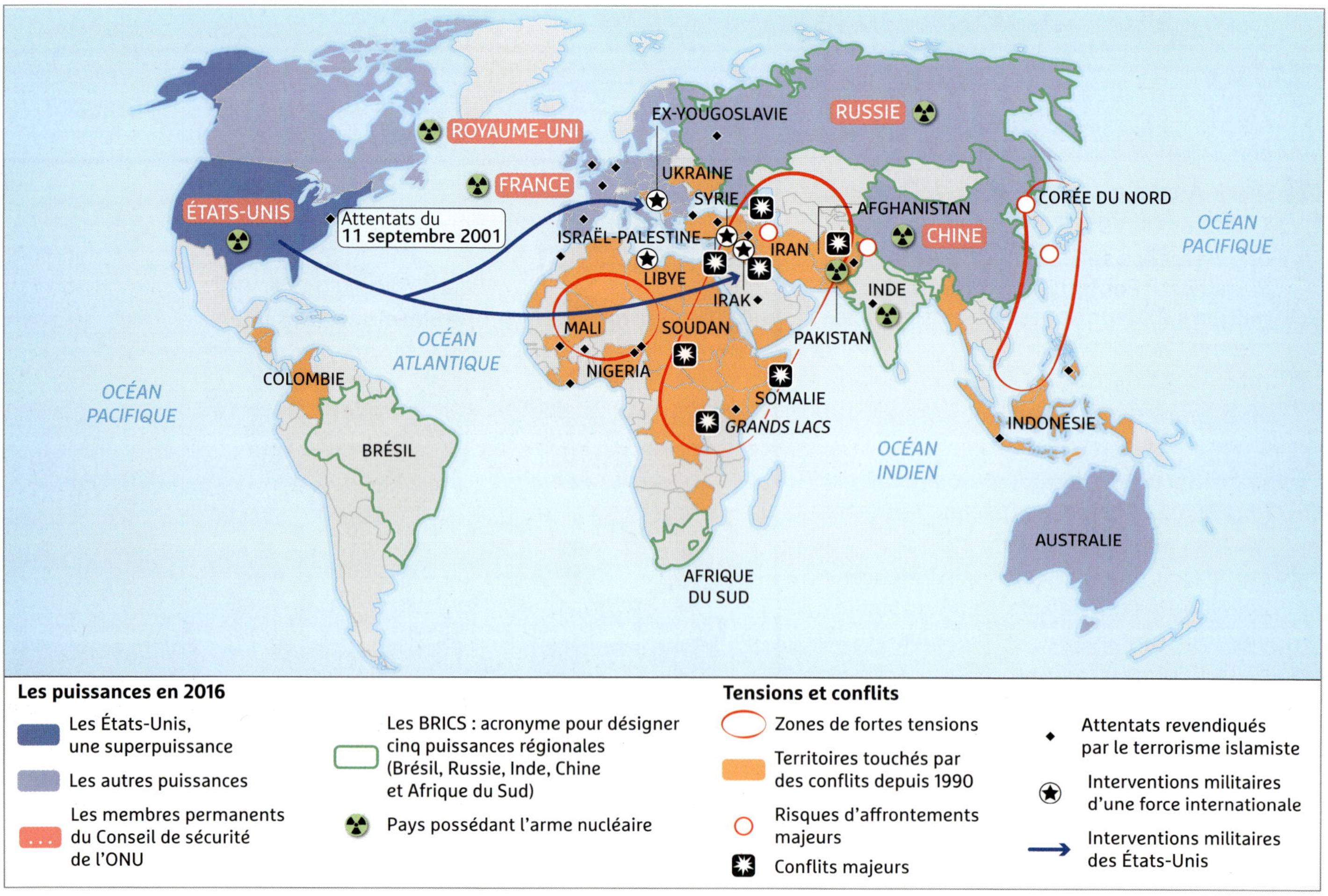

Doc 3 Le jeu de puissances en fonction de la situation internationale

Dessin de Marc Chalvin, mars 2008.

LEXIQUE

- **Multipolaire :** terme pour qualifier la situation internationale actuelle, marquée notamment par la montée en puissance de certains grands pays.
- **Terrorisme :** ensemble des actes de violence exécutés par une organisation dans l'intention d'imposer une volonté politique en provoquant un climat d'insécurité et de terreur.

LE + NUMÉRIQUE

OBJECTIF : travailler une capacité

Capacité : identifier et nommer les périodes historiques, les continuités et les ruptures chronologiques...

foucherconnect.fr/21mhg37

1. **Doc 1 ET 2** Quel événement a eu lieu le 11 septembre 2001 aux États-Unis ?
2. **Doc 1** Pourquoi cet événement constitue-t-il un choc pour les États-Unis ? Pour le monde ?
3. **Doc 2** Localisez les principales zones de conflit, puis celles frappées par le terrorisme.
4. **Doc 1 ET 2** Quelle est la réaction des États-Unis après le 11 septembre ?
5. **Doc 2** Quelles puissances participent à la scène internationale au début du XXIe siècle ?
6. **Doc 3** Comparez les deux puzzles : que révèle le puzzle de droite sur le jeu des puissances actuel par rapport à celui de gauche ?

→ **Expliquez pourquoi le terme « multipolaire » est significatif pour qualifier la situation du monde actuel.**

JE RETIENS

3 De nouveaux rapports de force

1 La fin de la guerre froide

La chute du mur de Berlin et la fin de l'Union soviétique aboutissent à une domination des États-Unis, alors unique superpuissance ; un nouvel ordre mondial apparaît. Mais cette puissance hégémonique se révèle éphémère.

2 Une Europe remodelée

À partir des années 1990, la construction européenne s'accélère : les élargissements successifs et l'approfondissement des institutions transforment profondément l'Europe. Elle doit cependant faire face à des crises.

3 Un monde désormais multipolaire

Jusqu'alors dominé par l'opposition Est-Ouest, le monde devient progressivement multipolaire : des puissances régionales concurrentes émergent tandis que tensions, conflits et actes terroristes se multiplient.

JE M'EXPRIME À L'ÉCRIT

Raconter le rôle d'un acteur de l'indépendance d'un pays

J'observe un modèle...

pour raconter le rôle d'un leader indépendantiste...

*... ou d'une organisation dans l'accession à l'indépendance d'un pays. À partir de 1858, la France colonise plusieurs territoires d'Asie du Sud-Est regroupés sous l'appellation d'**Indochine française** (nommée Fédération indochinoise à partir de 1941) : le Cambodge, le Laos et le Viêtnam (composé, au nord, du Tonkin avec la ville d'Hanoï, d'Annam, au centre, et de la Cochinchine, au sud).*

Doc 1 **Le rôle d'Hô Chi Minh dans l'accession à l'indépendance du Viêtnam**

Au lendemain de la Seconde Guerre mondiale, le 2 septembre 1945, à Hanoï, Hô Chi Minh, chef du mouvement nationaliste d'obédience communiste, le Viêt-minh, s'empare du pouvoir, décrète [...] l'indépendance du pays et proclame officiellement la naissance de la République démocratique du Viêtnam (RDV).

D'octobre 1945 à janvier 1946, les troupes françaises réoccupent militairement la Cochinchine. Le 6 mars 1946, le Français Jean Sainteny, commissaire de la République, et Hô Chi Minh signent un accord qui prévoit la reconnaissance du Viêtnam comme État libre, intégré au sein de la Fédération indochinoise et faisant partie de l'Union française.

Mais ces accords ne durent pas. Le 1er juin 1946, le haut-commissaire Georges Thierry d'Argenlieu proclame la République de Cochinchine. Le 23 novembre 1946 [...] la marine française bombarde le port de Haiphong, faisant près de 6 000 victimes. Le 19 décembre, en représailles, des éléments du Viêt-minh s'attaquent aux quartiers européens de Hanoï et massacrent des dizaines de personnes. C'est le début d'une guerre qui va durer 8 ans. [...]

Après la reddition catastrophique du 7 mai 1954 de sa forteresse de Diên Biên Phu, la France réalise qu'elle ne peut plus poursuivre cette guerre lointaine et onéreuse [...].

Les accords de Genève du 21 juillet 1954 mettent fin au conflit et la France est contrainte à quitter le pays. Le Viêtnam est divisé en deux parties : tandis que le nord du Viêtnam passe sous le contrôle communiste du leader Hô Chi Minh, une dictature nationaliste s'installe au sud du 17e parallèle.

https://www.cvce.eu

1945 : déclaration d'indépendance

....

....

....

....

Je réponds aux questions

1. Qui est le personnage évoqué, qu'a-t-il finalement obtenu et par quels moyens d'action ?
2. De combien de parties est composé ce récit ? Complétez les rectangles à droite du texte en notant les étapes et les idées principales.
3. Quel rôle jouent toutes les dates dans ce texte ?
4. À quoi correspondent les mots surlignés en violet ? et ceux surlignés en vert ? Pourquoi sont-ils nécessaires ?
5. Quel rôle jouent les connecteurs temporels ? les connecteurs logiques ?
6. À quelle personne est rédigé le récit et quel est le temps verbal utilisé ? Justifiez son emploi.

J'APPLIQUE

▶ **Raconter, en histoire, c'est dire ce qui s'est passé et expliquer le rôle joué par les acteurs (personnes, organisations). Pour raconter le rôle d'un acteur de l'indépendance d'un pays...**

- Je présente cet acteur (nom, objectif, moyens utilisés). Je précise le lieu et la période (où ? quand ? contexte ?).
- Je structure mon texte en paragraphes. J'indique les dates essentielles et j'emploie des connecteurs logiques et temporels.
- J'utilise la 3e personne du singulier et j'emploie le présent de l'indicatif.

Je raconte...

... le rôle du FLN dans l'accession à l'indépendance de l'Algérie

Colonisée depuis 1830, l'Algérie compte environ 8,5 millions de « Français musulmans », descendants des habitants d'Algérie d'avant 1830, et près d'un million d'Européens, appelés pieds-noirs, dont environ 80 % nés en Algérie.

Doc 2 Proclamation du FLN, 1er nov. 1954

PEUPLE ALGÉRIEN,

Notre action est dirigée uniquement contre le colonialisme, seul ennemi et aveugle, qui s'est toujours refusé à accorder la moindre liberté par des moyens de lutte pacifique.

Notre mouvement de rénovation se présente sous l'étiquette de FRONT DE LIBÉRATION NATIONALE, [...] offrant la possibilité à tous les patriotes algériens de toutes les couches sociales, de tous les partis et mouvements purement algériens, de s'intégrer dans la lutte de libération sans aucune autre considération.

BUT :

L'indépendance nationale par :

1) la restauration de l'État algérien souverain, démocratique et social dans le cadre des principes islamiques,

2) le respect de toutes les libertés fondamentales sans distinction de races et de confessions.

MOYENS DE LUTTE :

Conformément aux principes révolutionnaires et compte tenu des situations intérieure et extérieure, la continuation de la lutte par tous les moyens jusqu'à la réalisation de notre but.

Pour prouver notre désir de paix, limiter les pertes en vies humaines et les effusions de sang, nous avançons une plate-forme honorable de discussion aux autorités françaises.

Doc 3 Les inégalités au sein de l'Algérie

	« Français musulmans »	Européens
Part de la population	Env. 90 %	Env. 10 %
Part des cadres supérieurs	4 %	96 %
Part des ouvriers agricoles	95 %	5 %
Taux d'enfants scolarisés	18 %	100 %

Doc 4 Les débuts de la guerre d'Algérie

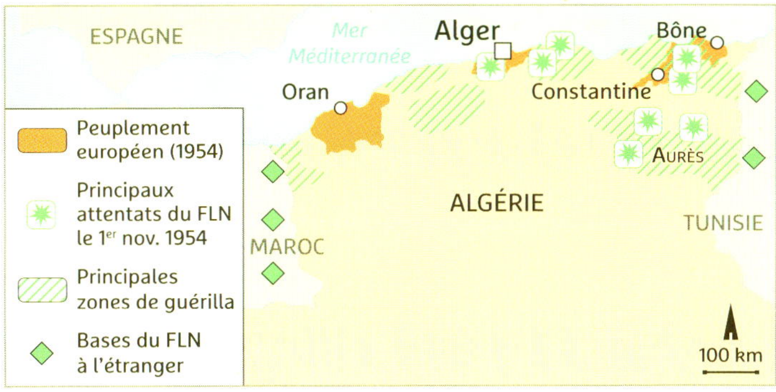

Doc 5 Chronologie de la guerre d'Algérie (1954-1962)

IVe RÉPUBLIQUE (1944-1958)

- **1er novembre 1954** « Toussaint rouge » 1ers attentats du FLN, début du conflit
- **1955** : Augmentation du contingent des appelés en Algérie
- **Juillet 1956** Grève générale des travailleurs algériens en France à l'appel du FLN
- **1957** : « Bataille d'Alger » entre l'armée et le FLN
- **13 mai 1958** Insurrection des Européens d'Algérie. Retour de C. De Gaulle au pouvoir
- **Septembre 1958** Vague d'attentats du FLN en métropole

Ve RÉPUBLIQUE (à partir de 1958)

- **16 septembre 1959** : Discours de De Gaulle sur l'autodétermination
- **18 mars 1962** Accords d'Évian entre le FLN et la France et exode des Français d'Algérie
- **5 juillet 1962** Proclamation de l'indépendance après un référendum en France et en Algérie

1955 · 1956 · 1957 · 1958 · 1959 · 1960 · 1961 · 1962

ÉTAPE 1

Analyser les sources.

→ Qu'est-ce que le FLN ? Ses objectifs et moyens de lutte ?
→ À qui est destiné le Doc 2 ? Qu'attend le FLN ?
→ À l'aide du Doc 3, expliquez la phrase soulignée (Doc 2).
→ Quel événement se passe le jour de la proclamation du FLN ? Dans quels pays le FLN a-t-il des bases arrière de soutien ?
→ Pourquoi peut-on dire que l'action du FLN se situe à la fois en Algérie et en métropole ?

ÉTAPE 2

Raconter.

→ Racontez le rôle qu'a joué le FLN dans l'accession à l'indépendance de l'Algérie : raisons, objectifs, moyens utilisés et lieux des opérations, résultats obtenus.

Le jeu des puissances dans les relations internationales depuis 1945

Chapitre 1 Le monde dans la guerre froide

1. Un monde bipolaire. Au lendemain de la Seconde Guerre mondiale, la **guerre froide** (1947-1991) oppose deux **superpuissances**, les États-Unis capitalistes et l'URSS communiste : le monde devient bipolaire. Ce conflit est nourri par une propagande basée sur l'opposition bien/mal.

2. Des tensions Est/Ouest. La guerre froide est traversée par des tensions et des crises. Ainsi, les deux superpuissances s'affrontent indirectement lors de la **guerre de Corée (1950-1953)**. En **1962**, lors de la crise **des missiles de Cuba**, elles sont très proches d'un affrontement direct. Comme elles possèdent toutes les deux l'**arme nucléaire**, cette situation aboutit à un « équilibre de la terreur ».

3. De nouveaux enjeux internationaux. La réaffirmation des principes de l'**ONU** lors des **accords d'Helsinki (1975)** lui permet de sortir de sa paralysie relative. En parallèle, de nouveaux enjeux internationaux sont mis en avant : défense des droits de l'homme, développement des pays pauvres et défense de l'environnement.

Chapitre 2 Un échiquier mondial élargi

1. L'Europe de l'Ouest, nouvelle organisation régionale. Dans L'Europe divisée, 6 pays de l'Europe de l'Ouest s'organisent pour créer des solidarités économiques et consolider la paix. Le **traité de Rome (1957)** institue un Marché commun avec la **Communauté économique européenne**. Le succès de la CEE amène son élargissement au Nord, puis au Sud.

2. De nouveaux États. La **décolonisation** multiplie le nombre d'États souverains : en Asie avec l'**indépendance de l'Inde et du Pakistan (1947)**, puis en Afrique. Ces nouveaux États refusent de s'aligner sur la politique internationale d'une des deux superpuissances. Revendiqué à la **conférence de Bandung (1955)**, le non-alignement peine à s'imposer en raison de divergences internes et du poids des deux Grands.

3. L'affirmation de la Chine. La **proclamation de la République populaire de Chine (1949)** la fait basculer dans le bloc de l'Est. Puissance régionale affirmée dès la guerre de Corée, elle mène progressivement une diplomatie autonome : soutien au non-alignement, rapprochement avec les États-Unis, elle devient ainsi **membre permanent du Conseil de sécurité de l'ONU (1971)**.

Chapitre 3 De nouveaux rapports de force

1. La fin de la guerre froide. À partir de **1989**, le bloc de l'Est se disloque peu à peu, comme le montre la **chute du mur de Berlin** le 9 novembre. L'URSS laisse faire et disparaît à son tour en **1991**. La même année, les États-Unis conduisent la première guerre du Golfe (« **Tempête du désert** ») pour libérer le Koweït. Leur puissance hégémonique semble assurée.

2. Une Europe remodelée. La fin de la guerre froide permet d'envisager la construction européenne à l'échelle du continent. La CEE devient l'Union européenne (UE), un des pôles de puissance mondiaux auquel adhèrent la plupart des pays de l'ancien bloc de l'Est. L'UE est toutefois confrontée à des désaccords internes, ainsi qu'à la domination des États-Unis et à la montée en puissance de la Chine.

3. **Un monde désormais multipolaire.** Les **attentats terroristes aux États-Unis (2001)** fragilisent leur puissance hégémonique. Les foyers de conflits se multiplient. En outre, comme la Chine, d'autres puissances régionales concurrentes s'affirment (Brésil, Inde). Désorganisé et instable, l'ordre mondial est devenu désormais **multipolaire**.

JE MÉMORISE AUTREMENT

1. Le monde dans la guerre froide après 1945

Un monde bipolaire : opposition entre États-Unis et URSS…

Guerre froide
Superpuissance
Propagande

1947-1991 : guerre froide

Arme nucléaire

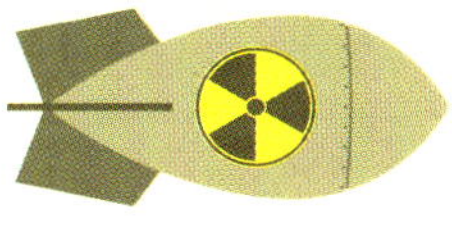

1950-1953 : guerre de Corée
1962 : crise de Cuba

… et de nouveaux enjeux (développement, droits de l'homme, environnement)

ONU

1975 : Accords d'Helsinki

AU MÊME MOMENT

2. Un échiquier mondial élargi

L'Europe de l'Ouest, nouvelle organisation régionale

Communauté économique européenne (CEE)

1957 : Traité de Rome

La décolonisation : de nouveaux États

Décolonisation
Non-alignement

1947 : Indépendance de l'Inde et du Pakistan
1955 : Conférence de Bandung

L'affirmation de la Chine

Puissance régionale

1949 : Proclamation de la République populaire de Chine.
1971 : Chine populaire, membre permanent du Conseil de sécurité de l'ONU

AU TOURNANT DES ANNÉES 1990

3. De nouveaux rapports de force

La fin de la guerre froide : les États-Unis unique superpuissance fragilisée

1989 : Chute du mur de Berlin.
1991 : Première guerre du Golfe (« Tempête du désert »).
1991 : Dislocation de l'URSS

Une Europe remodelée : l'Union européenne

Un monde devenu multipolaire

2001 : Attentats terroristes aux États-Unis

MONDE BIPOLAIRE : LA GUERRE FROIDE (1947-1991)

MONDE MULTIPOLAIRE

Comment a évolué le jeu des puissances dans les relations internationales depuis 1945 ?

#Animation audio
foucherconnect.fr/21mhg17

1 Je maîtrise le lexique

→ **Complétez les phrases suivantes en mobilisant le lexique étudié.**

a. En usant de leur droit de veto, les deux ...., États-Unis et URSS, paralysent le fonctionnement de .....

b. La possession de .... provoque un « équilibre de la terreur ».

c. La .... se caractérise par un affrontement Est-Ouest organisé entre les .....

d. Les six pays de la CECA créent la .... pour réaliser un grand marché commun.

e. Issus de la .... de nouveaux États choisissent le .... pour refuser d'appartenir à l'un des deux blocs de la .....

f. Comme l'URSS, les États-Unis utilisent la .... pour diaboliser le bloc adverse et faire peur.

g. Dans le contexte d'un monde bipolaire s'affirment néanmoins des ...., comme la Chine.

2 Je repère des faits historiques dans le temps

1. Titrez ces documents en associant à chaque image l'événement historique correspondant puis datez-le en justifiant votre choix parmi les propositions suivantes : Traité de Rome – Guerre du Golfe – Conférence de Bandung – Guerre de Corée.
2. Parmi ces repères, indiquez ceux qui concernent la guerre froide, la décolonisation et la construction européenne. Justifiez vos réponses.

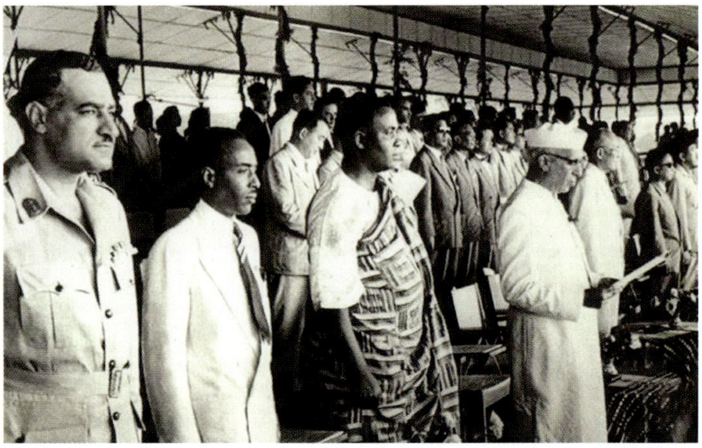

Doc 1 : .... **Date :** ....

Doc 3 : ....

Date : ....

Doc 2 : .... **Date :** ....

Doc 4 : .... **Date :** ....

3 Je mobilise des connaissances

→ **Après avoir pris connaissance du document, répondez aux questions.**

1. Qu'incarne Hercule ? En quoi consiste son treizième travail ?
2. Qui sont en réalité les deux gros rochers ? Quel danger représentent-ils ?
3. Quel événement historique pourrait illustrer ce dessin ? Expliquez votre réponse.

Hercule est un héros de la mythologie gréco-romaine, célèbre pour avoir accompli, grâce à sa force, douze travaux extrêmement difficiles. Sur ce dessin, il porte un maillot sur lequel est inscrit en latin le mot « paix ».

Caricature de Woop du 27 septembre 1947

Le treizième travail d'Hercule

4 Je mets en œuvre une capacité

→ Capacité. **Dégager l'intérêt, la portée et le sens d'un document de la période (discours, actes de séminaires internationaux, conférences, traités).**

1. À quelle occasion est prononcé ce discours ? Par qui ? À qui s'adresse-t-il ?
2. Expliquez pourquoi ce discours est révélateur du jeu de puissances après 1945.

Bonsoir mes compatriotes,

Fidèle à sa promesse, le gouvernement a continué de surveiller de très près les préparatifs militaires soviétiques à Cuba. Au cours de la dernière semaine, nous avons eu des preuves incontestables de la construction de plusieurs bases de fusées dans cette île opprimée. Ces sites de lancement ne peuvent avoir qu'un but : la construction d'un potentiel nucléaire dirigé contre l'hémisphère occidental. [...]

Nous ne risquerons pas prématurément ou sans nécessité le coût d'une guerre nucléaire mondiale dans laquelle même les fruits de la victoire n'auraient qu'un goût de cendre, mais nous ne nous déroberons[1] pas devant ce risque, à quelque moment que nous ayons à y faire face. [...]

Je fais appel à M. Khrouchtchev[2] afin qu'il mette fin à cette menace clandestine, irresponsable et provocatrice à la paix du monde et au maintien de relations stables entre nos deux nations. Je lui demande d'abandonner cette politique de domination mondiale et de participer à un effort historique en vue de mettre fin à une périlleuse course aux armements et de transformer l'histoire de l'homme.

Le prix de la liberté est toujours élevé, mais l'Amérique a toujours payé ce prix. Et il est un seul chemin que nous ne suivrons jamais : celui de la capitulation et de la soumission. Notre but n'est pas la victoire de la force mais la défense du droit. Il n'est pas la paix aux dépens de la liberté, mais la paix et la liberté dans cet hémisphère et, nous l'espérons, dans le monde entier. Avec l'aide de Dieu, nous atteindrons ce but.

1. Échapperons.
2. Chef d'État à la tête de l'URSS depuis 1955.

Discours radiotélévisé du président américain John Fitzgerald Kennedy, 22 octobre 1962.

Thème II Vivre en France en démocratie depuis 1945

Doc 1 **Affiche pour adhérer à un parti républicain, de centre-gauche, P. Ordner, 1947**

EAC Identifiez les couleurs de l'affiche, les personnages et leurs attitudes. Que veut montrer l'auteur ?

La France reconstruite
- Suffrage universel féminin (1944)
- Sécurité sociale (1945)

La République nouvelle
- Constitution Ve République (1958)
- Mai 68

La République depuis 1981
- Traité de Maastricht (1992)
- Lois sociales (1981-1982)

TRENTE GLORIEUSES ET SOCIÉTÉ DE CONSOMMATION (1945-1975)

1945 — 1958 — 1981

Doc 2 **JonOne et son tableau, *Liberté, Égalité, Fraternité*, 2015**

L'Assemblée nationale a commandé cette toile à l'artiste américain de street art (art urbain) ; il pose devant son œuvre.

EAC Identifiez les couleurs du tableau puis l'attitude du peintre. Que signifie, selon vous, la posture de l'artiste ?

EN ROUTE VERS LE THÈME

1. **Doc 1** Quelles préoccupations de la République et des Français sont soulignées par l'affiche de 1947 ?
2. **Doc 2** Expliquez le titre de l'œuvre. Pourquoi l'Assemblée nationale a-t-elle fait le choix de cette forme d'expression artistique ?
3. **Doc 1 et 2** Quels sont les points communs entre les deux œuvres ?
4. **Doc 1 et 2 et chronologie** Que nous apprennent ces œuvres sur la démocratie en France depuis 1945 ?

4 Vivre dans la France reconstruite (1945-1958)

1 LES BASES D'UNE DÉMOCRATIE LIBÉRALE

Doc 1 La réaffirmation de la démocratie

1. Établir le gouvernement provisoire de la République formé par le général De Gaulle.
4. Assurer l'établissement de la démocratie la plus large par le rétablissement du suffrage universel et l'égalité absolue de tous les citoyens devant la loi.
5. Promouvoir les réformes indispensables sur le plan économique et sur le plan social.

Extraits du programme du Conseil national de la Résistance, 15 mars 1944.

La forme du gouvernement de la France est et demeure la République. En droit, celle-ci n'a pas cessé d'exister.

Ordonnance du GPRF, 9 août 1944.

Chaque Français, chaque Française a repris possession de soi-même, recouvré la possibilité de penser, de parler, de croire. Et voici que notre peuple va pouvoir recommencer à exercer ses droits de suffrage [...] dans un pays comme le nôtre, accoutumé à la démocratie. Il y sera procédé sous l'égide de la seule protection qualifiée, celle de l'État républicain.

Discours du général De Gaulle, 31 décembre 1944.

Doc 2 La démocratie rétablie

Au lendemain de la victoire remportée par les peuples libres sur les régimes qui ont tenté d'asservir et de dégrader la personne humaine, le peuple français proclame à nouveau que tout être humain, sans distinction de race ou de croyance, possède des droits inaliénables et sacrés. Il proclame, comme nécessaires à notre temps, les principes économiques et sociaux suivants :

- La loi garantit à la femme des droits égaux à ceux de l'homme.
- Tout homme peut défendre ses droits par l'action syndicale.
- Tout travailleur participe, par ses délégués, à la détermination collective des conditions de travail.
- La Nation garantit à tous, notamment à l'enfant, à la mère et aux vieux travailleurs, la protection de la santé, la sécurité matérielle, le repos et les loisirs.
- La Nation garantit l'égal accès à l'instruction, à la formation professionnelle et à la culture.

Préambule de la Constitution de la IVe République, 1946.

Doc 3 Le droit des femmes de voter et d'être élues

21 avril 1944 : ordonnance instaurant le suffrage universel féminin.
21 octobre 1945 : élection de l'Assemblée nationale constituante.

LEXIQUE

- **Constitution :** texte fondamental qui organise les pouvoirs et définit le régime.
- **République parlementaire :** régime dans lequel l'exécutif (pouvoir chargé d'exécuter les lois) est responsable devant le Parlement.
- **Référendum :** vote des électeurs par « Oui » ou par « Non » à une question posée par l'État.

Doc 4 La Constitution de la IVe République de 1946, adoptée par référendum

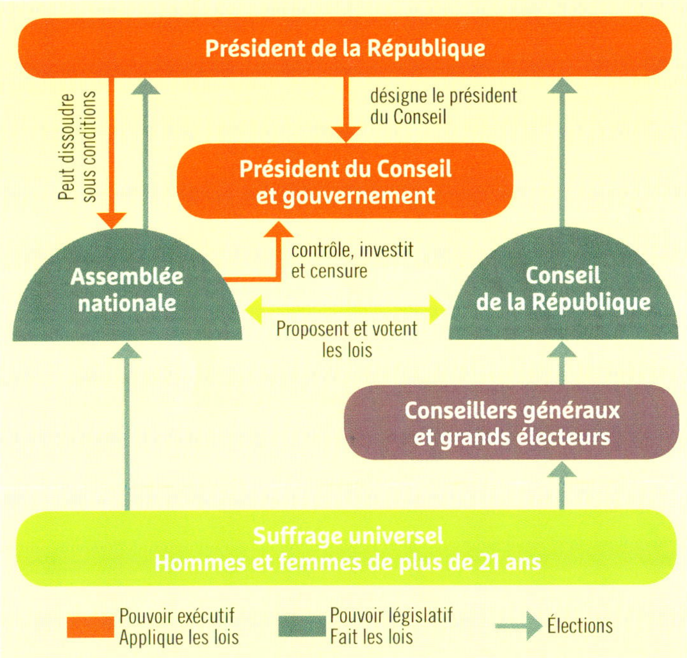

LE + NUMÉRIQUE

OBJECTIF : comprendre l'importance d'un acte démocratique fort : la réunion de la première Assemblée nationale constituante, le 6 novembre 1945

Visionne la vidéo : « Réunion de l'Assemblée constituante, 1945 ».

→ *Réponds au quiz.*

→ *Explique, dans un exposé oral, l'originalité de cette réunion dans le contexte de la restauration démocratique.*

 # Vidéo

IVe République, réunion de l'Assemblée constituante, 1945 : 1,51 min

foucherconnect.fr/21mhg07

PARCOURS DIFFÉRENCIÉS

Comprendre la notion de démocratie libérale

PARCOURS 1

1. **Doc 1** Décrivez la forme du gouvernement attendu par les Français au lendemain de la Libération.
2. **Doc 2** Expliquez la phrase soulignée. Sur quel grand principe se reconstruit la République en 1946 ?
3. **Doc 1 ET 2** Relevez les droits civils, politiques, économiques et sociaux donnés aux Français de 1944 à 1946.
4. **Doc 1 ET 2** Dans les extraits du Doc 1, quels passages inspirent le Préambule de la Constitution de la IVe République ? Justifiez.
5. **Doc 1 ET 3** Identifiez les progrès que les femmes obtiennent en 1944.
6. **Doc 4** Décrivez l'organisation des pouvoirs dans la République nouvelle.
7. **Doc 4 ET LEXIQUE** Montrez que la Constitution de la IVe République est démocratique et parlementaire.
8. **Doc 4** Quelle institution semble dominante ? Justifiez votre réponse.

PARCOURS 2

Complétez le schéma suivant à l'aide de l'ensemble des documents :

Forme du gouvernement affirmé à la Libération (1944-1946) :
....

21 octobre 1945 : ....

Régime politique adopté en 1946 : ....

Droits accordés en 1946
- Droits civils : ....
- Droits économiques et sociaux : ....
- Droits politiques : ....

Place des femmes dans la démocratie retrouvée :
....
....
....

Une nouvelle constitution fondée sur des principes démocratiques
- Forme de suffrage : ....
- Organisation des pouvoirs : ....
- Un régime parlementaire : ....

→ **Présentez oralement la définition de la démocratie libérale, en rappelant les étapes de son rétablissement aux lendemains de la Libération (1944-1946).**

2 L'AFFIRMATION D'UNE DÉMOCRATIE SOCIALE 1945-1958

Doc 1 Accès de tous à la santé grâce à la Sécurité sociale

La Sécurité sociale unifie en 1945 toutes les formes d'assurance existantes (assurance maladie, allocations familiales, assurance vieillesse, accidents du travail), afin de garantir les travailleurs et leurs familles contre les risques de l'existence.

Doc 2 L'action de l'État

La France vient de connaître quatre années d'occupation ennemie dont les épreuves ont profondément affecté son industrie. L'État seul peut imposer aux mines un programme de production et assurer la sauvegarde des intérêts et de la santé des travailleurs, apaiser les conflits entre ouvriers et patrons, et faire participer les travailleurs à la gestion des entreprises. C'est pourquoi l'État a décidé la nationalisation des Houillères du Nord et du Pas-de-Calais.

D'après l'ordonnance créant les Houillères nationales du Nord et du Pas-de-Calais, 14 décembre 1944.

Le 11 février 1950, le SMIG (salaire minimum interprofessionnel garanti) est instauré par le gouvernement, en accord avec les représentants des organisations patronales et des syndicats de salariés de toutes les professions.

Le SMIG est le revenu minimal dû à un salarié qui travaille à temps plein (45 heures par semaine), quelle que soit sa profession. Il est fixé à 64 francs de l'heure, pour relancer la consommation.

LEXIQUE

- **Nationalisation :** l'État prend la direction d'une entreprise privée qui devient publique.
- **Plan Marshall :** politique d'aide américaine à la reconstruction aux États d'Europe de l'Ouest (prêts, dons, commandes…).

1. **Doc 1** Expliquez le slogan employé sur l'affiche. Pourquoi la Sécurité sociale est-elle un progrès ?
2. **Doc 2** Qui prend la direction des Houillères ? Précisez pourquoi et dans quels buts. Peut-on dire que le SMIG est un progrès social ?
3. **Doc 1 et 2** La France est qualifiée, après la guerre, d'État providence. Comment pouvez-vous définir cette expression ?
4. **Doc 3** Analysez l'affiche (personnages, gestes, slogan…). Quel est le but recherché ?
5. **Doc 3 et capacité** Complétez l'étude du Doc 3 par le visionnage d'images d'archives et leur analyse.
6. **Doc 4** Quels sont les différents objectifs de la CEE pour apporter des améliorations à la vie des Français ?

Doc 3 L'aide américaine proposée à 16 pays en 1947

Affiche de Thibault de Champrosey, 1947.

Doc 4 Le projet européen

Les 6 États qui ont formé en 1951 la Communauté économique du charbon et de l'acier signent, en 1957, le traité de Rome instituant la CEE.

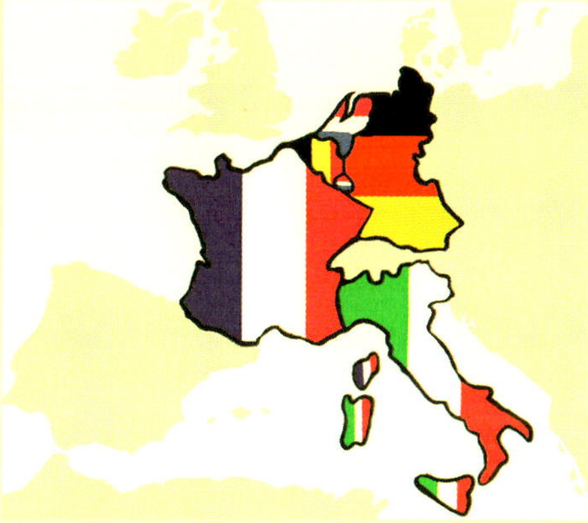

La Communauté [économique européenne] a pour mission, par l'établissement d'un marché commun et par le rapprochement progressif des politiques économiques des États membres, de promouvoir un développement harmonieux des activités économiques dans l'ensemble de la Communauté, une expansion continue et équilibrée, une stabilité accrue, un relèvement accéléré du niveau de vie et des relations plus étroites entre les États qu'elle réunit.

Traité de Rome, 1957, art. 2.

CAPACITÉ

Mener une analyse historique à partir d'un document audiovisuel (*#vidéo*)

#Vidéo
1947 : le plan Marshall 1:57 min
foucherconnect.fr/21mhg08

MÉTHODE

1. Visionner le document plusieurs fois. Prendre connaissance des questions pour les avoir en tête au moment du visionnage.
2. Relever les informations correspondant à chaque séquence importante.
3. Confronter les informations au contexte pour en déduire l'importance du plan Marshall pour l'Europe.

APPLIQUER

1. Présentez le document audiovisuel : nature, source, date...
2. Identifiez qui est à l'origine du plan, à qui il est destiné.
3. Repérez les quatre séquences du document en vous aidant du découpage suivant (en secondes et minutes) :
   a) 00/0,40 sec ; b) 0,40/ 0,56 sec ;
   c) 0,56 /1,25 min ; d) 1,25 /1,57 min.
   Donnez un titre à chacune.
4. Comment le plan Marshall lutte-t-il contre la pauvreté en Europe ? Dans quels buts ?
5. Le plan est-il accepté sans réserve ?
6. Cherchez la définition de l'OCDE et de la CEE. Quel est leur but ?
7. Le plan Marshall peut-il être une source de progrès pour les Européens ? Justifiez votre réponse.

→ **Définissez la notion de démocratie sociale par un exposé oral, en vous aidant des améliorations des conditions de vie et de travail des Français, initiées de 1945 à 1958.**

3 LA RÉPUBLIQUE DANS LA TOURMENTE

Doc 1 Les difficultés de la IVe République

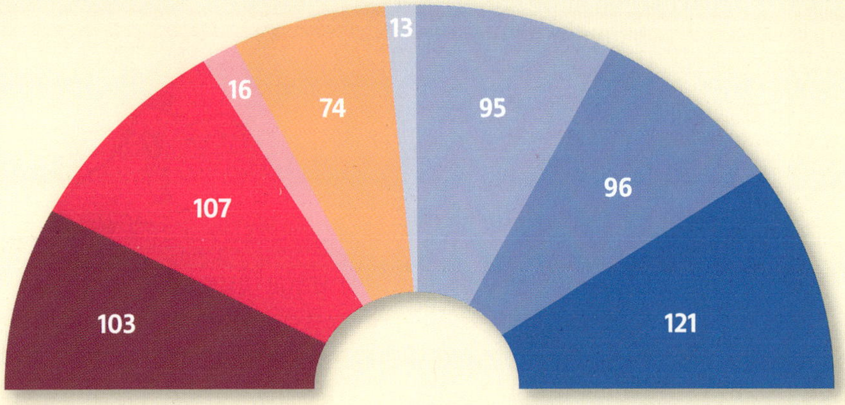

- Communistes et apparentés
- Socialistes
- UDSR et apparentés
- Républicains, radicaux et radicaux-socialistes
- Divers
- MRP Mouvement républicain populaire et apparentés
- Droite
- RPF Rassemblement du peuple français et apparentés

- 627 députés élus pour cinq ans (1951-1956).
- Sept présidents du Conseil (ou chefs du gouvernement) se succèdent de 1951 à 1956 pour une durée allant de 1 mois à 11,5 mois.
- Le gouvernement de Pierre Mendès France entre en fonction en juin 1954 avec 307 voix sur 627 (Radicaux 74 + UDSR 16 + divers droite 96 + RPF 121). Il est renversé en février 1955 par 319 voix.

Doc 2 Pierre Mendès France et l'Indochine, 1954

Pierre Mendès France, président du Conseil et ministre des Affaires étrangères, négocie la fin difficile de la guerre d'Indochine en 1954. Il ouvre ensuite les négociations qui aboutiront à l'indépendance pacifique du Maroc et de la Tunisie en 1956.

Doc 3 Le programme de gouvernement au cœur de la guerre d'Algérie (1954-1962)

Au début de cette législature (janvier 1956), il me faut évoquer les problèmes qui se posent au pays, le plus douloureux d'entre eux : l'Algérie. La volonté du gouvernement, c'est, avant tout, rétablir la paix, libérer de la peur les esprits des uns et des autres et, pour cela, obtenir que cessent le terrorisme et la répression aveugle. Deux groupes principaux forment l'Algérie : une minorité importante d'origine européenne, c'est à travers eux que la France est présente en Algérie. D'autre part, une population autochtone[1], chaque jour plus nombreuse. Il faut que la France assure une égalité totale de droits à ces Musulmans dont personne n'a jamais contesté l'égalité des devoirs. L'importance des problèmes posés est telle qu'une politique ne peut être pratiquée qu'au nom d'une majorité importante.

Guy Mollet, président du Conseil, extraits du discours d'investiture devant l'Assemblée nationale, 31 janvier 1956.

1. Personne originaire du pays où elle habite.

Doc 4 La crise du 13 mai 1958

Une du *Figaro*, 14 mai 1958.

Face à la situation de mai 1958, le président de la République, René Coty, fait appel au général De Gaulle le 29 mai pour former un gouvernement.

Doc 5 Vers la Ve République...

La France [..] se trouve menacée de dislocation et peut-être de guerre civile. C'est dans ces conditions que je me suis proposé pour tenter de conduire une fois de plus le pays, l'État, la République. [...] Le gouvernement vous demandera les pleins pouvoirs pour une durée de six mois, espérant qu'au terme de cette période, l'ordre rétabli dans l'État, l'espoir retrouvé en Algérie [...] permettront aux pouvoirs publics de reprendre le cours normal de leur fonctionnement. [...] Mais ce ne serait rien de remédier provisoirement à un état de choses désastreux si nous ne nous décidions pas à en finir avec la cause profonde de nos épreuves. Cette cause, c'est la confusion et par là-même l'impuissance des pouvoirs. [...] Au gouvernement d'élaborer puis de proposer au pays par la voie du référendum les changements indispensables.

Discours d'investiture du général De Gaulle à l'Assemblée nationale, 1er juin 1958.

1. **Doc 1** Combien de partis sont présents à l'Assemblée ? La majorité obtenue par P. Mendès France est-elle solide ? Justifiez votre réponse.
2. **Doc 2** Décrivez et identifiez les personnages au premier plan de la caricature. Expliquez pourquoi le personnage principal a l'air satisfait.
3. **Doc 2** Quel est le bilan de la guerre d'Indochine pour l'État ?
4. **Doc 3** À quel problème fait face le pays en 1956 ?
5. **Doc 1 à 5** Quel événement justifie la « une » du journal ? Quelle phrase du discours du général De Gaulle rappelle le Doc 4 ?
6. **Doc 5** Qui est appelé pour résoudre cette crise ? Quelles solutions sont proposées ?

→ **À l'aide des Doc 1 à 4, rappelez pourquoi la République est « dans la tourmente ».**

JE RETIENS

4 La France reconstruite (1945-1958)

1 Les bases d'une démocratie libérale

Les Français, après la guerre, retrouvent les libertés et les droits civiques. Les femmes obtiennent en 1944 le droit de voter et d'être élues. Une constitution, votée par référendum, fonde un régime démocratique et parlementaire, la IVe République.

2 L'affirmation d'une démocratie sociale

La République rebâtit l'économie avec l'aide du plan Marshall, de la construction européenne et de nombreuses nationalisations. Il améliore la vie des Français par des mesures sociales : Sécurité sociale, SMIG, retraites...

3 La République dans la tourmente

La IVe République peine à trouver une majorité parlementaire, les gouvernements sont renversés au fil des désaccords. Les guerres coloniales, surtout en Algérie, aboutissent au renversement du régime. Le général De Gaulle est investi en 1958 pour régler la crise et changer la Constitution.

5 Vivre dans la République nouvelle (1958–1981)

1 LA RÉPUBLIQUE RENOUVELÉE

Doc 1 La Constitution de la Ve République 1958

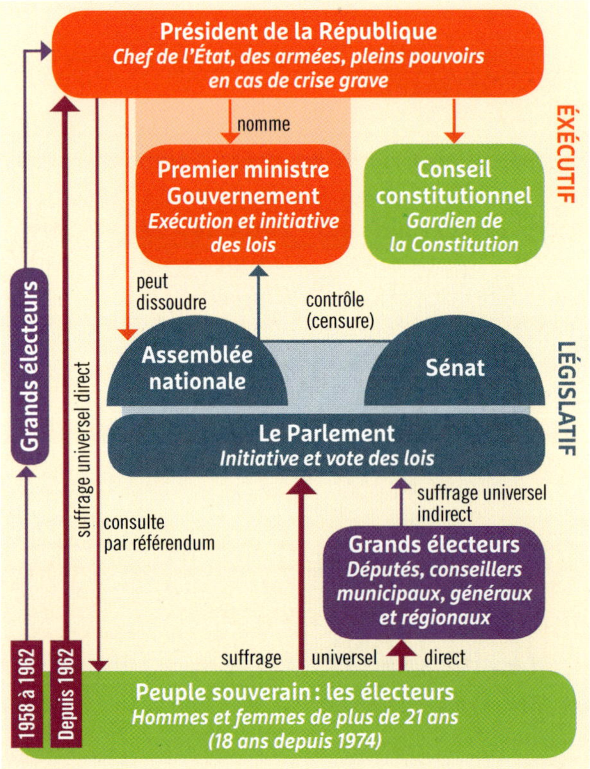

1. **Doc 1** En 1958, comment est élu le président de la République ? Qui détient le pouvoir exécutif ? Qui détient le pouvoir législatif ?
2. **Doc 1 et 2** **Capacité.** Comment évolue le mode d'élection présidentielle de 1958 à 1962 ? Expliquez les causes de cette évolution.
3. **Doc 1 et 2** Quelles sont les fonctions du président de la Ve République ?
4. **Doc 3** Dans un tableau à 3 colonnes, portez les résultats politiques, économiques et militaires obtenus. Quel terme du texte définit la politique de la France en 1965 ?
5. **Doc 4** Selon G. Martinet, quelles sont les causes profondes de la crise de mai 1968 ?
6. **Doc 4** Décrivez le dessin central. Datez et expliquez les deux phases de la crise.
7. **Doc 4** Comment le général De Gaulle met-il un terme aux événements de mai 1968 ?

Doc 2 La réforme de 1962

« Des raisons que chacun connaît[1] m'ont récemment donné à penser à ma succession. La clé de voûte de notre régime, c'est l'institution d'un président de la République. Il a la charge du destin de la France et de celui de la République. Pour exercer une charge pareille, il faut qu'il en reçoive mission de l'ensemble des citoyens. Pour maintenir dans l'avenir nos institutions face à tous ceux qui voudraient nous ramener au funeste système d'antan, je fais cette proposition : le président de la République sera élu au suffrage universel. »

C. De Gaulle, extrait de l'allocution radiotélévisée 20 septembre 1962.

1. La politique algérienne (indépendance obtenue par les accords d'Évian du 19 mars 1962) a déchaîné des violences dont une tentative d'assassiner le Président en août 1962.

Doc 3 La politique française en 1965

En politique, il s'agit que, sans renier notre amitié américaine, nous nous comportions en Européens que nous sommes, afin de rétablir sur notre continent un équilibre fondé sur la coopération. C'est ce que nous faisons en nous réconciliant avec l'Allemagne [...] Dans le reste de l'univers, notre attitude est favorable à l'égard de divers pays d'Amérique latine, nous apportons notre concours au développement de nouveaux États africains, etc. Il y a, maintenant, une politique de la France, elle se fait à Paris. Au point de vue de la sécurité, notre indépendance exige, à l'ère atomique où nous sommes, que nous ayons les moyens voulus pour dissuader nous-mêmes un éventuel agresseur. Dans l'ordre économique, pour sauvegarder notre indépendance, nous devons soutenir la concurrence dans les secteurs de pointe. Nous organisons un marché [...] commun avec l'Allemagne, l'Italie, la Belgique, la Hollande et le Luxembourg.

C. De Gaulle, extraits de l'allocution radiotélévisée, 27 avril 1965.

Doc 4 Les événements de mai 1968

La crise met en cause l'organisation d'une société industrielle développée, le système d'éducation et le régime politique. Il y a les salaires, les mauvaises conditions de travail. [...] Il y a le refus du dialogue. Il y a aussi le désir naturel de la jeunesse de vivre, à son tour, de grands événements autrement qu'à travers le radotage d'anciens combattants.

La Conquête des pouvoirs, Gilles Martinet, « L'Histoire immédiate », éd. du Seuil, 1968.

30 mai 1968 : C. De Gaulle, président de la République, s'exprime à la télévision :

« Je ne me retirerai pas, j'ai un mandat du peuple, je le remplirai. Je dissous aujourd'hui l'Assemblée nationale. Les élections législatives auront lieu en juin à moins que l'on empêche le peuple français de s'exprimer comme on l'empêche de vivre. Le peuple se ressaisira. »
Les gaullistes remportent les élections, la crise s'estompe.

3 mai – 13 mai 1968 : Manifestations étudiantes, conflits avec les forces de l'ordre :

« Occuper les lycées, contester le statut d'élèves et l'éducation réservée par la société de consommation [...] [Les lycéens et les lycéennes aspirent à une liberté correspondant à leur maturité physique et intellectuelle. »

D. Cohn-Bendit, chef du mouvement étudiant.

13 mai-27 mai : les syndicats CGT CFDT, FEN-enseignants, lancent la grève générale qui est très suivie. La France entière est paralysée.

LE + NUMÉRIQUE

OBJECTIF : comprendre un événement historique

Visionne la vidéo « C'est quoi, mai 68 ? »
→ *Réponds au quiz.*
→ *Construis une frise faisant figurer les causes et les étapes de mai 1968.*

 # Vidéo
C'est quoi, mai 68 ? 1 : 47 min
foucherconnect.fr/21mhg09

CAPACITÉ

Situer une réforme institutionnelle dans son contexte pour l'expliquer : l'élection du président de la République dans la Ve République *(Doc 1 et 2)*

MÉTHODE

1. Définir la réforme
2. Identifier le contexte d'élaboration de la réforme
3. Décrire la place nouvelle du président dans les institutions

APPLIQUER

1. **Doc 1** Comment est élu le président de la République en 1958 ?
2. **Doc 2** Quelle réforme est apportée à la Constitution de 1958 ? À quelle date précise ?
3. **Doc 2** Relevez les dates citées dans le texte et les événements correspondants. Comment qualifier le contexte d'alors ?
4. **Doc 2** Dans ce contexte, expliquez les causes de la réforme. Quels arguments sont avancés par C. De Gaulle en sa faveur ? À quoi fait allusion la phrase soulignée ?
5. **Doc 1 et 2** Quel lien est créé entre le Président et les citoyens ? Employez les termes : changement, renforcement.

→ **Comment la Ve République, tout en restant démocratique, est-elle renouvelée ?**

2 VIVRE AU CŒUR DES TRENTE GLORIEUSES

Doc 1 Répondre à de nouveaux besoins...

Couverture de l'ouvrage d'A. Oger, *C'était comme ça en France... 1945-1975, les Trente Glorieuses*, Gründ, 2013.

Les Français disposent de trois semaines de congés payés depuis 1956.

Doc 2 La vie quotidienne transformée

« Les Trente Glorieuses » comme Jean Fourastié[1] appelle les années de 1946 à 1975, comptent en Europe comme un âge d'or [une croissance continue de 5 % du PIB par an...] À Douelle en Quercy, village de prédilection de J. Fourastié, il fallait travailler, en 1946, 24 minutes pour acheter un kilo de pain, 7 heures pour un kilo de beurre, 8 heures pour un poulet d'un kilo... Le reste de la consommation personnelle est vestimentaire pour plus de la moitié. En dehors du service militaire, la grande majorité des habitants n'a fait comme voyage que son voyage de noces. Trente ans plus tard, dans le même village la productivité du travail agricole est douze fois plus forte : le kilo de beurre ne correspond plus qu'à 1 h 25 de travail. Pour une population de 534 personnes en 1946, Douelle comptait 208 agriculteurs, 12 ouvriers non agricoles, 27 artisans et 32 employés du tertiaire. En 1976, sur 670 habitants, le même village ne comprend plus que 53 agriculteurs, les ouvriers non agricoles sont 35 ; il y a 25 artisans et 102 personnes travaillent dans les services. Trois maisons neuves étaient construites tous les 20 ans ; 50 le sont en 1975. Il y avait 5 automobiles, il y en a 280 ! Et ainsi de suite : 2 téléviseurs sont devenus 200, aucune machine à laver le linge au début, 180 à la fin, 5 réfrigérateurs au début, 210 à la fin...

Daniel Cohen (économiste français), *Les Infortunes de la prospérité*, éd. Juillard, 1994.

1. Jean Fourastié (1907-1990), économiste français.

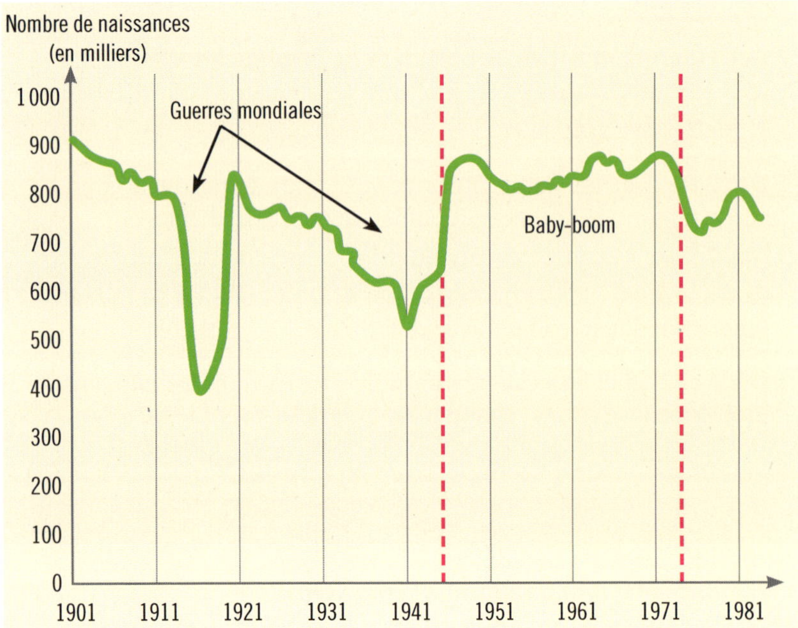

Doc 3 Le « baby-boom » en France

Champs : France métropolitaine et France (hors Mayotte)

Insee, statistiques de l'état civil.

Doc 4 **Le Val de l'Aurence (Limoges) construit entre 1965 et 1970**

Le premier supermarché de Haute-Vienne, Super-Coop, est inauguré dans le Val de l'Aurence en avril 1968 par l'Union des coopérateurs du Limousin et du Périgord.

LE + NUMÉRIQUE

OBJECTIF : définir à l'oral quelques aspects de la vie des Français pendant les Trente Glorieuses

Visionne la vidéo « Les Trente Glorieuses ».

→ *Réponds au quiz.*

→ *Relève et décris plusieurs exemples qui illustrent la société de consommation et de loisirs, afin d'affiner la définition des Trente Glorieuses.*

#Vidéo
Des Trente Glorieuses à trois décennies de crise 2 : 25 min
foucherconnect.fr/21mhg10

PARCOURS DIFFÉRENCIÉS — Comprendre la société des Trente Glorieuses

PARCOURS 1

1. **Doc 1** Décrivez l'image. En vous aidant du titre et des objets mis en valeur, expliquez ce que sont les « Trente Glorieuses ».
2. **Doc 2** Quels progrès du niveau de vie sont évoqués entre 1945 et 1975 ?
3. **Doc 1 et 2** Comment peut-on, à l'aide des documents, définir la société de consommation et de loisirs ?
4. **Doc 2** Quelles transformations du travail apparaissent ?
5. **Doc 3** Déterminez quelle est la période où la natalité est la plus forte. Comparez avec la période précédente. Expliquez le terme de « baby-boom ».
6. **Doc 4** Décrivez le paysage en cours d'urbanisation. Comment évolue l'habitat des Français ?
7. **Doc 4** Quels secteurs économiques se développent massivement ? Comment participent-ils à la société de consommation et de loisirs ?

PARCOURS 2

1. Datez les Trente Glorieuses et le baby-boom. Qu'en conclure ? Précisez brièvement le sens de ces expressions.
2. Recopiez et complétez le tableau avec les termes suivants : *croissance démographique, hausse du niveau de vie, production de masse, consommation de masse, automobile, électroménager, congés payés, plein emploi, tourisme, grands immeubles, supermarchés, complexes industriels, progrès industriel, explosion des services.*

Documents	Caractéristiques	Exemples ou expressions clés
Société de consommation		
Société de loisirs		
Transformations du travail		
Transformations de l'espace urbain		

→ **Présentez oralement les différents aspects des Trente Glorieuses en soulignant les transformations que connaissent les Français dans leur vie quotidienne.**

3 LA SOCIÉTÉ APRÈS MAI 1968

Doc 1 Vers une société plus moderne

Valéry Giscard d'Estaing est président de la République de 1974 à 1981.

La désignation de quatre femmes à la tête de ministères, les nouvelles responsabilités de plusieurs ministères – Qualité de la vie, Condition féminine, Action sociale ou Travailleurs immigrés – tous ces choix expriment une volonté d'innovation, de rupture. Les plans de lutte contre l'inflation s'accompagnent de mesures sociales – garanties pour la perte ou la recherche d'un emploi, relèvement du minimum vieillesse [pension de retraite minimale], promesse d'extension de la Sécurité sociale à tous les Français, etc. Et voilà plus sérieux : la majorité ? non seulement électorale, mais civile, abaissée à 18 ans, la loi sur la contraception [légalisée en 1967 puis remboursée par la Sécurité sociale dès 1974], la libéralisation de l'avortement grâce à l'obstination du ministre de la Santé, Madame Simone Veil.

P. Viansson-Ponté, *Le Monde*, 1er janvier 1975.

Doc 2 Un débat de société

Le magazine L'Express du 25 novembre 1974 diffusé à 600 000 exemplaires.

300 000 femmes avortent chaque année. Ce sont celles que nous côtoyons chaque jour et dont nous ignorons la plupart du temps la détresse et les drames. C'est cette injustice qu'il convient de faire cesser. Je voudrais tout d'abord vous faire partager une conviction de femme – je m'excuse de le faire devant cette Assemblée presque exclusivement composée d'hommes : aucune femme ne recourt de gaieté de cœur à l'avortement. C'est toujours un drame et cela restera toujours un drame. C'est pourquoi [si le projet de loi] admet la possibilité d'une interruption de grossesse, c'est pour la contrôler et, autant que possible, en dissuader la femme.

Discours de Simone Veil, ministre de la Santé à l'Assemblée nationale, 26 novembre 1974.

La loi est adoptée par 284 voix contre 189.

Doc 3 Une réforme critiquée

« R. Haby, ministre de l'Éducation, propose en mars 1975 une réforme globale du système éducatif. Elle se heurte dès le début à des oppositions : syndicats d'enseignants, professeurs estimant leur discipline sacrifiée, parents d'élèves et lycéens. [...] La loi est promulguée en juillet. Tous les élèves entrent désormais en sixième au collège, et suivent un enseignement commun jusqu'à la troisième. À la sortie du collège, tous les élèves font l'objet d'une décision d'orientation vers les lycées traditionnels ou d'enseignement professionnel. Cette réforme démocratique ne prend cependant pas en compte l'hétérogénéité des élèves en sixième et ne met en place aucun moyen susceptible d'y remédier.» [C'est également en 1975 que la mixité devient obligatoire de l'école maternelle au lycée.]

Christophe Gracieux, La réforme Haby, site Lumni Enseignement (enseignants.lumni.fr), 8 novembre 2016.

Manifestation contre la réforme Haby à Paris le 24 mai 1975.

Doc 4 De nouvelles perspectives ?

Indicateurs économiques 1973
- Chômeurs 500 000
  2 % de la population active
- Prix du baril de pétrole
  (1er choc pétrolier en 1973)
  de 1,7 $ (1971) à 11 $ (1974)
- Croissance du PIB : 5,3 %

Indicateurs économiques 1980
- Chômeurs 1 200 000
  5 % de la population active
- Prix du baril de pétrole
  (2e choc pétrolier en 1979)
  de 11$ (1978) à 35 $ (1980)
- Croissance du PIB : 1,6 %

Insee. Prix annuel du pétrole de l'OPEP, 1960-2019 Publié par Statistical Research Department, 4 mai 2020 www.statista.com

LE + NUMÉRIQUE

OBJECTIF : analyser un discours politique

Visionne la vidéo « Simone Veil présente la loi IVG »
→ *Réponds au quiz.*
→ *Explique le raisonnement suivi par S. Veil pour défendre son projet de loi.*

 # Vidéo
Simone Veil présente la loi IVG à l'Assemblée nationale 2 : 15 min
foucherconnect.fr/21mhg11

1. **Doc 1** Identifiez les principales transformations sociales accomplies sous V. Giscard d'Estaing. Dans quels buts ?
2. **Doc 2** De quoi est-il question ? Quel rôle peut avoir ce magazine dans le débat sur la loi ? Relevez les arguments majeurs de ce débat.
3. **Doc 3** Que propose la réforme Haby ? De quand date le projet ? Et la loi ?
4. **Doc 3** Par qui le projet est-il contesté ? Pourquoi ?
5. **Doc 3** Quelles transformations sont mises en œuvre par la loi Haby ?
6. **Doc 2 et 3** Comment les Français s'expriment-ils pour changer la société ?
7. **Doc 4** Expliquez le dessin en vous aidant des indicateurs économiques. Quelles perspectives économiques et sociales apparaissent dès 1980 ?
8. **Doc 4** Précisez les dates extrêmes correspondant aux deux périodes évoquées par le dessin.
9. **Doc 4** Quels autres titres pourrait-on donner au document ?

JE RETIENS

5 Vivre dans la République nouvelle (1958–1981)

1 La République renouvelée

La Constitution de mai 1958 fonde la Ve République, un régime avec un pouvoir présidentiel fort. La politique gaulliste renforce l'indépendance économique et politique de la France. Mais en mai 1968, les jeunes, les salariés, les femmes réclament plus de libertés, contestent la société.

2 Vivre au cœur des Trente Glorieuses

Les Trente Glorieuses (1945-1975) sont une ère de prospérité pour les Français, de plein emploi, de modernisation de la vie courante. Les villes s'étendent, la misère recule, tandis que les Français découvrent la société de consommation et de loisirs.

3 La société après mai 1968

Valéry Giscard d'Estaing modernise la société par des réformes qui répondent aux aspirations du temps (progrès des droits des femmes, valorisation de l'enseignement professionnel, droit de vote à 18 ans). Cependant, le choc pétrolier (1973) marque le début d'une période de crises et de chômage.

6 Vivre dans la République depuis les années 1980

1 L'ÉVOLUTION POLITIQUE DE LA RÉPUBLIQUE DEPUIS 1981

Doc 1 De nouvelles expériences politiques

#Schéma animé et sonore
foucherconnect.fr/21mhg53

Élections présidentielles au suffrage universel direct pour 7 ans (septennat) puis pour 5 ans (quinquennat) après le référendum de 2000.

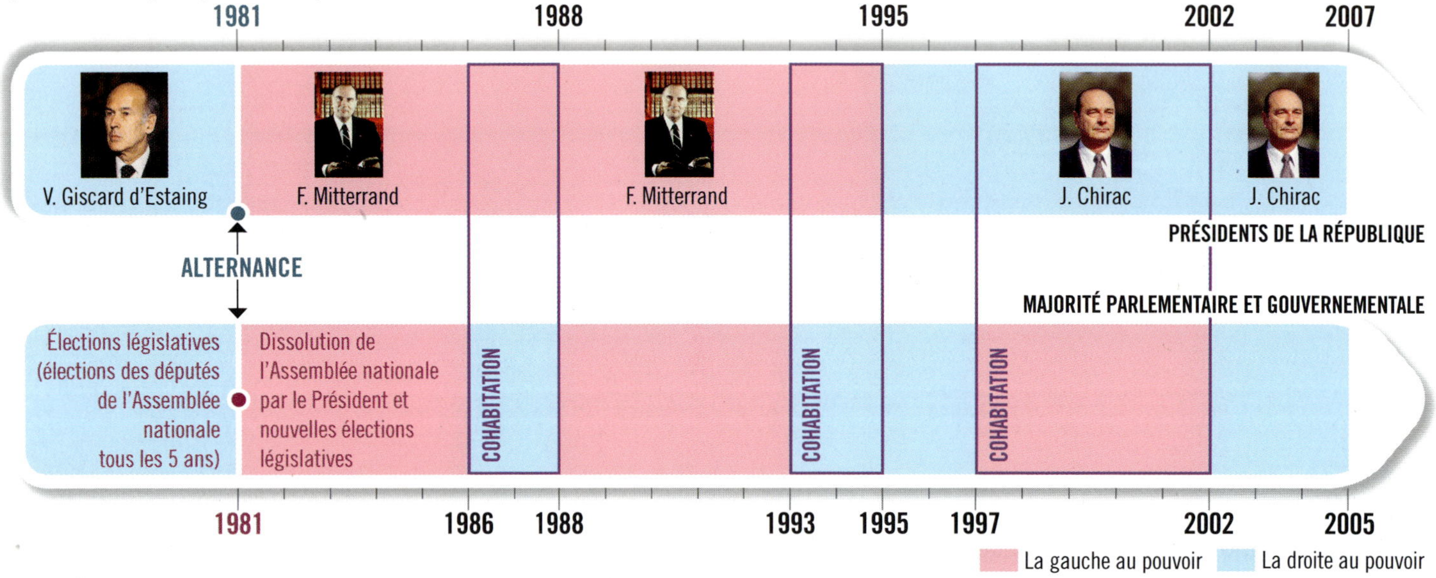

Doc 2 Une nouvelle répartition des pouvoirs

AVANT 1982

La centralisation, construite en France au cours de l'Histoire, a établi que seul l'État définit l'intérêt général et l'application uniforme des lois sur l'ensemble du territoire.

↓

LOI DE DÉCENTRALISATION, 2 MARS 1982

« Les communes, les départements et les régions s'administrent librement par des conseils élus. Des lois détermineront la répartition des compétences entre les communes, les départements, les régions et l'État, ainsi que la répartition des ressources publiques résultant de nouvelles règles de la fiscalité locale et de transfert de crédits de l'État aux collectivités locales. »

↓

DEPUIS 1982

La révision constitutionnelle du 28 mars 2003 a ajouté à l'article 1er de la Constitution : La France est une République dont l'« organisation est décentralisée ».

1. **Doc 1** Observez les forces politiques au pouvoir (Président et Assemblée) avant et après 1981 ; comment s'appelle ce changement ?
2. **Doc 1** Quelle est, en 1986, la majorité politique élue à l'Assemblée ? Quelle est la tendance politique du Président ?
3. **Doc 1** Comment s'appelle cette situation, qui se répète en 1993 et en 1997 ?
4. **Doc 1** Quel changement apparaît dans la fonction présidentielle en 2002 ?
5. **Doc 2** **Capacité.** Qui a le pouvoir dans l'État centralisé ? Et dans l'État décentralisé ? Pourquoi la loi de 1982 est-elle un texte historique ?
6. **Doc 3 et 2** Relevez, à partir du Doc 3, des exemples d'application de la loi qui vous concernent au quotidien. Précisez, à l'aide du Doc 2, qui met en œuvre chacun des services cités.
7. **Doc 4** Quelles évolutions politiques représente pour la France le traité de Maastricht ?
8. **Doc 4** Quels sont les arguments en faveur du traité ? Et les arguments contre le traité ? Commentez le résultat du référendum.

Doc 3 La décentralisation appliquée

LE + NUMÉRIQUE

OBJECTIF : comprendre un événement historique

Visionné la vidéo « Le traité de Maastricht ».

→ *Réponds au quiz.*

→ *Présente les causes et les étapes marquantes de la transformation de la CEE en Union européenne.*

#Vidéo

Le traité de Maastricht 2 : 53 min

foucherconnect.fr/21mhg41

Doc 4 La France dans l'Europe

Extrait du discours de F. Mitterrand, annonçant le référendum pour la ratification du traité de Maastricht, le 1er juillet 1992 (traité fondateur de l'Union européenne).

L'Union européenne représente un immense projet politique. Une Europe unie (avec une monnaie, une banque centrale, un marché uniques) sera en mesure de faire front devant la force économique que représentent des pays extérieurs à notre continent. De plus, se développera avec le temps le sentiment d'être citoyens de l'Europe comme ils sont déjà citoyens de leur propre patrie.

Extrait du discours de Philippe Séguin le 5 mai 1992 à l'Assemblée nationale.

L'Europe qu'on nous propose n'est ni libre, ni juste, ni efficace. Elle enterre la conception de la souveraineté nationale. Ce traité [..] interdit, aux parlements nationaux et aux gouvernements, de faire prévaloir l'intérêt national. Cela est vrai pour la politique monétaire et pour la politique sociale. Mais cela le sera aussi pour la politique étrangère et la politique de défense.

Résultats du référendum sur le traité de Maastricht le 20 septembre 1992 :

OUI 51 %	NON 49 %

CAPACITÉ — Questionner et analyser un texte historique : les lois de décentralisation *(Doc 2)*

MÉTHODE

1. S'interroger sur le texte historique étudié : la loi de 1982
2. Analyser le texte historique étudié
3. Expliquer l'intérêt de ce texte

APPLIQUER

1. Relevez la nature du texte en italique, la date de réalisation et son objectif principal.
2. Indiquez quel est le rôle d'un État centralisé.
3. À qui la loi de 1982 donne-t-elle des pouvoirs nouveaux ?
4. Pourquoi l'État transfère-t-il une partie de ses ressources à partir de 1982 ?
5. À quels temps sont conjugués les verbes dans la loi de 1982 ? Pour quelle raison ? Que se passe-t-il en 2003 ?
6. À l'aide des questions précédentes, définissez ce qu'est un État décentralisé.
7. Pourquoi la loi de 1982 représente-t-elle un changement majeur pour la République française et pour les citoyens ?

→ **Comment la vie politique se transforme-t-elle en France depuis 1981, tant au niveau des institutions que de la citoyenneté ?**

2 LES TRANSFORMATIONS DU MONDE DU TRAVAIL DEPUIS 1981

Doc 1 Le chômage

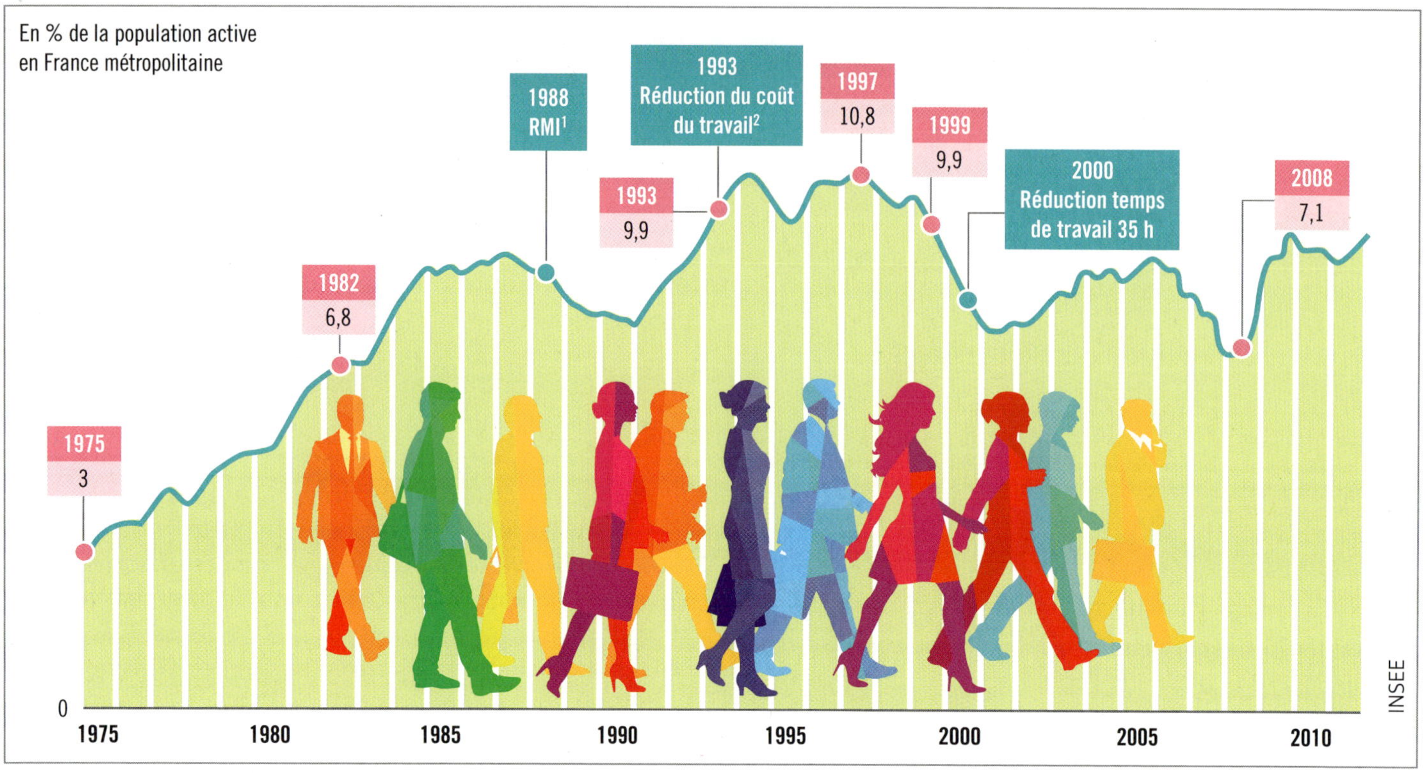

1. RMI : revenu minimal d'insertion : allocation garantissant des moyens convenables d'existence.

2. Coût du travail : correspond à ce que l'employeur paie pour embaucher un salarié, ce qui inclut des charges sociales (Sécurité sociale, retraite...). La réduction des charges sociales sur les bas salaires diminue le coût du travail, pour inciter l'entreprise à créer des emplois.

Doc 2 Les droits nouveaux en 1982

Lois Auroux, ministre du Travail de F. Mitterrand

Loi du 4 août 1982 : relative aux libertés des travailleurs. « Aucun salarié ne peut être sanctionné ou licencié en raison de ses opinions politiques, de ses activités syndicales ou de ses convictions religieuses. »

Loi du 28 octobre 1982 : relative au développement des institutions représentatives du personnel. Des droits sont définis pour les organisations syndicales ; un financement du comité d'entreprise égal à 0,2 % de la masse salariale.

Loi du 13 nov. 1982 : relative à la négociation collective et au règlement des conflits collectifs du travail. L'obligation d'une négociation annuelle sur les salaires, la durée et l'organisation du travail est instaurée.

Loi du 23 déc. 1982 : relative aux comités d'hygiène de sécurité et des conditions de travail. Un comité d'hygiène, de sécurité et des conditions de travail (CHSCT) est instauré dans les entreprises d'au moins 50 salariés.

D'après Légifrance © DILA.

Doc 3 La réduction du temps de travail

La ministre de l'Emploi et de la Solidarité, Martine Aubry, lors d'une conférence de presse sur les 35 heures, le 24 juin 1998 à Paris.

Express publié le 1er février 2020.

Doc 4 La structure sociale bouleversée

La féminisation de la main-d'œuvre (48,3 % aujourd'hui) et l'amélioration considérable du niveau de formation de la population active (60 % du niveau bac contre 10 % vers 1970) ont entraîné un bouleversement de la structure sociale. Les ouvriers ne représentent plus que 21,6 % des actifs contre près de 40 % en 1962.

Inversement, les employés passent de 18 % à 28 %. Le développement des technologies de l'information et de la communication, le renforcement des fonctions commerciales dans l'entreprise, l'investissement dans l'éducation, la santé et l'action sociale expliquent la montée des enseignants, techniciens, ingénieurs et cadres. Enfin, les catégories non salariées ont connu un déclin marqué : chute du nombre d'exploitants agricoles, baisse du nombre d'artisans, commerçants. La part de ces catégories se stabilise autour de 7 à 8 % dans les années 2000, alors qu'elle représentait plus du quart des actifs vers 1960.

Les Grandes Transformations du marché du travail en France, Économie et Statistiques/Economics and Statistics, n° 510-511-512, Olivier Marchand et Claude Minni, INSEE 2019.

Doc 5 La création du bac professionnel

Né en 1985, ce diplôme inédit vise à revaloriser l'enseignement professionnel. Chaque année, environ 700 000 élèves choisissent cette voie, avec un taux de réussite de 80,3 % à l'examen.

Affiche du lycée professionnel E. Zola à Hennebont pour les SEN.

PARCOURS DIFFÉRENCIÉS

Comprendre les transformations du monde du travail

PARCOURS 1

1. **Doc 1** Décrivez l'évolution du chômage de 1975 à 1999, puis de 1999 à 2010.
2. **Doc 1** Citez les trois mesures adoptées par l'État pour lutter contre le chômage. Quels effets sont prévus pour chacune d'elles ?
3. **Doc 2** Relevez les changements qu'apportent aux salariés les lois Auroux.
4. **Doc 3** Décrivez le slogan présent sur le document. Qu'est-ce que la loi Aubry ?
5. **Doc 1, 2 et 3** Quelles améliorations ces lois Auroux et Aubry apportent-elles aux travailleurs ?
6. **Doc 4** Comment et pourquoi les différents secteurs d'activité ont-ils évolué depuis les années 1960 ?
7. **Doc 5** Dans quels buts le bac professionnel est-il créé ? Comment est-il mis en valeur par l'affiche ?
8. **Doc 4 et 5** Quelle place tient le numérique dans l'évolution des métiers ?

PARCOURS 2

1. **Doc 1** Comment évolue le chômage depuis 1975 ?
2. **Doc 2** Expliquez en quoi les lois Auroux représentent un progrès de la démocratie sociale dans l'entreprise.
3. **Doc 3** Expliquez le slogan qui caractérise la loi Aubry.
4. **Doc 1 à 3** Quels moyens sont mis en œuvre pour lutter contre le chômage depuis 1981 ?
5. **Doc 4 et 5** Quelles évolutions du monde du travail et des professions apparaissent sur ces documents ?
6. **Doc 1, 4 et 5** Comment le bac professionnel contribue-t-il à répondre aux besoins de la société actuelle ?

→ Présentez à l'oral les transformations principales du monde du travail depuis 1981, en distinguant les progrès et les difficultés que connaissent les salariés.

3 VERS LA SOCIÉTÉ DU XXIe SIÈCLE...

Doc 1 L'évolution des mentalités

En 1981, la France vote l'abolition de la peine de mort, bien que 63 % des Français se déclarent encore favorables à son maintien (sondage *Le Figaro*, 10 octobre 1981). Elle est le dernier État de la CEE à le faire.

Doc 2 Les évolutions de la famille

	Mariages	Séparations	Concubinage	Naissances hors mariage
1980	60 %	3,3 %	6,3 %	11,4 %
2002	51 %	6,6 %	18,1 %	43,7 %

L'espérance de vie passe de 74 à 80 ans, ce qui permet aux générations de mieux se connaître.

En 1999, le pacte civil de solidarité (PACS) est instauré. C'est un contrat conclu entre 2 personnes majeures, de sexe différent ou de même sexe, pour organiser leur vie commune.

D'après *l'État de la France*, 2004.

Doc 3 La parité en progrès

Part des femmes parmi les élus (en %)	Avant la loi sur la parité (2000)	Après la loi sur la parité
Conseillères municipales	25,7	31,7 (2001)
Maires	7 (1995)	11 (2001)
Conseillères régionales	8,3 (1998)	47,6 (2004)
Sénatrices	6 (1998)	16,9 (2004)
Députées	5,6 (1946) 6,1 (1993) 10,9 (1997)	12,3 (2002)

La loi sur la parité en politique (2000) demande aux partis politiques de présenter aux élections autant de femmes que d'hommes.

Doc 4 L'environnement, nouvel enjeu

« Le droit de vivre dans un environnement équilibré et respectueux de la santé. »

La Charte de l'environnement de 2004 introduit de nouveaux principes dans le droit français et a valeur constitutionnelle.

Doc 5 La diffusion du numérique vers 2004

Depuis 1981, l'État autorise les chaînes de télévision privées : on passe de 3 chaînes officielles en 1981 à 7 chaînes publiques et privées en 2004, année de création de Facebook qui ouvre la voie aux premiers réseaux sociaux.

LE + NUMÉRIQUE

OBJECTIF : comprendre un texte historique

Regarde la vidéo « Le Sommet de la Terre ».

→ *Réponds au quiz.*

→ *Relève les principaux arguments qui annoncent la Charte de l'environnement.*

#Vidéo
Sommet de la Terre, 2 sept. 2002, Johannesburg 00 : 56
foucherconnect.fr/21mhg46

1. **Doc 1** Quelle décision est adoptée en 1981 ? Pourquoi est-elle importante ?
2. **Doc 2** Relevez les transformations de la famille et de la santé entre 1980 et 2002. Expliquez la phrase soulignée.
3. **Doc 2** Le PACS est-il une évolution significative de la société ? Comment est-il accepté aujourd'hui, selon vous ?
4. **Doc 3** Comment évolue le rôle politique des femmes en France ? Utilisez les données pour justifier votre réponse.
5. **Doc 4** Décrivez les deux parties de l'affiche. Quel est le message ? À quels débats nouveaux répond-il ?
6. **Doc 5** Décrivez la photographie, identifiez les objets multimédias.

JE RETIENS

6 Vivre dans la République depuis 1981

1 L'évolution politique de la République

La Ve République s'adapte à des situations nouvelles (alternances, cohabitations). L'État se décentralise pour répondre plus précisément aux attentes des citoyens. La citoyenneté européenne renforce les droits des Français (Maastricht, 1992) : circuler, travailler, étudier, voter dans l'UE.

2 Le monde du travail transformé

Pour lutter contre un chômage croissant, l'État renforce les aides sociales, modifie le droit du travail vers une plus large liberté d'expression. La société change avec la baisse des emplois industriels et agricoles plus robotisés, la montée de nouveaux métiers liés à une meilleure formation et au développement du numérique.

3 Vers la société du XXIe siècle...

Des débats démocratiques complètent les droits de l'homme (abolition de la peine de mort, droit à la santé...) et les mentalités changent : mariage, naissances hors mariage, PACS... Les femmes obtiennent plus de responsabilités politiques avec la loi sur la parité. Le droit de vivre dans un environnement équilibré émerge dans une société de plus en plus numérique.

JE M'EXPRIME À L'ÉCRIT — Raconter un événement

J'observe un modèle...

pour raconter un événement de la période étudiée en argumentant sur sa portée historique

Doc 1 **L'abaissement de l'âge de la majorité de 21 ans à 18 ans**

En 1974, le 5 juillet, le centriste Valéry Giscard d'Estaing, fraîchement élu sur le fil (50,81 %) face à François Mitterrand (49,19 %), s'empressait de mettre en application l'une de ses promesses électorales : abaisser l'âge de la majorité à 18 ans contre 21 ans depuis 1848[1]...

Avec ce changement, près de 2,4 millions de jeunes Français accédaient au droit de vote, mais pas seulement. En devenant majeurs, trois ans avant l'heure, ils gagnaient aussi le droit de s'émanciper juridiquement de leurs parents. Ceux-ci ne pouvaient plus s'opposer à leur mariage ni refuser qu'ils élisent domicile ailleurs. Chaque jeune pouvait signer seul un bail, s'inscrire à l'université de son choix, embrasser le métier qu'il souhaitait, conclure un contrat de travail et – enfin – franchir les frontières quand bon lui semblait.

« Merci VGE ! » lance rétrospectivement le député (PS) Patrick Bloche, qui *a fêté ses 18 ans le 4 juillet 1974 et qui, dès le lendemain de son anniversaire, a basculé dans la grande famille des majeurs. « J'avais beau avoir des parents très ouverts, j'en ai ressenti une grande fierté. Mon premier réflexe a été... d'ouvrir un compte bancaire », sourit l'élu qui se souvient d'une "révolution tranquille »*.

Mai 68 avait largement défriché le terrain et la France était sérieusement à la traîne par rapport à ses voisins. En Allemagne, la majorité à 18 ans était déjà une réalité depuis 1970, la Grande-Bretagne l'avait adoptée dès 1969. Il était effectivement temps ! » Le projet est voté à l'unanimité moins une voix.

Aline Gérard, *Le Parisien*, le 5 juillet 2014.

1. Le suffrage universel masculin est voté en 1848 par la IIe République, le suffrage universel féminin en 1944, à la Libération ; dans les deux cas, à partir de 21 ans.

Présentation de l'auteur et des circonstances de l'événement

Qui est concerné ?

....

....

Les conséquences : de nouveaux droits

....

....

....

Une des causes de l'événement

....

....

....

Je réponds aux questions

1. À quoi correspondent les dates surlignées ? Proposez, à l'aide de celles-ci, une brève chronologie qui retrace l'évolution du droit de vote depuis le XIXe siècle en France.
2. Complétez les cases en face de chaque paragraphe.
3. Quel temps verbal domine dans le texte ? Pourquoi ?
4. À quoi correspond le paragraphe en italique ? Quel est son rôle ?
5. En vous appuyant sur une expression du document, quel titre pourrait-on donner à l'événement présenté ?

J'APPLIQUE

▶ **Raconter un événement de portée historique, c'est exposer et expliquer ce qui s'est passé, et montrer l'importance de celui-ci pour un groupe social. Pour raconter l'abaissement de l'âge de la majorité de 21 à 18 ans :**

- Je présente l'auteur et l'événement.
- Je précise le contexte ou les causes de l'événement.
- Je détaille les changements apportés et leur importance, en suivant la chronologie.
- J'organise mon texte en plusieurs paragraphes, que je relie par des connecteurs logiques.

Je raconte… l'abolition de la peine de mort en France en 1981

Doc 2 L'opinion publique, 5 janvier 1981

63 % des Français favorables au maintien de la peine de mort

31 % des Français hostiles à la peine de mort

6 % Pas d'opinion

Un tel pourcentage de personnes désirant que la peine de mort soit maintenue dans le système pénal français n'avait encore jamais été enregistré dans un sondage d'opinion sur ce thème délicat qui, ces dernières années, a suscité beaucoup de passion et fait couler beaucoup d'encre. Les actes de violence qui se sont succédés avec une rare fréquence au cours des deux dernières années (assassinats délibérés, hold-up sanglants, etc.) suffisent à expliquer le réflexe populaire rejetant l'hypothèse de la suppression de la peine de mort pour les crimes les plus odieux. […] Le garde des Sceaux, M. Alain Peyrefitte, a déclaré qu'un débat [sur la peine de mort] aurait lieu au Parlement. […] Il y a actuellement dans nos prisons quatre condamnés à mort dont le sort pourrait dépendre de ce débat.

Extraits, *Le Parisien libéré*, 5 janvier 1981, archives de la préfecture de police de Paris DB/616.

Doc 3 R. Badinter à l'Assemblée, 15 juin 1981

« En 1791, la question de l'abolition a été posée. Depuis deux siècles, elle a toujours été une des grandes causes de la gauche française. En vérité, la question de la peine de mort est simple, elle se pose en termes de choix politique ou de choix moral.

Qu'elle ait une signification politique, la carte du monde [permet de] le constater. Dans les pays de liberté, l'abolition est presque partout la règle ; dans les pays où règne la dictature, la peine de mort est partout pratiquée. Parce qu'aucun homme n'est totalement responsable, parce qu'aucune justice ne peut être absolument infaillible, la peine de mort est moralement inacceptable.

Le choix qui s'offre à vos consciences est donc clair : ou notre société refuse une justice qui tue ; ou cette société croit faire disparaître le crime avec le criminel.

Nous refusons cette justice d'élimination parce qu'elle est la passion et la peur triomphant de la raison et de l'humanité. »

363 députés votent pour, 113 contre. La France devient ainsi le 35e pays dans le monde à abolir la peine de mort.

Discours devant l'Assemblée nationale, le 15 Juin 1981, de Robert Badinter, ministre de la Justice de François Mitterrand, qui avait promis d'abolir la peine de mort.

ÉTAPE 1

Sur papier libre, analyser les sources pour dégager l'événement et son contexte.

1. Quel événement fait l'objet d'un débat ? Quand ?
2. Pourquoi un tel débat à cette date ?
3. Qui est Robert Badinter ? Quel est son rôle au sein du débat ?
4. Lequel des deux documents est en faveur de la peine de mort ? Lequel s'y oppose ?
5. Montrez que le débat est vif dans la société française en commentant les résultats d'opinions des Français et, en particulier, des députés.

ÉTAPE 2

Sur papier libre, dégager et classer les arguments du débat.

→ Renseignez le tableau ci-dessous.

	Arguments historiques	Arguments politiques	Arguments moraux
Doc 1			
Doc 2			

ÉTAPE 3

Rédiger le récit.

→ Racontez par écrit comment la peine de mort a été abolie en France, en argumentant sur la portée historique de l'événement. Inspirez-vous du modèle proposé, en suivant les indications mentionnées dans l'encadré de la p. 52.

Chapitre 4 Vivre en démocratie en France depuis 1945

1. Les bases d'une démocratie libérale. Les droits de l'homme sont rétablis après la guerre avec la République (la Constitution est votée par référendum en 1946). Les femmes obtiennent en 1944 le droit de voter et d'être élues. Les partis politiques se réaffirment.

2. L'affirmation d'une démocratie sociale. La République rebâtit l'économie, s'appuie sur l'aide américaine (plan Marshall, 1947) et la construction européenne. L'État providence améliore la vie des Français : accès à tous à la santé, aux retraites, SMIG...

3. La République dans la tourmente. Aucune majorité solide ne se forme au Parlement, la IVe République est instable. Le régime peine à gérer les guerres d'Indochine et d'Algérie, d'où sa chute. Pour empêcher un coup d'État de l'armée à Alger le 13 mai 1958, De Gaulle est appelé par le président de la République pour rétablir le calme et changer la Constitution.

Chapitre 5 Vivre dans la République nouvelle (1958-1981)

1. La République renouvelée. La Constitution de mai 1958 fonde la Ve République. Le Président, élu au suffrage universel direct depuis 1962, s'impose face au Parlement. La politique gaulliste renforce la place militaire, économique et diplomatique de la France dans le monde. En mai 1968, la société de consommation, la rigueur des mœurs et de l'éducation sont violemment contestés.

2. Vivre au cœur des Trente Glorieuses. De 1945 à 1975, les Français vivent une ère de prospérité, marquée par une natalité forte (« baby-boom »). La vie courante est facilitée par l'électroménager, l'automobile et les supermarchés. Les villes s'étendent, la misère recule, tandis que les Français découvrent la société de consommation et les joies du temps libre et des loisirs (week-ends).

3. La société après mai 68. V. Giscard d'Estaing modernise la société : 4 femmes ministres, droit de vote à 18 ans au lieu de 21 ans, droit à l'avortement (loi Veil, 1975). La création du collège unique (loi Haby, 1975), contestée, et la qualification accrue des lycées professionnels marquent la démocratisation de l'enseignement. Mais le choc pétrolier (1973) amène un chômage de masse.

Chapitre 6 Vivre dans la République depuis les années 1980

1. L'évolution politique de la République. La Ve République s'adapte à l'alternance (un président de gauche) et à la cohabitation (un président et un Premier ministre de forces politiques opposées). Par la décentralisation (1982), l'État délègue aux communes la gestion des services de proximité, aux départements les aides sociales, aux régions le développement économique. Le traité de Maastricht (1992) définit la citoyenneté européenne et élargit les droits des Français.

2. Le monde du travail transformé. La lutte contre le chômage amène des aides de l'État (RMI). Les lois Auroux (1982) étendent la liberté d'expression dans les entreprises. La scolarisation et la qualification (bac professionnel, 1985) forment une main-d'œuvre plus compétitive. 75 % des Français travaillent dans les services qui se diversifient. L'agriculture et l'industrie se robotisent, nécessitant moins d'emplois.

3. Vers la société du XXIe siècle... Les mentalités et la société évoluent (ex. : PACS, abolition de la peine de mort...). Les femmes obtiennent plus de responsabilités politiques (loi sur la parité, 2000). L'environnement (charte de 2004), la place du numérique et des médias dans la vie personnelle et professionnelle des Français suscitent des débats.

VIVRE DANS LA FRANCE RECONSTRUITE 1945-1958

Bases d'une démocratie libérale

Affirmation d'une démocratie sociale

République et droits de l'homme
- Droit de vote des femmes
- Constitution adoptée par référendum

Améliorer la vie – État providence
- Plan Marshall
- Projet européen

IVe RÉPUBLIQUE

La République dans la tourmente
- Instabilité
- Guerres Indochine, Algérie

Crise du 13 mai 1858
Vers la Ve République avec C. De Gaulle

VIVRE DANS LA RÉPUBLIQUE NOUVELLE 1958-1981

La République renouvelée
- Président élu au suffrage universel.
- Affirmation de la France en Europe et dans le monde

Vivre au cœur des Trente Glorieuses
- Croissance économique soutenue
- Vie quotidienne transformée

La société après mai 1968
- Vote à 18 ans, loi Veil, collège unique
- Fin des Trente Glorieuses, début du chômage, hausse du prix du pétrole

Crise de mai 1968
Remise en cause de la société, de l'éducation

VIVRE DANS LA RÉPUBLIQUE DEPUIS LES ANNÉES 1980

L'évolution politique de la République
- Alternance, cohabitation
- Décentralisation
- Citoyenneté européenne

Le monde du travail transformé
- Chômage de masse.
- Lois Auroux dans l'entreprise, 35 heures
- Société plus qualifiée

Vers la société du XXIe siècle
- Changements des mentalités
- Parité femmes/hommes en politique
- Droit à un environnement équilibré
- Difusion du numérique

À partir de l'organigramme et du cours, présentez les principales transformations qui changent la vie quotidienne des Français depuis 1945.

#Animation audio
foucherconnect.fr/21mhg50

1 Je connais et j'utilise les repères

→ **Complétez les phrases suivantes avec des repères et les dates correspondantes :**

a. En ...., les femmes deviennent électrices et éligibles grâce au .....

b. En 1950, les salariés se voient garantir un minimum de revenu pour un travail à temps complet ; il s'agit du .....

c. En ...., la réforme .... crée le collège unique et les lycées d'enseignement professionnel. Elle est suivie par la création du baccalauréat professionnel en .....

2 Je mobilise des connaissances

Doc 1 **« La Renault 4, elle supermarche bien »**

→ **Observez le Doc 1 et répondez aux questions.**

1. Présentez le document (nature, auteur, date et contexte).
2. Décrivez l'image avec précision et expliquez le titre. Quelle est l'intention de son auteur ?
3. À quelles transformations de la vie des Français ce document fait-il référence ?

Affiche de Jacques Toutain pour Renault en 1980.

3 Je mets en œuvre une capacité

→ **Capacité : Questionner et analyser un texte historique**

1. Présentez le document (nature, auteur et sa fonction, date et contexte).
2. Quels pouvoirs du Président sont ici évoqués ?
3. À quel texte de loi se réfère constamment le document ? Pourquoi ?
4. Expliquez les phrases soulignées. Quel bouleversement institutionnel se produit en mars 1986 ? Quelle est l'attitude, dans ce contexte, du président de la République ?

Doc 2 **Allocution de F. Mitterrand, 17 mars 1986**

Mes chers compatriotes, vous avez élu dimanche une majorité nouvelle de députés à l'Assemblée nationale. C'est donc dans ses rangs que j'appellerai, demain, la personnalité que j'aurai choisie pour former le gouvernement, selon l'article 8 de la Constitution. [...] Je forme des vœux pour que la nouvelle majorité réussisse dans l'action qu'elle est maintenant en mesure d'entreprendre selon les vues qui sont les siennes. Je mesure l'importance du changement qu'implique, dans notre démocratie, l'arrivée aux responsabilités d'une majorité politique dont les choix diffèrent, sur des points essentiels, de ceux du président de la République. Il n'y a de réponse à cette question que dans le respect scrupuleux de nos institutions et dans la volonté commune de placer au-dessus de tout l'intérêt national.
–Quant à moi, dans la charge que vous m'avez confiée et que j'exerce, je m'attacherai à défendre partout, à l'intérieur comme à l'extérieur, nos libertés et notre indépendance, notre engagement dans l'Europe, notre rang dans le monde.

F. Mitterrand, allocution télévisée sur les résultats des élections législatives, 17 mars 1986.

4 Je mets en œuvre une capacité

→ **Capacité : Mener une analyse historique à partir d'un document iconographique**

1. Présentez le document (nature, date).
2. Qu'est-ce qu'un référendum ? Qui peut le solliciter ?
3. Quel est le sujet du référendum du 19 octobre 1962 ? À quelle Constitution est-il lié ?
4. Quels tracts sont collés sur l'affiche principale ? Pourquoi ?
5. Montrez que ce document illustre la démocratie libérale.

Doc 3 **« Oui, c'est vous qui élirez le président de la République »**

Photo prise à Paris le 19 octobre 1962 d'une affiche de la campagne pour le référendum lancé par le général De Gaulle. D'autres affiches invitant les électeurs à voter «NON» ont été collées sur celle-ci.

5 Je mobilise des connaissances

Doc 4 **Interview de V. Giscard d'Estaing, 10 mai 1980**

– Quelle part des réformes que vous aviez à l'esprit en 1974 estimez-vous avoir réalisée ?

– Je crois avoir été celui qui a inséré la femme française dans la vie de notre société. Il y a encore beaucoup à faire. Nous avons maintenant la législation sur les handicapés qui date de 1975. La protection du chômage avant 1974 était très faible, il est vrai que le nombre des chômeurs était lui-même peu élevé. Voyons plus loin : il faudra améliorer le système éducatif et la formation professionnelle ; développer certains types d'activités à très haute technologie.

– Vous changez d'avis sur la réduction du mandat présidentiel de sept à cinq ans. Pourquoi ?

– J'ai dit que je laisserai les institutions de la Ve République dans l'état exact où je les ai trouvées. De plus, l'allongement des campagnes électorales diminue la période utile de l'action politique. Cela ne conduit pas à raccourcir la durée des mandats !

Interview de M. V. Giscard d'Estaing par J.-F. Revel à l'*Express*, Vie publique. 10 mai 1980 (extraits) © DILA.

1. Présentez le document (nature, date). Qui est V. Giscard d'Estaing ?
2. Relevez trois progrès sociaux cités dans le document. Rappelez quelles sont les lois qui ont permis ces trois progrès.
3. Comment évolue le chômage après 1974 ? Comment, selon V. Giscard d'Estaing, faut-il répondre à ce problème ? Citez une réforme importante des années 1980 qui y contribue.
4. Quel grand changement institutionnel a lieu un an précisément après cette interview ?

6 Je connais et j'utilise des mots clés

a. Définissez les termes suivants : *Constitution – démocratie sociale – démocratie libérale.*

b. Associez chacun de ces termes à un ou plusieurs événements proposés ci-dessous et donnez la date de ceux-ci : *proclamation de la Ve République – garantie de ressources pour les chômeurs – élection du président de la République au suffrage universel direct – lois Auroux – loi Veil – droit de vote à 18 ans.*

Thème I L'accès aux ressources se loger, se déplacer

Doc 1 **Femmes revenant de la corvée d'eau au Mali**
Yann Arthus-Bertrand, 2010

Environ 1,1 milliard de personnes dans le monde n'ont pas accès à l'eau potable.

EAC Selon vous, quels éléments donnent à cette photographie une dimension artistique ?

pour produire, consommer,

Saype photographié allongé sur sa fresque.

Pionnier de la peinture sur herbe, Saype réalise cette fresque éphémère de 3 000 m² avec une peinture 100 % biodégradable. Cette œuvre a été créée pendant la période de semi-confinement lié à la pandémie du coronavirus.

Doc 2 ***Beyond Crisis*[1], une fresque de Saype à Leysin (Suisse), 26 avril 2020**

1. « Au-delà de la crise. »

EAC Selon vous, que peuvent symboliser cet enfant et sa ronde de petits personnages dessinés dans ce décor ?

EN ROUTE VERS LE THÈME

1. **Doc 1** Pourquoi ces femmes doivent-elles aller chercher de l'eau ? Quelles sont les contraintes d'une telle corvée ?
2. **Doc 1** Listez plusieurs ressources naturelles essentielles à la vie humaine. De quelle difficulté témoigne ce cliché ?
3. **Doc 2** En situant l'œuvre dans son décor, et en présentant la technique et les matériaux utilisés, expliquez de quelle façon l'artiste invite les humains à réagir face aux crises.
4. **En vous appuyant sur votre compréhension des deux documents, exprimez et notez tous les mots clés que vous associez au thème. Vous les confronterez avec vos connaissances acquises à la fin du chapitre.**

7 « Une planète épuisée ? »

1 UN MONDE SOUS PRESSION HUMAINE

Doc 1 La mer d'Aral, une catastrophe écologique

Doc 2 Une planète à bout de ressources

La croissance et la quête d'abondance matérielle qui lui est associée s'appuient sur une extraction toujours plus intense de matériaux et d'énergie. Sous l'effet démographique, la consommation de ressources risque de s'accentuer fortement au cours du XXIe siècle.

[...] Notre gourmandise en énergie croît inlassablement. Entre 1800 et 2015, sa consommation a été multipliée par 25, et l'on ne cesse de trouver de nouveaux usages énergivores. La multiplication du nombre d'appareils numériques, des réseaux et des centres de données prolonge la tendance. [...]. La dépendance à la voiture est loin de se réduire, y compris dans les pays développés. Le monde dit ultraconnecté, rapide et dématérialisé est en réalité un monde vorace[1] en ressources énergétiques et matérielles. La fabrication des appareils numériques et des véhicules électriques, par exemple, nécessite l'utilisation intensive de terres rares. Or, l'extraction des métaux est désastreuse par le nombre d'éléments toxiques rejetés [...]

Le secteur de la mode est emblématique. Depuis l'avènement de la *fast fashion*, qui a cassé les coûts avec des matériaux de moindre qualité produits dans des conditions de travail déplorables, 80 milliards de vêtements sont achetés chaque année – une augmentation de 400 % en vingt ans. Le polyester, issu du pétrole, non biodégradable, est la fibre la plus employée, et son utilisation aura probablement triplé entre 2007 et 2025. [...] Plus de 90 % du coton, principale fibre naturelle utilisée pour la mode, est en culture OGM[2] [...]. Ses besoins en eau sont colossaux : le détournement de deux grands fleuves[3] pour la culture du coton a conduit à l'assèchement de la mer d'Aral, l'une des catastrophes environnementales majeures du XXe siècle.

Atlas de l'Anthropocène, François Gemenne, Aleksandar Ranpovic, Atelier de cartographie de Sciences Po, 2019, Presses de Sciences Po.

1. Vorace : très consommateur, gourmand.
2. OGM : organisme génétiquement modifié.
3. Les fleuves Amou-Daria et Syr-Daria.

Doc 3 L'interrogation d'un artiste

Dans les cases précédentes, l'auteur rappelle l'urgence de réduire notre consommation pour lutter contre le réchauffement climatique. Il s'interroge.

Extrait de la bande dessinée *Saison Brune*, de Philippe Squarzoni, 2012.

Doc 4 La croissance démographique : un phénomène en accélération

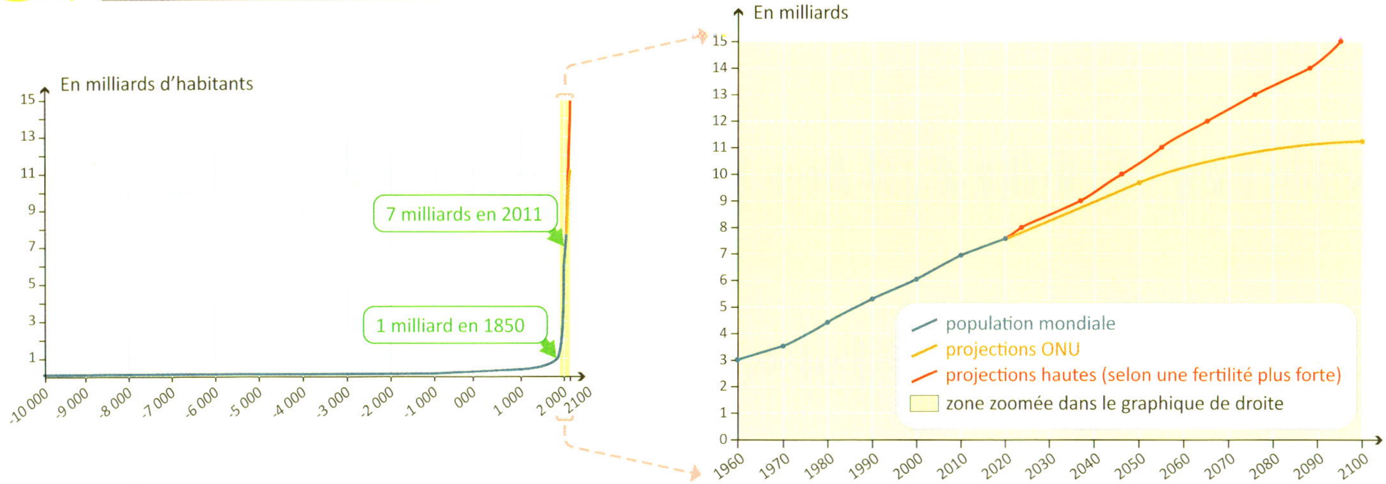

PARCOURS DIFFÉRENCIÉS

Pourquoi peut-on parler d'un monde « sous pression humaine » ?

PARCOURS 1

1. **Doc 1** Décrivez la photographie. Émettez des hypothèses sur la présence des bateaux.
2. **Doc 1 ET 2** Vérifiez votre hypothèse après la lecture du Doc 2.
3. **Doc 2** Illustrez, avec des exemples relevés dans le texte, l'expression de l'auteur : « un monde vorace en ressources énergétiques et matérielles ».
4. **Doc 3** Expliquez le dessin de l'artiste et son interrogation. Selon vous pourrait-il illustrer le Doc 2 ? Pourquoi ?
5. **Doc 4** AP *(Comment analyser un graphique complexe, p. 150)* Présentez les deux graphiques et montrez leurs différences.
6. **Doc 4** Décrivez l'évolution de la population mondiale et les projections pour 2100. Quelles pourraient être les conséquences sur notre consommation de ressources et d'énergie ?

→ **Expliquez l'expression « sous pression humaine » puis répondez à la problématique générale ci-dessus.**

PARCOURS 2

1. **Doc 1 ET 2** Analysez l'image en vous appuyant sur la lecture du Doc 2. Expliquez pourquoi l'auteur qualifie sa photo de « symbole des désastres écologiques ».
2. **Doc 2** Dites quel aspect de nos modes de vie l'auteur dénonce ici. Relevez quelques-unes des pratiques quotidiennes qui l'illustrent. Identifiez les conséquences pour l'environnement évoquées.
3. **Doc 2** Expliquez pourquoi la « *fast fashion* » est nocive pour la planète.
4. **Doc 3** Expliquez l'interrogation de l'auteur d'après l'image.
5. **Doc 2, 3 ET 4** Expliquez pourquoi les prévisions de croissance démographiques pour 2100 questionnent nos modes de vie.

2 DES RESSOURCES SOUS TENSION : L'EAU DES VOSGES FAIT DÉBAT

Doc 1 À Vittel, l'eau, première préoccupation du territoire

Quand on parle de Vittel, on ne parle que d'eau. Vittel, c'est l'eau minérale mise en bouteille depuis 1856, et par Nestlé depuis 30 ans. [...] Vittel, c'est la nappe phréatique des grès du trias inférieur, surexploitée, et qui se vide depuis 40 ans. [...] « On a la chance d'avoir un groupe qui est prêt à investir. Il n'y a pas beaucoup d'entreprises dans les Vosges, et dans la plaine des Vosges particulièrement, qui sont capables d'investir 10 millions d'euros aujourd'hui », expliquait le directeur de Nestlé Waters Vosges, Ronan Le Fanic, en juillet 2019.

La nappe phréatique des GTI (grès du trias inférieur), présente sous le territoire vittellois, est en déficit chronique depuis plus de 40 ans. Trois millions de mètres cubes d'eau en sont prélevés chaque année par les différents acteurs privés et publics, industriels en tête. Or, la nappe ne se régénère que de deux millions de mètres cubes chaque année. Il y a donc un déficit d'un million de mètres cubes chaque année, contre lequel le Collectif Eau 88 se bat depuis des années. En octobre 2019, le collectif a gagné une bataille : l'abandon d'un projet de pipeline qui irait pomper de l'eau dans des villages alentours et ainsi réduirait la pression sur la nappe des GTI. La seule solution aujourd'hui est donc de réduire directement les prélèvements sur place. Le protocole prévoit un retour à l'équilibre de la nappe en 2027. « Mais 2027, c'est beaucoup trop tard », s'inquiète Bernard Schmitt, du Collectif Eau 88. « Il manque de réelles mesures de régénération de la nappe. » Les services de la préfecture des Vosges seraient en train de réfléchir à l'instauration de quotas pour les différents acteurs qui pompent dans la nappe, mais resteraient évasifs pour le moment. Les élections municipales ralentissent les choses. Pour le collectif, il n'y a qu'une seule solution. « Il faut arrêter Nestlé, qui pompe 20 % des volumes de la nappe ! » affirme Bernard Schmitt. Une autre possibilité serait de réaliser des travaux pour réduire les fuites dans le réseau de distribution, qui représentent aussi 20 % de l'utilisation de la nappe des GTI. Cela reste coûteux et doit s'étaler dans le temps.

Nestlé Waters semble vouloir s'engager dans la réalisation d'économies d'eau. Les syndicats de Nestlé discutent en interne pour améliorer le processus de production et réduire l'eau utilisée.

Michaël Martin, France 3 TV, 11 mars 2020.

LE + NUMÉRIQUE

OBJECTIF : analyser de nouveaux conflits d'usage en images

→ *Clique sur le lien pour commencer Genially.*

#Genially
Des conflits d'usage à travers le monde
foucherconnect.fr/21mhg52

Doc 2 La mobilisation d'associations locales

Le 8 septembre 2018, à Valfroicourt, entre Vittel et Dompaire, lors d'une manifestation du Collectif Eau 88.

Doc 3 Les revendications du collectif « L'Eau qui mord »

Accueil | L'Eau qui mord | Collectif Eau 88 | Documentation SAGE | Appuis | Médias | Nestlé Monde | Favoris | Liens

Bienvenue sur l'Eau qui mord.

Ici, nous défendons notre eau.

À VITTEL, dans les Vosges, comme partout ailleurs sur la planète, l'eau est menacée par le pillage industriel. Face à l'inaction, voire à la complicité des pouvoirs publics et des élu.e.s, c'est aux citoyennes et citoyens de s'indigner et d'agir. On se mobilise ! Pour que l'eau reste un BIEN COMMUN et non une marchandise au seul profit des multinationales et de leurs actionnaires.

L'Eau qui mord, support libre et indépendant de toute association ou mouvement politique, est solidaire du Collectif Eau 88 en lutte contre la surexploitation de l'eau dans le secteur VITTEL-CONTREX et met ses différents supports à sa disposition.

Le Collectif Eau 88 révèle 19 forages Nestlé non autorisés

19 mai 2020

Le Collectif Eau 88 a convié les médias vosgiens à une conférence de presse, déconfinée, masquée en partie à Crainvillliers et Suriauville pour admirer des forages non autorisés. Cette révélation avait été bien faite dans le reportage de pièces à conviction passé sur France 3 le 13 mai. Le directeur de l'embouteillage arrivé il y a quelques mois avait reconnu les faits. Nous reviendrons rapidement sur le sujet et vous aurez toute l'info disponible.
Ce ne sont pas 4 forages non autorisés (journaliste) ni 8 (Ronan Le Fanic, directeur de Nestlé) mais… bien plus !

1. **Doc 1, 2 et 3 Capacité.** Analysez le conflit d'usage autour de l'eau de Vosges.
2. **Doc 3** Comment le collectif « L'Eau qui mord » cherche-t-il à faire connaître son combat ?

CAPACITÉ — Analyser un conflit d'usage autour d'une ressource *(Doc 1 à 3)*.

MÉTHODE	APPLIQUER
1 Identifier les ressources conflictuelles	1 **Doc 1** Repérez et localisez l'eau qui fait débat dans les Vosges.
2 Comprendre les acteurs concernés	2 **Doc 1, 2 et 3** Listez les acteurs présents.
3 Décrire les actions menées	3 **Doc 1, 2 et 3** Pour chacun d'eux, identifiez leurs intérêts et leurs arguments.
4 Présenter l'analyse	4 Rassemblez toutes les informations précédemment évoquées dans un schéma présentant chaque acteur et son positionnement par rapport à la ressource.

3 DES CHANGEMENTS GLOBAUX POUR LA PLANÈTE

Doc 1 Changement climatique : un phénomène déjà conséquent qui peut s'aggraver

#Carte animée et sonore
foucherconnect.fr/21mhg55

Des catastrophes déjà visibles

- Crues
- Incendies de forêt
- Sécheresse
- Hausse des températures, canicule
- Cyclones

Quelques seuils de rupture possibles

1. Fonte du pergélisol (sous-sol gelé dont la fonte dégagerait d'immenses quantités de gaz à effet de serre)
2. Fonte des banquises arctiques
3. Perturbations des courants océaniques
4. Dégradation excessive des forêts

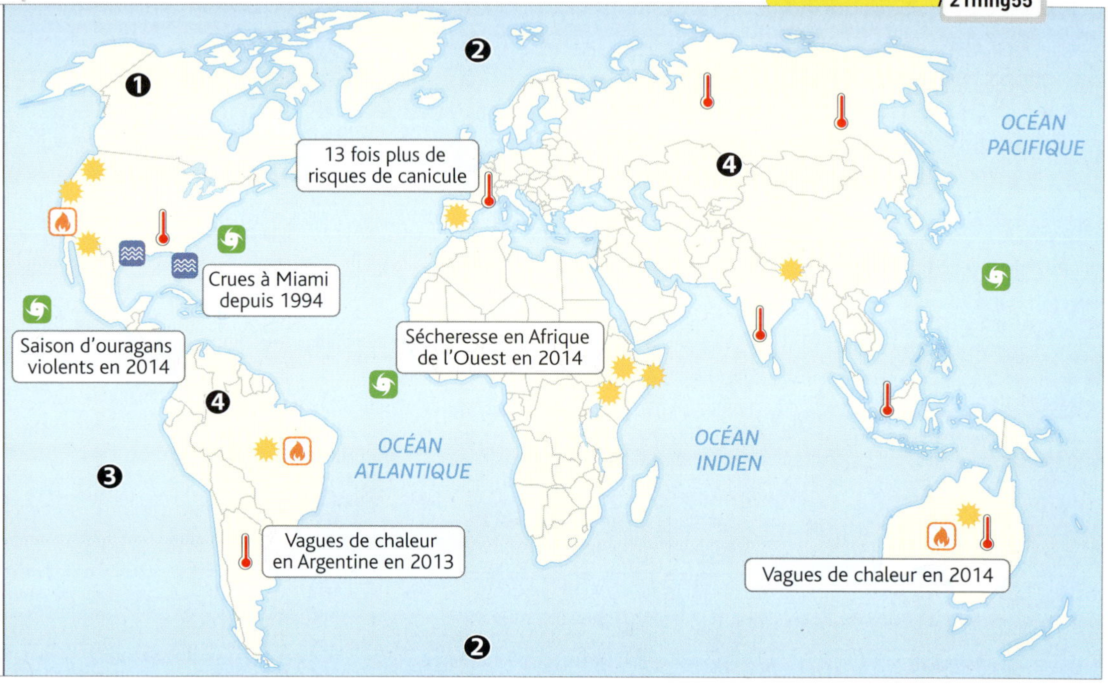

Doc 2 Des impacts complexes et indirects sur la santé humaine

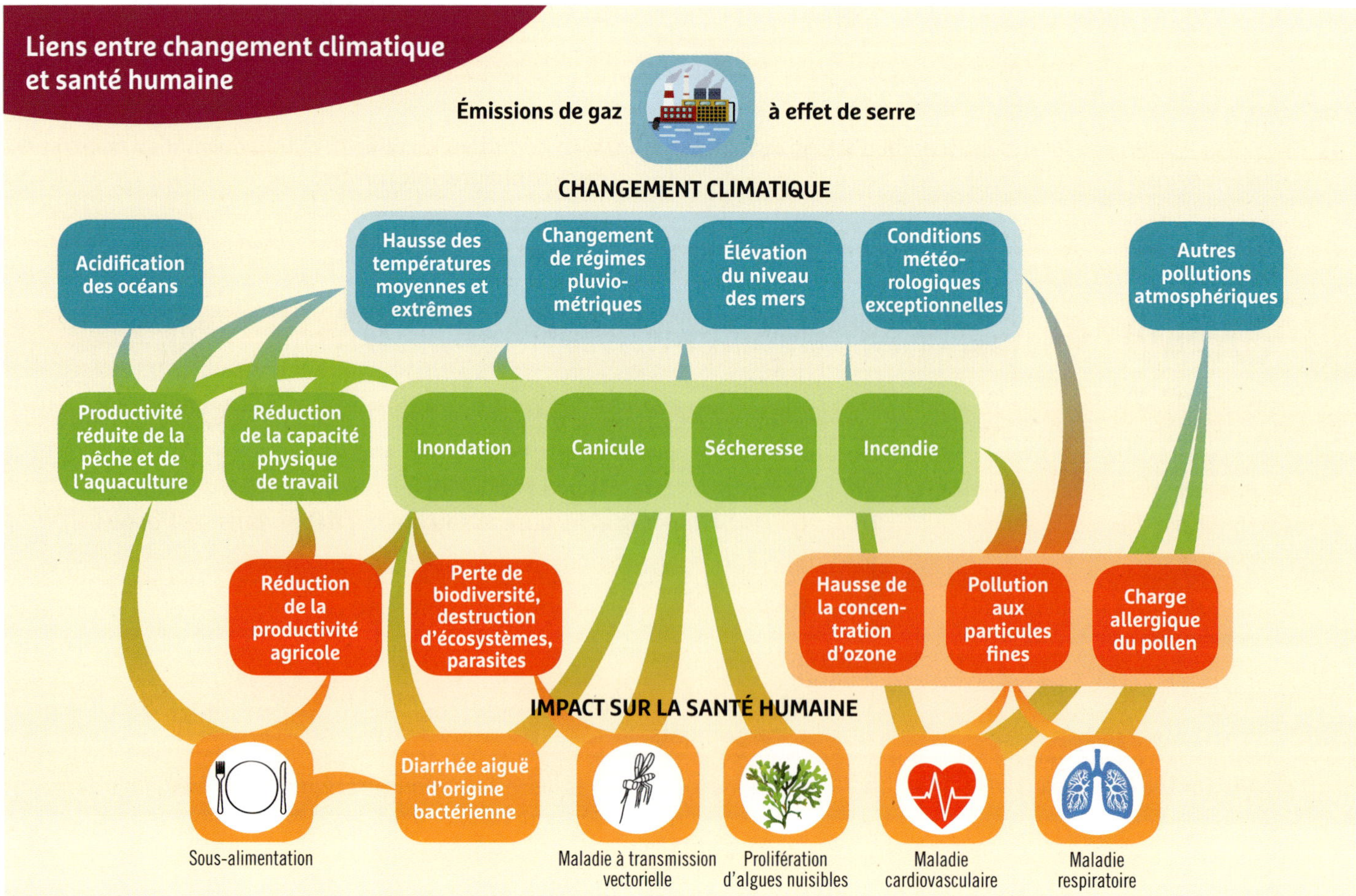

Doc 3 Derrière l'épidémie, la crise écologique

La Covid-19 est le dernier exemple en date de maladies qui explosent à la faveur de la pression accrue des hommes sur leur environnement. Et qui se diffusent d'autant mieux que leur environnement est dégradé. [...] Hier les civettes[1], aujourd'hui les pangolins[1]... Mais peu importe au fond par qui le malheur arrive : on parle d'une seule et même réalité, celle de maladies dites « zoonotiques » (transmises à l'homme par un animal) qui se multiplient depuis plusieurs décennies à la suite de contacts plus ou moins directs avec des animaux sauvages normalement porteurs de pathogènes[2]. [...] Selon le rapport mondial sur la biodiversité publié en mai dernier par la Plateforme intergouvernementale sur la biodiversité et les services écosystémiques (IPBES), l'alimentation de 350 millions de personnes à faibles revenus dans les pays en développement dépend des produits issus de la forêt. [...] Les prélèvements de faune sauvage représentent, selon l'IPBES, le deuxième facteur de perte de biodiversité terrestre après la destruction des habitats naturels. Cette destruction, due pour l'essentiel aux déboisements pour étendre les surfaces agricoles, est également un facteur de dissémination des pathogènes. « Quand on déforeste, on ne fait pas qu'abattre des arbres. On modifie un habitat dans lequel vivaient des animaux porteurs », explique Rodolphe Gozlan [chercheur à l'IRD[3]]. « Cette faune se redistribue dans des zones auxquelles l'homme va accéder beaucoup plus facilement, ce qui crée des fronts de contact beaucoup plus importants et va donc permettre de ramener vers les villes ces réservoirs viraux et bactériens. [...] Il ne s'agit pas de protéger ces forêts uniquement parce qu'il y a de beaux papillons. Ce sont aussi des barrières sanitaires pour les populations », souligne Rodolphe Gozlan. [...] D'une façon générale, les perturbations des écosystèmes, qu'elles soient liées à des changements d'usage des sols ou aux conditions climatiques, tendent à modifier la distribution des organismes pathogènes et leurs hôtes. On sait que de nombreuses épidémies (malaria, fièvre de la vallée du Rift, dengue...) sont favorisées par des événements climatiques dont la fréquence pourrait croître avec le réchauffement global.

Antoine de Ravignan, *Alternatives économiques+*, 30 mars 2020.

1. Civettes, pangolins : animaux sauvages accusés de transmissions des maladies aux hommes.
2. Pathogène : qui peut provoquer une maladie.
3. IRD : Institut de recherche et de développement.

1. **Doc 1** Présentez la carte. Quels sont les impacts déjà perceptibles du changement climatique ?
2. **Doc 2** Expliquez les liens de causalité entre le changement climatique et la sous-alimentation.
3. **Doc 3** Relevez les deux facteurs de la diminution de la biodiversité cités dans le texte.
4. **Doc 3** Expliquez pourquoi l'auteur fait un lien entre la biodiversité et la santé humaine.

→ **À l'aide de tous les documents, définissez les changements globaux en cours et expliquez pourquoi cela impose de changer nos modes de vie.**

JE RETIENS

7 « Une planète épuisée ? »

1 Un monde sous pression humaine

Notre mode de vie très consommateur, dont l'impact est renforcé par la croissance démographique, est remis en cause par l'épuisement des ressources. En effet, nous consommons beaucoup plus que ce que la planète est capable de régénérer.

2 Des ressources sous tension

Celles-ci créent souvent des conflits d'usage, concernant leur préservation ou leur exploitation.

3 Des changements globaux pour la planète

Le changement climatique ou la menace sur la biodiversité montrent l'urgence d'inventer de nouvelles façons d'habiter la Terre. Les scientifiques rappellent souvent qu'il reste peu de temps pour agir.

8 Inventer de nouvelles manières d'habiter

1 AMÉNAGER ET RÉINVENTER LA VILLE POUR VIVRE AUTREMENT

Doc 1 Construire « la ville du quart d'heure »

Carlos Moreno, un des scientifiques spécialistes des questions d'urbanisme et d'aménagement, publie une tribune pendant le confinement pour partager ses idées.

La vie urbaine est cadencée pour que chacun aille d'un lieu à l'autre « plus vite et plus loin », sans aucune maîtrise du temps utile. Ces déplacements nombreux, qui empiètent sur le temps que nous pourrions consacrer à nos proches, nous conduisent à une forme de lassitude, voire pour certains à une sorte de méfiance, une peur de l'autre et de la différence. [...] La crise, qui nous oblige à raisonner en courtes distances, devient ainsi une opportunité : celle de penser autrement, non pas la ville, mais la vie dans la ville, de redonner de la force à la proximité, de développer un maximum de services près de chez soi, et de passer à une autre temporalité, celle du quart d'heure à pied ou des mobilités actives (vélo, marche, trottinette). C'est la redécouverte d'un quartier, avec ce qui devrait être des espaces publics apaisés, arborés, végétalisés, rafraîchis, pour qu'ils soient des lieux de vie, de brassage, de rencontre. [...] Une discothèque transformée l'après-midi en salle de sport ; un centre sportif qui accueille des activités de soutien scolaire ; des ateliers de réparation d'objets dans un commerce de proximité ; une pièce de théâtre jouée dans un appartement ; des chants partagés d'une fenêtre à l'autre, comme on le voit dans cette période de confinement marquée par un foisonnement d'initiatives citoyennes. C'est aussi une participation citoyenne active pour faire vivre cette proximité, pour que chacun, chacune ait la possibilité d'accéder aux fonctions sociales essentielles en proximité : se loger, travailler, s'approvisionner, se soigner, s'éduquer, s'épanouir.

Le Monde, le 20 mars 2020.

Doc 2 Les toits végétalisés à Madrid

« Chaque toiture végétale est un écosystème où vivent, parmi les plantes, insectes, grenouilles et lézards. Elle réduit la pollution annuelle [...] le bruit et la chaleur. »

https://www.telerama.fr/sortir/et-si-on-installait-des-jardins-sur-les-toits-de-bus-comme-a-madrid,n5443171.php

Doc 3 Le Wip, tiers-lieu à Colombelles

Une usine désaffectée a été transformée en « tiers lieu », un espace destiné à accueillir des activités diverses à destination des usagers. On peut venir travailler, se restaurer, se détendre, assister à des ateliers ou à des concerts... Il existe plus de 1 800 tiers-lieux en France. Ils cherchent à renforcer le lien social, l'initiative collective et à transformer les modes de vie.

Doc 4 Le projet du quartier Pleyel (Seine-Saint-Denis)

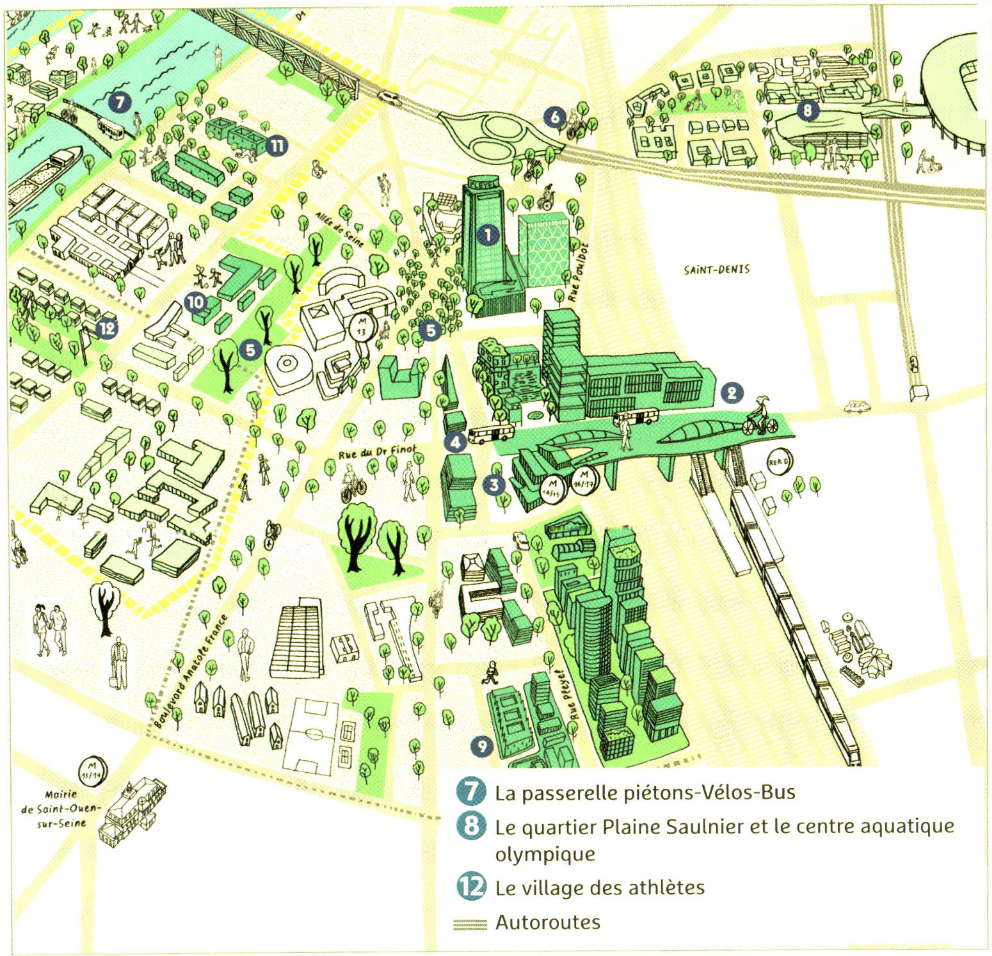

1 La tour Pleyel
2 Le franchissement urbain
3 La gare Saint-Denis Pleyel
4 9 10 11 Des équipements et services
5 Des espaces publics de qualité
6 L'échangeur Pleyel
7 La passerelle piétons-Vélos-Bus
8 Le quartier Plaine Saulnier et le centre aquatique olympique
12 Le village des athlètes
Autoroutes

Le quartier Pleyel est un projet d'aménagement mêlant différents lieux de vie, de travail et de loisir. Il accueillera le village olympique et paralympique pendant les Jeux olympiques de 2024 avant de redevenir un quartier pour des habitants.

Le projet « Les Lumières Pleyel » en est symbolique : 176 000 m² de bureaux, logements, hôtel, résidence étudiante, commerces, équipements collectifs et sportifs avec un parc en pleine terre de 15 000 m².

1. **Doc 1** Expliquez ce que doit être « la ville du quart d'heure » d'après C. Moreno ? Quels sont ses objectifs ? Quelles ressources sont indirectement préservées ?
2. **Doc 1** Relevez les changements proposés pour renforcer la proximité en ville.
3. **Doc 2 et 3** Décrivez les transformations opérées pour attribuer de nouveaux usages aux lieux et aux équipements.
4. **Doc 1 et 3** Montrez que les « tiers-lieux » offrent des alternatives pour transformer le rapport au travail et à la mobilité.
5. **Doc 1 et 4** Expliquez pourquoi les aménagements réalisés permettent de faire de Pleyel un quartier répondant aux fonctions sociales essentielles définies dans le Doc 1.

→ **Imaginez les transformations que vous pourriez proposer pour votre territoire dans l'objectif de répondre aux changements globaux.**

CAPACITÉ

Imaginer, en groupe, un projet d'aménagement concerté lié à une ressource et répondant aux défis sociétaux *(Doc 1 à 4)*

MÉTHODE	APPLIQUER
1 **Délimiter le territoire étudié**	1 Choisissez l'échelle du lycée, d'un quartier, d'une ville...
2 **Définir des objectifs**	2 Listez ce que votre projet doit permettre d'accomplir. Quelle ressource préserver ? Quel(s) défi(s) de société relever ?
3 **Identifier les lieux aménageables**	3 Quels lieux pourraient être aménagés ? Doit-on en créer ?
4 **Proposer le projet**	4 Sous la forme d'un croquis, proposez votre projet d'aménagement.

2 S'ALIMENTER, CULTIVER LA TERRE

Doc 1 La transition écologique

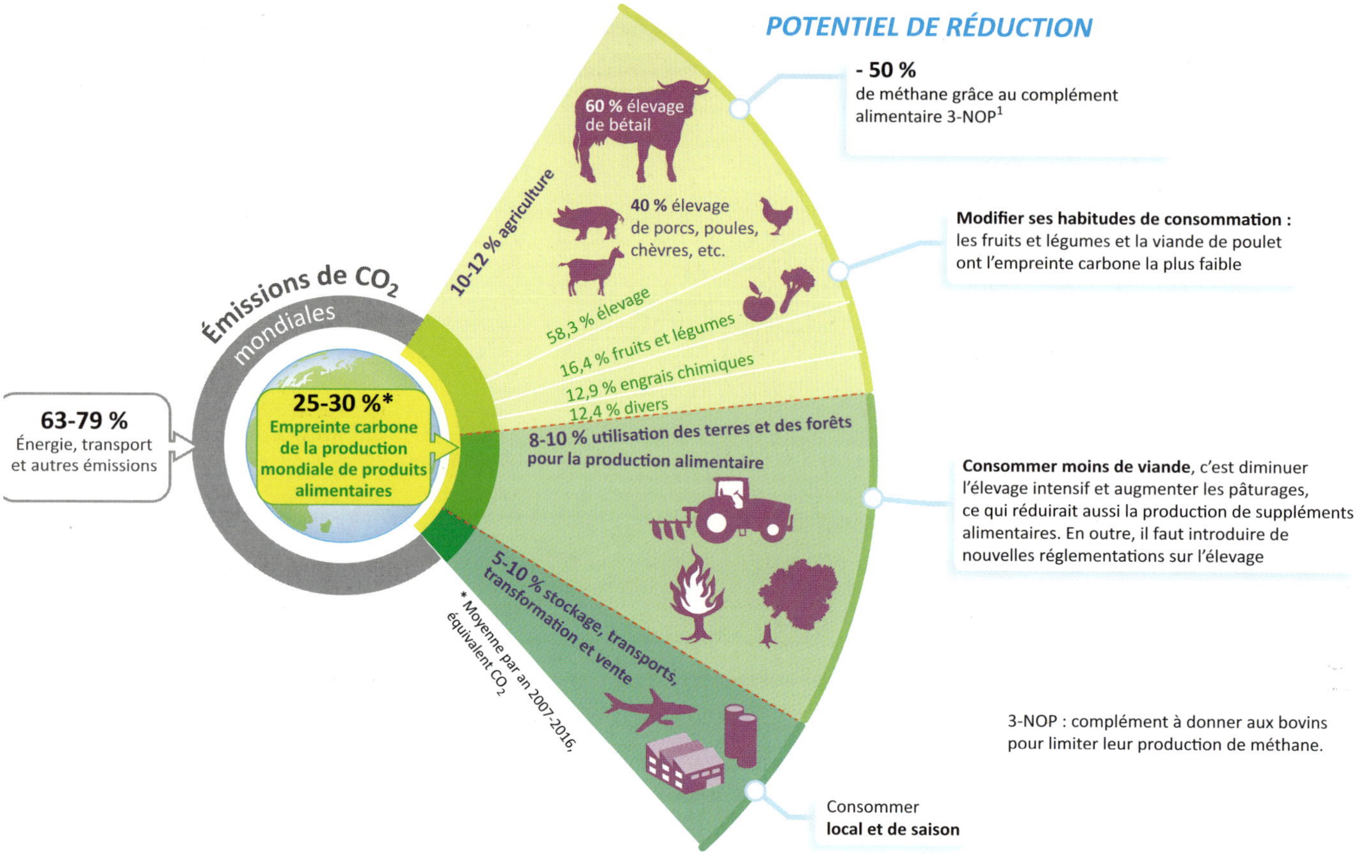

1. 3-NOP : complément à donner aux bovins pour limiter leur production de méthane.

Doc 2 Des modèles en débat

Le débat est vieux comme l'utilisation intensive des pesticides : l'agriculture biologique[1] a-t-elle la capacité de remplacer entièrement l'agriculture intensive et de fournir assez de nourriture pour une planète qui devrait atteindre les 8,5 milliards de personnes dans seulement 12 ans ? [...] Aujourd'hui, une équipe internationale emmenée par Adrian Muller, de l'Institut de recherche de l'agriculture biologique (FiBL, en Suisse) propose une approche plus globale [...] Les auteurs ont, bien entendu, pris en compte la production et l'impact environnemental, mais ils ont également envisagé deux changements impactant nos habitudes alimentaires : la réduction des surfaces agricoles consacrées à la nourriture animale (ce qui implique une diminution des cheptels[2]) et une diminution drastique du gaspillage alimentaire. Leur modèle prédit qu'une conversion totale à l'agriculture biologique nécessiterait entre 16 et 33 % de terres supplémentaires (en fonction du type de culture et des effets du changement climatique) pour assurer l'alimentation de l'ensemble de la population. Une telle augmentation aurait bien sûr des effets négatifs tant sur l'environnement que [sur] le climat, vu qu'aujourd'hui acquérir de nouvelles terres cultivables implique souvent une déforestation. En revanche, on pourrait parvenir au même résultat sans augmentation des surfaces des terres agricoles, à condition de réduire le gaspillage alimentaire de moitié[3], et d'arrêter de cultiver de la nourriture animale sur des terres qui pourraient être utilisées pour de la nourriture humaine [...] Les auteurs insistent sur la nécessaire complémentarité de ces mesures ; la réduction du nombre d'animaux d'élevage alliée à l'agriculture biologique fournirait la « feuille de route d'une production agricole plus soutenable. » [...]

Jean-Paul Fritz, l'OBS, 14 novembre 2017.

1. Agriculture sans produit chimiques (pesticides...) ni OGM.
2. Ensemble des animaux d'une exploitation.
3. Aujourd'hui, environ 1,3 milliard de tonnes de nourriture sont perdues ou gaspillées, soit environ un tiers de la production mondiale.

Doc 3 Affiche pour l'AMAP de Meaux

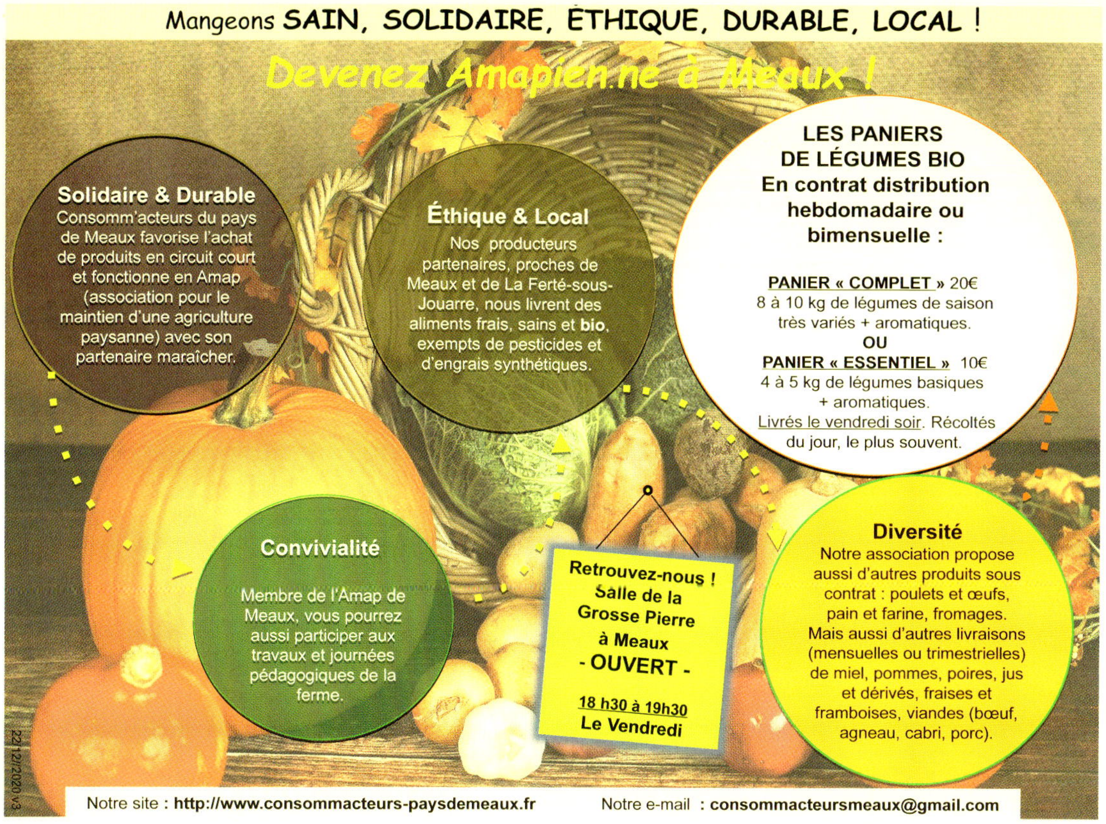

http://chauconin-neufmontiers.fr/amap-de-meaux-devenez-amapienne-amapien/

LEXIQUE

- **Circuit court :** une vente dans laquelle il y a maximum un intermédiaire entre le producteur et le consommateur
- **Agriculture paysanne :** idée de l'agriculture qui cherche à rester durable et protectrice de l'environnement et des paysans.
- **« Bio » :** [ici] qui n'utilise pas de produits chimiques ni d'OGM.

Doc 4 Une « Disco-soupe » à Lyon

Le concept de la disco-soupe a été popularisé par des associations depuis 2012 pour lutter contre le gaspillage alimentaire et sensibiliser à l'alimentation durable. Les légumes invendus sont collectés plusieurs jours avant d'être cuisinés collectivement et offerts sur la place publique en expliquant la démarche dans une ambiance festive.

https://agiralyon.fr/sengager-avec-disco-soupe/

1. **Doc 1** Observez l'impact de l'agriculture sur les émissions de gaz à effet de serre mondiales et expliquez pourquoi l'auteur titre son schéma : « La transition agricole : une chance ». Quels sont les piliers de cette transition ?
2. **Doc 2** Résumez les conclusions de l'étude d'Adrian Muller. Montrez qu'une conversion à l'agriculture biologique ne suffit pas pour répondre aux impératifs de préservation de l'environnement.
3. **Doc 3** Expliquez, d'après l'affiche, ce qu'est une AMAP et ses principes de fonctionnement.
4. **Doc 3 et 4** Décrivez les initiatives mises en place par les associations et expliquez comment celles-ci tentent de promouvoir une éducation à une alimentation durable.

→ **Pourquoi réfléchir à la manière dont nous nous nourrissons peut-il nous aider à préserver la planète ?**

3 REPENSER NOS MODES DE PRODUCTION ET D'ÉCHANGE

Doc 1 L'opposition entre deux modèles

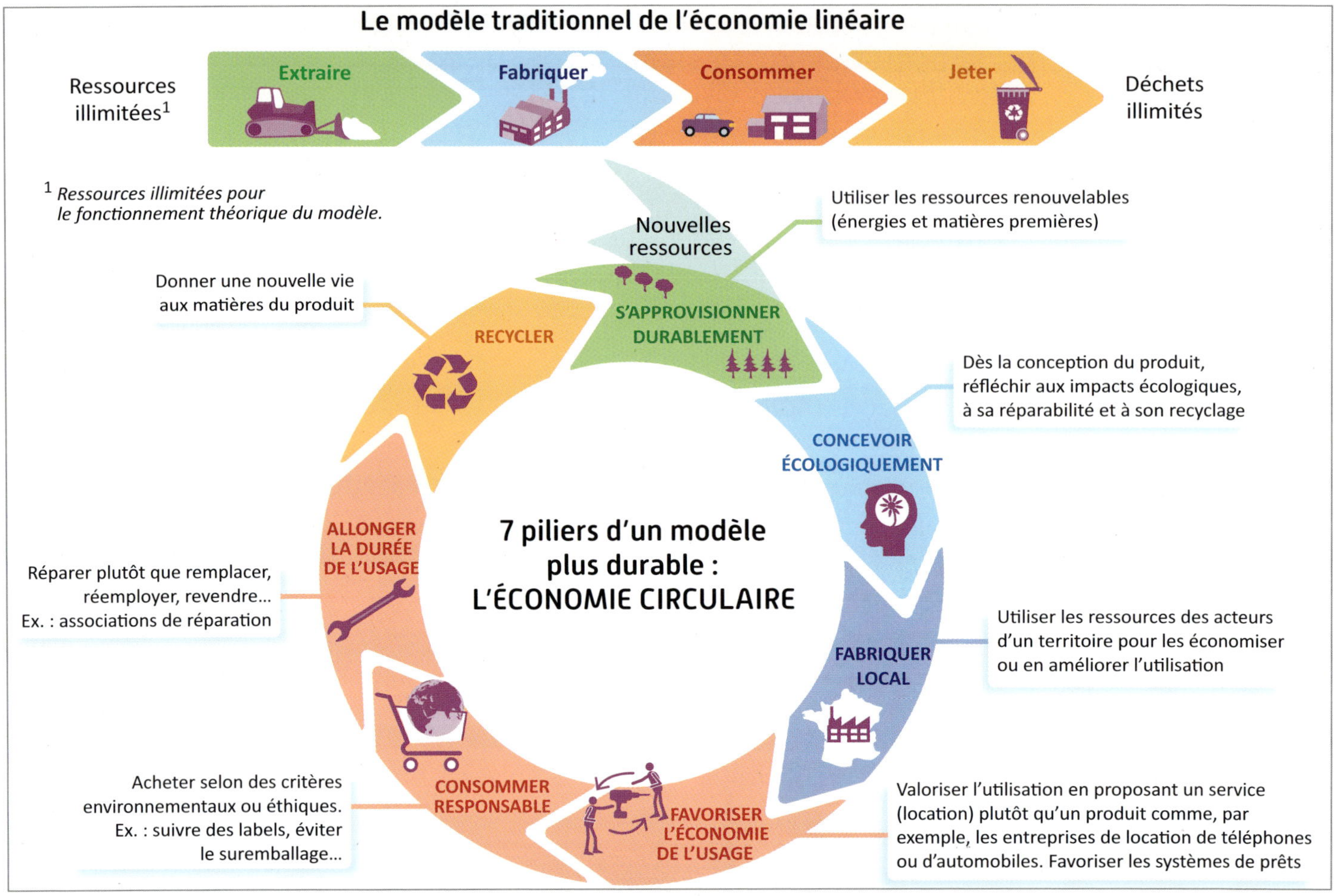

Doc 2 Des initiatives diverses pour changer nos modèles de consommation

« Share voisin » est une interface qui propose d'échanger des objets du quotidien entre voisins de quartier pour éviter les achats ponctuels et développer la solidarité.

« Repair Café » est un réseau d'associations qui organise des moments de réparation des objets du quotidien et de partage des savoir-faire.

REPAIR CAFE

« Zéro Waste » est une association qui lutte pour la réduction des déchets.

Doc 3 Les limites de l'économie circulaire en termes de développement durable

L'économie circulaire, la culture du recyclage, du réemploi, voire de « solidarité », qu'elle a instillée dans les représentations des consommateurs, dégage un esprit et un élan positif. Le cercle qui la représente symbolise l'unité, la complétude [ce qui est complet] ; cycle de vie et renaissance sont des symboles de la nature. Et pour protéger cette dernière, de nombreuses lois ont été adoptées. [...]. À y regarder de plus près, les pratiques qui s'inscrivent dans l'économie circulaire sont teintées toutefois de limites. La première limite est celle de l'hyperconsommation à laquelle les consommateurs sont déjà aguerris. Vendre des produits moins chers que les produits neufs, comme ce que propose Back Market[1], par exemple, ou encore proposer d'externaliser[2] sa penderie chez Elss Collection[1] en ayant la possibilité de « tout » louer conduit à acheter, utiliser « sans limites ». Cela ne permet donc pas d'insuffler [ici : favoriser] une autre façon de construire sa sécurité personnelle, de passer de l'« avoir » à l'« être ». [...] La seconde limite porte sur l'esprit du don d'objets qui est en train de changer chez certains consommateurs. En effet, l'économie collaborative[3] invite à consommer, à tirer un profit des possessions qui hier étaient destinées à être données aux Églises, aux ONG ou aux associations. [...] Ce changement dans le rapport au don pourrait être une menace sociale entraînant demain davantage de précarité. L'économie circulaire est vertueuse, mais nécessite des aménagements et réflexions pour qu'elle le soit durablement.

Valérie Guillard (professeur des universités en sciences de gestion, université Paris Dauphine), paru dans *Revue Économie et Management*, « D'une économie linéaire à une économie circulaire », nº 168, Réseau-canope.fr.

1. Back Market est une entreprise qui vend des produits reconditionnés. Elss Collection est une société de location de vêtements. Les deux sortent du schéma classique de la vente d'objets neufs.
2. Externaliser : confier à une entreprise extérieure.
3. Économie collaborative : économie qui repose sur le partage ou la mutualisation de biens ou de services.

1 **Doc 1** D'après le schéma, définissez les concepts « économie linéaire » et « économie circulaire ». Comment le deuxième modèle permet-il d'économiser des ressources ?

2 **Doc 1 et 2** Précisez, pour chaque association, quel pilier de l'économie circulaire est encouragé par leur action.

3 **Doc. 3** Expliquez les limites de l'économie circulaire dans une perspective de développement durable.

→ **Comment ces nouveaux modes de production et de consommation peuvent-ils participer à la lutte contre les changements globaux ?**

JE RETIENS

8 Inventer de nouvelles manières d'habiter

1 Aménager et réinventer la ville pour vivre autrement

L'urbanisme, en rapprochant les espaces de service et en développant de nouvelles formes de mobilité, peut permettre d'économiser les ressources et de développer de nouvelles formes de solidarité et de travail comme dans les tiers-lieux, par exemple.

2 S'alimenter, cultiver la terre

L'agriculture émet aujourd'hui une grande partie de nos émissions de gaz à effet de serre. Des initiatives émergent pour retrouver des modèles plus durables en modifiant notre alimentation et nos modes de culture.

3 Repenser nos modes de production et d'échange

Le modèle linéaire d'extraction et de transformation des ressources est aujourd'hui remis en question. Des initiatives d'entreprises ou d'associations proposent un autre rapport à la consommation.

9 Gestion des ressources locales et système mondial

1 POLITIQUES PUBLIQUES ET DÉFIS MONDIAUX DU XXIe SIÈCLE

Doc 1 Campagne d'éducation aux enjeux des changements globaux

Lancement par Jean-Michel Blanquer[1] et Yann Arthus-Bertrand[2] du programme *Des posters éducatifs pour sensibiliser aux Objectifs de développement durable* (21 novembre 2019)

1. Ministre français de l'Éducation nationale, de la Jeunesse et des Sports.
2. Photographe français, président de la fondation Goodplanet (fondation qui a pour vocation de sensibiliser l'ensemble des acteurs aux enjeux environnementaux).

Doc 2 La place grandissante des enjeux environnementaux dans le débat public

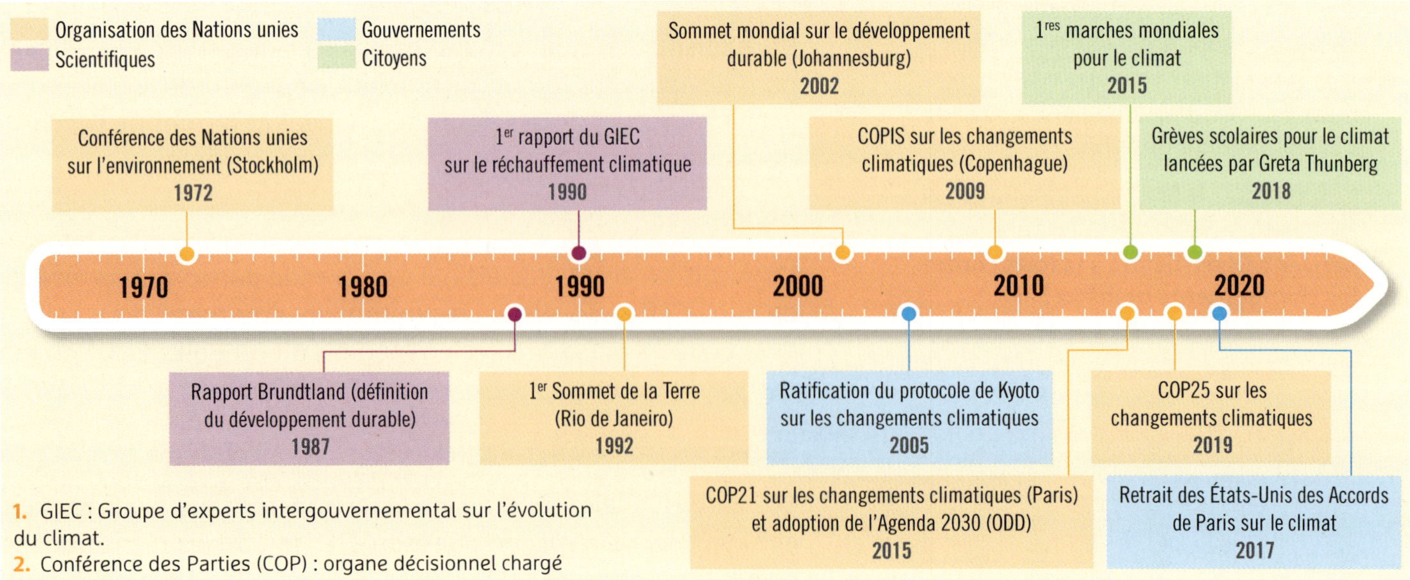

1. GIEC : Groupe d'experts intergouvernemental sur l'évolution du climat.
2. Conférence des Parties (COP) : organe décisionnel chargé de contrôler la mise en œuvre de la Convention-cadre des Nations unies sur les changements climatiques (signée par 197 pays).

Doc 3 Assainissement et accès à l'eau en Gambie

Le gouvernement gambien lance un programme de 1,8 milliard de dollars. 40 installations solaires off-grid[1] seront installées dans les zones bénéficiant du projet. Elles serviront à l'alimentation des installations de production d'eau domestique. Le gouvernement construira également 224 installations sanitaires dans les services publics tels que les hôpitaux et les écoles. En outre, les systèmes d'évacuation des eaux pluviales seront installés dans 40 écoles hautement exposées au risque d'inondation. 20 centres municipaux de collection et de traitement de déchets seront implantés. 20 véhicules de collecte de déchets seront donnés aux organisations intervenant dans ce domaine. Un centre d'incinération des déchets non biodégradables sera aussi construit et alimentera une centrale électrique de 200 KW.

1. Off-grid : électrification à partir de systèmes de production autonomes.

Moctar Ficou / VivAfrik, 18 juillet 2019.

Doc 4 Les ODD : 4 ans après, un 1er bilan mitigé, 2019

« Nous nous engageons à intensifier nos efforts communs » pour concrétiser la vision du monde que nous voulons d'ici à 2030, ont déclaré les chefs d'État et de gouvernements réunis à New York pour l'ouverture du Sommet des Objectifs de développement durable. La bonne nouvelle, a déclaré le Secrétaire général de l'ONU António Guterres, c'est que « le Programme 2030[1] se concrétise » : les gouvernements ont intégré les objectifs à leurs stratégies nationales, le secteur privé mise davantage sur l'économie verte, tandis que les villes, les entreprises, le monde de la finance, la société civile, la jeunesse et bien d'autres encore se mobilisent et passent aux actes. Tout en soulignant cet élan, Antonio Guterres a prévenu cependant que « nous ne sommes pas sur la bonne voie », citant, entre autres, le chômage, la faim et les inégalités de genre. En effet, selon le rapport 2019 sur les progrès des ODD, le rythme n'est pas assez rapide pour les atteindre d'ici à 2030. Quatre faits inquiètent surtout les experts : les inégalités croissantes, les changements climatiques, la perte de biodiversité, ainsi que les quantités croissantes de déchets de l'activité humaine.

un.org/press

1. Adopté par 193 pays en 2015, il définit les 17 ODD pour les peuples, la planète, la prospérité, la paix et par les partenariats.

1. **Doc 1** Décrivez l'affiche. Quel effet peut-elle produire sur les enfants ?
2. **Doc 1** Quelles fonctions exercent les adultes qui présentent ce programme ? En mobilisant ces différents acteurs, quels sont les objectifs de l'éducation au développement durable ?
3. **Doc. 2** Montrez comment évolue, depuis le début des années 1970, la prise en compte internationale du développement durable. En vous appuyant sur la mobilisation des différents acteurs, expliquez pourquoi les pouvoirs publics s'emparent de ce sujet.
4. **Doc 3** Comment le gouvernement gambien agit-il en faveur du développement durable ? Qui en bénéficie ?
5. **Doc 1 et 3** Quels sont les leviers utilisés par ces deux gouvernements en faveur du développement durable ? Définissez la notion de « politique publique ».
6. **Doc 4** Quelles sont les réussites et les alertes présentées dans le bilan dressé par les Nations unies lors du Sommet 2019 des ODD ?
7. **Doc 2 et 4** Pourquoi le retrait des États-Unis de l'Accord de Paris peut-il être inquiétant ?

→ **Montrez que, à l'échelle mondiale, les États agissent inégalement pour mettre en œuvre les engagements internationaux en matière de développement durable.**

2 MONTPELLIER : UN PROJET D'AMÉNAGEMENT DURABLE

Doc 1 Un nouveau dynamisme dans les campus montpelliérains

Montpellier est la 7e ville étudiante de France. À ce titre, la métropole montpelliéraine (3 M), la ville de Montpellier, la Région Occitanie et l'État y déploient un plan partenarial d'investissement de grande envergure, l'Opération Campus[1].

L'année 2019 a vu la livraison du Village des Sciences, sur le campus de Triolet. Ces deux nouveaux bâtiments universitaires s'intègrent dans un projet d'aménagement global qui réunira les sites universitaires du cœur de campus dans un grand parc urbain et paysager d'ampleur inédite, et fera, sur un périmètre de 40 hectares, la part belle à la mobilité piétonne et aux modes de transport doux[2]. Les objectifs de ce projet sont multiples :

– Améliorer les conditions de vie des étudiants et enseignants chercheurs qui évolueront dans des bâtiments symbolisant l'excellence des établissements universitaires montpelliérains.

– Favoriser la transition énergétique en diminuant la consommation des bâtiments.

– Réhabiliter les campus d'origine par une désimperméabilisation des sols, la réinsertion d'espèces endémiques et la gestion raisonnée de l'eau.

– Développer le lien ville-universités via un campus intégré dans l'espace métropolitain.

BPA architecture, Montpellier & Trace architectes associés, Paris.

1. Plan en faveur des ensembles universitaires regroupant unités d'enseignement et résidences étudiantes (ou campus) afin de faire émerger en France douze pôles d'excellence de niveau international, grâce à des dotations exceptionnelles.
2. Modes de transports sans moteurs, qui ne génèrent pas de pollution ou de gaz à effet de serre (la marche, le vélo, la trottinette...).

1. **Doc 1** Présentez l'opération Campus montpelliéraine. Montrez que l'amélioration de la qualité de vie sur les sites universitaires est au cœur du projet.
2. **Doc 2** Présentez le *Challenge Campus 2030*.
3. **Doc 1 et 2** Montrez que les campus sont un enjeu majeur pour l'Agenda 2030.
4. **Doc 1 et 2** Qui sont les acteurs engagés dans ces projets (propositions, financement) ?
5. **Doc 4 Capacité** Réalisez le croquis d'une partie des aménagements du campus Triolet en les mettant en lien avec les objectifs de développement durable (ODD).

Doc 2 Une équipe africaine remporte le 1er challenge *Campus 2030*[1]

Université Senghor[2]
@USenghor

!! L'équipe We Learn We Lab de l'université Senghor remporte le concours international Challenge Campus 2030.

Un concours initié par l'AUF, le centre régional d'information des Nations unies pour l'Europe occidentale et l'UNESCO.

Bravo 👏👏👏

Vive la diversité culturelle !

4:41 PM - Jun 5, 2020

Doc 3 « Un village des sciences en projet » à l'université de Montpellier

Boyer-Gibaud Percheron Assus, architectes mandataires & Trade Architectes associés.

Le projet gagnant, appelé *We Learn, We Lab*, est un outil d'apprentissage et de partage de connaissances. Il s'agit d'un laboratoire d'intégration et d'incubation sous forme d'un lieu dédié sur le campus et d'une plateforme numérique. Ce « lab » apportera des formations axées sur les Objectifs de développement durable et travaillera à améliorer l'accès à l'emploi des étudiants, l'esprit d'entreprise, le conseil et la digitalisation des savoirs.

1. Concours co-organisé par l'AUF, l'UNRIC, Agorize et l'UNESCO.
2. Compte Twitter de l'université Senghor, Alexandrie (Égypte).

Doc 4 *Cœur de campus*, **une opération urbaine et paysagère**

https://www.operation-campus.fr/secteur-coeur-de-campus

CAPACITÉ

Réaliser le croquis d'un aménagement qui met en œuvre un ou des objectifs de développement durable *(Doc 3)*

MÉTHODE

1. **Analyser le sujet en lien avec la capacité.**
2. **Identifier et classer les différents éléments à représenter.**
3. **Réaliser le croquis en délimitant l'espace représenté et en choisissant des figurés appropriés.**
4. **Construire la légende en l'organisant et titrer le croquis.**

APPLIQUER

1. Dans quel contexte ce projet d'aménagement a-t-il été proposé ?
2. Repérez et classez les éléments selon les critères suivants :
   - Les bâtiments rénovés ou construits.
   - Les voies de communication et modes de transport.
   - Les nouveaux accès favorisant les mobilités douces.
3. Sur une feuille, reproduisez les contours du secteur « Cœur de campus » et placez les éléments à représenter.
4. Choisissez, pour chaque élément, un figuré simple (triangle, flèche...) et localisez-les sur le croquis.
5. Donnez un titre qui permet d'identifier le projet et son lien avec le développement durable.

3 AGIR POUR LE DÉVELOPPEMENT DURABLE AU SEIN DE L'UE

Doc 1 Le développement durable au cœur des entreprises

En 2011, la Commission européenne définit la RSE (responsabilité sociétale des entreprises) comme étant « la responsabilité des entreprises vis-à-vis des effets qu'elles exercent sur la société ». Elle correspond à la mise en pratique du développement durable par les entreprises : une entreprise qui pratique la RSE va donc chercher à avoir un impact positif sur la société, à respecter l'environnement tout en étant économiquement viable.

Doc 2 Lutter contre le changement climatique dans les fermes

« Le programme Life[1] AgriClimateChange vient de recevoir le Green Award[2] du meilleur projet Life. Cette distinction l'identifie comme l'un des meilleurs projets financés par le fonds de l'Union européenne pour l'environnement des 25 dernières années. [...] Cofinancé par le ministère de l'Agriculture et de l'Alimentation et porté par Solagro[3], AgriClimateChange a expérimenté différentes mesures de réduction des émissions de gaz à effet de serre à l'échelle de la ferme. Un outil de diagnostic énergie et gaz à effet de serre utilisable sur la plupart des exploitations agricoles européennes a été créé et plus de 120 fermes en Espagne, Allemagne, France et Italie ont été accompagnées dans la mise en place de plans d'action [...]. Le ministère a également cofinancé en 2016 et 2017 deux projets Life portés par Solagro :

– sur l'adaptation des exploitations au changement climatique, AgriAdapt. Il proposera une méthodologie d'évaluation de la vulnérabilité des exploitations au changement climatique ;

– sur la prise en compte de la biodiversité dans les cahiers des charges et labels des industries agroalimentaires, BioStandards.

1. Programme de l'UE consacré au financement de sa politique environnementale.
2. Récompense des projets en faveur de l'environnement et de l'action pour le climat.
3. Entreprise associative pour l'énergie et l'agriculture.

Doc 3 Des Européens prêts à s'engager

	France	Espagne	Portugal	Hongrie
Consommer davantage de produits biologiques	83 %	88 %	92 %	83 %
Limiter les loisirs polluants : promenades en voiture, en bateau à moteur, croisières	83 %	85 %	86 %	83 %
Acheter plus cher si le produit provient de filières responsables et/ou s'il y a un usage durable	77 %	85 %	87 %	84 %
Préférer les transports alternatifs : train, vélo...	72 %	81 %	75 %	77 %
Limiter ou optimiser les voyages personnels	77 %	79 %	79 %	69 %

Doc 4 **Campagne de lutte contre le gaspillage alimentaire par Intermarché[1], 2016**

D'après l'enquête Oney et OpinionWay, 2019.

1. Enseigne du groupement Les Mousquetaires (9 enseignes, 4 000 points de vente en France et 769 en Europe : en Belgique, au Portugal et en Pologne).

1 **Doc 1** Présentez la RSE. De quelles façons concrètes permet-elle de mettre en pratique les principes du développement durable ?

2 **Doc 2** De quelle façon l'Union européenne favorise-t-elle la mise en œuvre de sa politique pour l'environnement ? Quels sont les atouts du programme AgriClimateChange pour gagner le prix Life ?

3 **Doc 3** Dans quels domaines les consommateurs européens sont-ils prêts à s'investir pour le développement durable ? De quelle façon ?

4 **Doc 1, 2 et 3** Montrez que l'Union européenne tente d'accompagner les démarches et attentes citoyennes pour atteindre les ODD.

5 **Doc 4** Quels sont les objectifs d'Intermarché avec sa campagne « Fruits et légumes moches » ?

6 **Doc 1 et 4** Comment Intermarché entre-t-elle dans la démarche de la RSE ?

→ **Montrez que la notion de développement durable est portée par différents acteurs au sein de l'Union européenne (politiques et citoyens), dans le domaine de la consommation, par exemple.**

JE RETIENS

9 Gestion des ressources locales et système de solidarité mondiale

1 Politiques publiques et défis mondiaux du XXIe siècle

Depuis la fin du XXe siècle, les politiques publiques mondiales intègrent peu à peu les principes du développement durable : protocole de Kyoto sur la réduction des émissions de gaz à effet de serre (1997), accord de Paris sur le climat (2015)... Toutefois, les engagements pris lors des sommets internationaux ne sont pas toujours suivis d'effets.

2 Un projet d'aménagement durable à Montpellier

La logique de développement durable trouve notamment sa place dans des projets d'aménagement du territoire, financés par des fonds publics et privés. Par exemple, le programme de rénovation destiné à moderniser le campus universitaire de Montpellier a pour objectif d'améliorer la qualité de l'accueil des étudiants et des équipes de recherche, dans un cadre respectueux de l'environnement.

3 Agir pour le développement durable au sein de l'Union européenne

L'Union européenne tente également d'agir en faveur du développement durable, en s'emparant notamment des questions liées à la production et à la consommation. La RSE ou encore le prix Life sont des leviers. Les citoyens quant à eux, en tant que consommateurs, sont de plus en plus actifs sur ces questions et obligent les entreprises à prendre en compte les ODD.

JE M'EXPRIME À L'ÉCRIT

Raconter l'engagement d'un acteur

J'observe un modèle...

pour raconter l'engagement d'un acteur impliqué dans la gestion d'une ressource

Doc 1 **Un cours d'anglais se transforme en action humanitaire**

En fin d'année dernière, M. Guttierez, professeur d'anglais, dispense un cours sur les problèmes d'accès à l'eau potable que rencontrent certaines populations de par le monde. Le sujet sensibilise les élèves[1]. Ils décident alors d'élaborer une action en partenariat avec l'ONG Wave for Water, dont une des branches françaises est établie à Ondres, sous la houlette d'Olivier Servaire. Celui-ci leur présente la dernière technologie destinée à rendre potable toute eau contaminée : un filtre qui permet d'obtenir un verre d'eau en 20 secondes, quand il fallait toute une nuit avant.

Les lycéens de première ES se mobilisent avec leur professeur. Reste alors à trouver le maximum de fonds, sachant qu'un seul euro fournit de l'eau potable à une personne pendant un an.

Le pari engagé est, tout d'abord, de faire connaître à tous les lycéens les difficultés rencontrées par d'autres habitants de la Terre pour avoir de l'eau, afin de les inciter à verser l'euro symbolique. Durant trois à quatre mois, les actions de communication se sont enchaînées. L'anglais reste la langue utilisée, afin de respecter le côté pédagogique.

Jeudi dernier a eu lieu la présentation du travail effectué en peu de temps en présence d'Olivier Servaire, qui a soumis un projet de l'association Wave for Water au Cambodge, où un village lacustre de 700 habitants connaît un paradoxe saisissant, car il est impossible d'utiliser l'eau contaminée l'entourant.

Les élèves ont déclaré avoir connu, entre autres choses, au cours de cette action, l'humilité, l'humanité, le plaisir et la nécessité d'aider, les inégalités dans le monde et l'importance de ne pas gaspiller l'eau.

Alain Garanx, *Sud-Ouest*, 8 mai 2017.

1. Élèves de la filière économique et sociale du lycée Sud-des-Landes de Saint-Vincent-de-Tyrosse.

....
....

....
....

....
....

....
....

....
....

Je réponds aux questions

1. Présentez en une phrase le projet. Quel rôle joue chaque acteur (noms en bleu) ?
2. Définissez un « village lacustre » (en rose). En quoi le projet répond-il aux besoins des habitants de ce village cambodgien ? Pourquoi l'auteur parle-t-il d'un « paradoxe saisissant » ?
3. Pourquoi les groupes de mots en jaune sont-ils indispensables dans un récit ?
4. Repérez le schéma narratif : situation, élément perturbateur/déclencheur, péripéties/étapes, dénouement et situation finale. Complétez les cases.
5. À quel temps sont conjugués les deux premiers verbes (en vert) ? Quelle est la valeur de ce temps verbal dans un récit ? Justifiez l'emploi du passé composé pour les autres verbes (en vert).

J'APPLIQUE

Raconter en géographie, c'est construire un récit qui « met en scène » un ou plusieurs acteurs. Il s'agit de produire un discours narratif sur un sujet d'étude géographique.

- Nommer le ou les acteurs impliqués. Situer le récit dans l'espace et dans le temps. Organiser le texte pour qu'il respecte le schéma narratif.
- Employer les temps verbaux adaptés : présent de narration et/ou temps de la sphère du passé (l'imparfait pour les actions longues et récurrentes et le passé composé pour les actions ponctuelles et brèves), ainsi qu'un lexique géographique.

Je raconte ... ... l'engagement de Laure Babin

Doc 2 Des baskets classiques polluantes

Il y a plusieurs dizaines d'années, les chaussures de sport étaient fabriquées à partir de matières premières naturelles comme le caoutchouc ou le cuir (en 1960, la marque Adidas utilisait de la peau de kangourou). Les premières chaussures de sport en toile et caoutchouc ont été fabriquées aux États-Unis par la société Candde Manufacturing Co en 1868. Aujourd'hui, la basket est composée principalement de matières synthétiques : la semelle extérieure est souvent en caoutchouc de synthèse ou carbone, la semelle intercalaire en éthylène-vinyle acétate, les systèmes soutenant les chevilles en polyuréthane à haute densité, et l'empeigne en nylon ou cuir synthétique. L'« air » des *Nike Air* est, en fait, de l'hexafluorure de soufre sous pression, un gaz à effet de serre.

https://www.consoglobe.com/baskets-classiques-vs-baskets-equitables-4202-cg

Doc 3 Le partenariat avec un atelier familial portugais

Zeta_shoes · S'abonner ...
Porto, Portugal

Mois après mois, pendant près d'un an, nous avons travaillé main dans la main pour créer une paire de baskets innovante qui s'inscrive dans une démarche zéro-déchet.

Ensemble, nous avons sourcé des matières premières recyclées en respectant un cahier des charges très précis. Nous avons dessiné et concu le premier modèle Alpha. À distance, durant la pandémie, nous avons apporté les modifications nécessaires au prototype.

Nous leur sommes extrêmement reconnaissants et sommes fiers de l'équipe que nous avons formée pour donner vie à Zèta.

385 J'aime
24 août 2020

Doc 4 Une étudiante entrepreneuse engagée

Laure Babin, étudiante à l'université de Bordeaux, est lauréate du prix Ubooster 2020.

Zèta[1] c'est une marque de baskets zéro-déchet, entièrement fabriquées à partir de matériaux recyclés et vegan : cuir de raisin issu des déchets de la production vinicole, doublure et lacets en plastique repêché en Méditerranée, semelle intérieure en liège recyclé... Même leur nom, Zèta, est porteur d'un message écologique puissant : le dérivé de la fonction zéro en mathématique.

Laure Babin – Zeta Shoes, Université de Bordeaux, 23 octobre 2020.

1. Marque créée par Laure Babin en 2020.

ÉTAPE 1

Contextualiser, sur papier libre, l'entreprise Zèta Shoes dans le cadre du thème étudié dans ce chapitre.

→ Présentez le produit vendu. En quoi permet-il de lutter contre les changements globaux ?

ÉTAPE 2

Relever les éléments du récit et y associer les acteurs.

1. Décrivez la situation initiale, mentionnez l'élément perturbateur/déclencheur, les péripéties/étapes.
2. Retracez le dénouement et la situation finale.

ÉTAPE 3

Rédiger le récit.

1. Articulez les paragraphes avec des indicateurs spatio-temporels tout en respectant le schéma narratif.
2. Choisissez les temps verbaux en fonction des actions décrites.

Chapitre 7 Une planète épuisée

1. Un monde sous pression humaine. Notre mode de vie est devenu très consommateur en ressources (consommation d'objets, déplacements, manière de s'alimenter, de jeter...).

2. Des ressources sous pression. Entre 1800 et 2015, notre consommation d'énergie a été multipliée par 25. Cela, allié à la croissance démographique soutenue depuis le début du XXe siècle, conduit à une pression sur les ressources. Celles-ci se font plus rares et sont parfois l'objet de conflits d'usage.

3. Des changements globaux pour la planète. De plus, des phénomènes de dérèglement climatique et d'érosion de la biodiversité inquiètent les scientifiques. Sans politiques publiques décisives, nous pourrions voir le climat terrestre augmenter de plus de 5 °C. Ces changements globaux risquent de s'intensifier et de bouleverser profondément l'équilibre planétaire.

Chapitre 8 Inventer de nouvelles manières d'habiter la Terre

1. Aménager et réinventer la ville pour vivre autrement. Pour favoriser un mode de vie et d'habitat plus durable, des propositions émergent. En matière d'urbanisme, par exemple : on sait que le logement, la densité et la qualité des transports en communs peuvent permettre de réduire nos émissions de gaz à effet de serre en promouvant des modèles d'aménagement plus durables.

2. S'alimenter, cultiver la terre. L'agriculture est elle aussi soumise à de fortes remises en question. Notre manière de consommer et de produire est également à réinventer pour préserver les ressources et créer des filières durables.

3. Repenser nos modes de production et d'échange. Des modèles moins consommateurs en intrants chimiques et des circuits de distribution plus rapprochés pourraient réduire les émissions, cependant ils sont questionnés quant à leur capacité à nourrir la planète durablement. Des initiatives, de la part des entreprises ou des associations, émergent.

Chapitre 9 Gestion des ressources locales et système mondial

1. Politiques publiques et défis mondiaux du XXIe siècle. Tous les acteurs mondiaux sont concernés par la réflexion pour une gestion durable des ressources. Des accords internationaux (Protocole de Kyoto, Accords de Paris) affirment des objectifs de développement durable, mais ceux-ci sont encore inégalement intégrés dans les politiques publiques.

2. Un projet d'aménagement durable à Montpellier. L'UE traite les enjeux liés aux transports et à la consommation. En France, l'État met en place une éducation au développement durable. Les collectivités territoriales peuvent favoriser la durabilité des aménagements.

3. Agir pour le développement au sein de l'UE. Le développement durable fait désormais partie de chaque nouveau projet. Associations et ONG s'inscrivent dans le débat par des campagnes et des actions. Les entreprises essaient de respecter des principes de RSE (responsabilité sociale et environnementale). Les citoyens, par leur mode de vie mais aussi par leur vote, ont un rôle à jouer dans la gestion raisonnable des ressources et la lutte contre les changements globaux.

THEME 1 – L'ACCÈS AUX RESSOURCES POUR PRODUIRE, CONSOMMER, SE LOGER ET SE DÉPLACER

Mode de vie très consommateur + Croissance démographique

- Dérèglement climatique
- Raréfaction des ressources
- Menaces sur la biodiversité

DES CHANGEMENTS GLOBAUX

qui invitent les hommes à réinventer leur manière d'habiter la Terre

- S'alimenter / Cultiver
- Se loger / Se déplacer
- Consommer / Produire

GESTION RAISONNABLE ET DURABLE

ENCOURAGENT

- Union européenne — ACCORDS DE PARIS
- États — EDD
- Collectivités territoriales
- Entreprises — RSE RESPONSABILITÉ SOCIÉTALE DES ENTREPRISES; Campagne
- ONG Associations — réparation
- Citoyens

Comment les changements globaux nous invitent-ils à repenser notre manière de produire, consommer, nous loger et nous déplacer ?

#Animation audio
foucherconnect.fr/21mhg49

JE M'ÉVALUE

1 Je maîtrise le lexique

→ **Cochez la case correspondante et rectifiez les définitions erronées ou incomplètes.**

- L'**accessibilité** recouvre les possibilités effectives pour avoir accès à un réseau de communication innovant. ☐ VRAI ☐ FAUX
- L'**aménagement du territoire** désigne l'action publique qui oriente la répartition des populations, leurs activités, leurs équipements dans un espace donné, sans tenir compte de choix politiques globaux. ☐ VRAI ☐ FAUX
- Les **changements globaux** désignent les modifications des conditions climatiques dans l'atmosphère terrestre liées aux activités humaines. ☐ VRAI ☐ FAUX
- Les **collectivités territoriales** sont composées de citoyens. ☐ VRAI ☐ FAUX
- La **disponibilité** des ressources d'un pays pour ses habitants peut engendrer des conflits. ☐ VRAI ☐ FAUX
- Les **territoires** se fondent sur des pratiques d'organisation, de gestion, d'administration, d'aménagement et d'appropriation par un groupe social de l'espace sur lequel il vit et agit. ☐ VRAI ☐ FAUX

2 Je repère des éléments géographiques

→ **Expliquez un conflit d'usage autour d'une ressource naturelle : localisez la situation, puis présentez les acteurs impliqués et les enjeux du conflit.**

3 Je mobilise des connaissances

Doc **Un engagement pour le climat et la biodiversité**

L'insularité de La Réunion offre au territoire un caractère exceptionnel en matière de biodiversité [...]. La Réunion fait partie des 34 « points chauds » de la biodiversité dans le monde répertoriés par l'Union mondiale pour la conservation de la nature (IUCN), en raison des nombreuses espèces animales et végétales menacées d'extinction à cause du changement climatique notamment. Face aux nombreux constats alarmants [...], La Réunion se doit d'agir au plus vite au niveau de la conservation des espèces et des habitats terrestres, car elle possède encore un fort taux d'endémisme[1]. Il s'agit aussi de préserver sa faune marine exceptionnelle. La région Réunion a donc décidé d'agir afin d'enrayer ce déclin tout en travaillant pour un aménagement équilibré et durable du territoire réunionnais [...]. La Conférence internationale sur l'adaptation au changement climatique « Les îles, terre de solutions innovantes pour tous les territoires » a réuni à La Réunion, en 2017, des représentants des gouvernements, des autorités régionales, des organisations régionales et internationales. [...] La troisième Conférence sur le climat et la biodiversité poursuit cette démarche et permettra de définir les actions à mettre en œuvre par les territoires insulaires pour réduire les impacts du changement climatique [...], définir le rôle de chaque partenaire et sa contribution dans la mise en place de l'Agence régionale pour la biodiversité [...].

1. Caractère de la faune et de la flore d'un territoire lorsqu'elles comportent une forte proportion d'espèces propres à ce territoire.

1. Montrez que La Réunion est au cœur des changements globaux qui interviennent au niveau planétaire.
2. Identifiez les différents acteurs impliqués pour la conservation de la biodiversité sur l'île de La Réunion.
3. Présentez une action de lutte contre les changements globaux à proximité de votre établissement scolaire ou de votre lieu d'habitation. Qui sont les acteurs impliqués ?

4 Je mets en œuvre une capacité

Capacité : Raconter l'engagement d'un acteur impliqué dans la gestion d'une ressource.

anil gupta[1]
@anilgup

A dialogue about #mitticool a lay fridge made by #Mansukh bhai #prajapati, incubated by @Gian_innovation scouted by @SRIGTIORG & awarded by @nifindia - symbol of frugal innovation shared by @honeybee Network @CSIR_IND

8:59 AM • 7 juin 2020 •Twitter for iphone

60 Retweet **11** Tweets cités **201** J'aime

Traduction : Un dialogue à propos de #mitticool un frigo profane réalisé par #Mansukh bhai #prajapati[2], incubé[3] par @Gian innovation, repéré par @SRISTIORG et récompensé par @nifindia – symbole d'innovation frugale[4], partagé par @honeybee Réseau @CSIR_IND

1. Universitaire indien dans le domaine des innovations de base (à droite).
2. Potier inventeur (à gauche).
3. Accompagné par un soutien logistique et/ou des conseils au moment de sa création.
4. Commercialisation, dans un contexte de ressources limitées, de produits et services de qualité, accessibles à tous (s'inspire du *Jugaad* indien, une philosophie de la débrouillardise).

Les hashtags du tweet :

→ **Gujarat Grassroots Innovation Augmentation Network (GIAN) :** ruche d'entreprises innovantes.

→ **Society for Research and Initiatives for Sustainable Technologies and Institutions (SRISTI) :** organisation bénévole de développement visant à renforcer la créativité et les innovations.

→ **The National Innovation Foundation (NIF-INDIA) :** initiative nationale indienne pour renforcer les innovations technologiques de base et les connaissances traditionnelles d'exception.

→ **Council of Scientific and Industrial Research (CSIR_IND) :** organisation de recherche scientifique et industrielle financée par des fonds publics.

L'inventeur, Mansukh Prajapati, potier de son état, a eu l'idée de concevoir son réfrigérateur suite au tremblement de terre de 2001 qui a dévasté le village de Prajapati et ses environs. C'est en parcourant le journal local qu'il remarque la légende d'une photo : « Cet homme a perdu son réfrigérateur. » La photo montrait un pot en terre brisé. 500 millions d'Indiens n'ont pas d'accès à l'électricité et ne disposent pas de réfrigérateurs. Mansukh Prajapati décida de construire un réfrigérateur en argile semblable d'allure au réfrigérateur moderne et offrant les mêmes services. Après bien des prototypes et plusieurs mois d'expérimentation, il réussit à proposer un modèle fiable qu'il vendit d'abord aux habitants de son village. Le Mitti cool Refrigerator peut abaisser la température d'environ 8 degrés Celsius. [...] Mitti-Cool est aujourd'hui une entreprise florissante ayant remporté plusieurs prix internationaux. Le Mitti Cool Refrigerator est devenu un best-seller en Inde ! Et pourrait même conquérir le marché mondial ! [...] Les inventions de Prajapati lui ont valu d'être célébré par le président indien et le magazine *Forbes* l'a récemment désigné comme l'un des entrepreneurs indiens ruraux les plus influents.

Posted in *News* by Daniel Newton

1 Dans un tableau, relevez les éléments importants pour votre récit.

Situation initiale	Élément perturbateur/déclencheur	Péripéties/Étapes	Dénouement	Situation finale

2 Racontez l'engagement de Mansukh Parajapati en mobilisant vos connaissances pour contextualiser le récit.

Thème

II Les sociétés et les anticiper, réagir,

Doc 1 *Décharge*, collection « Catastrophes naturelles », Yannick Luzuaki, 2017

EAC Observez ce tableau. Quels sentiments cette œuvre suscite-t-elle ? Pourquoi ?

risques : se coordonner et s'adapter

Doc 2 ***Animal Refugees* (Animaux réfugiés), Vincent JF Huang, 2018**

EAC Quels éléments visuels de cette œuvre retiennent votre attention ? Pourquoi ?

EN ROUTE VERS LE THÈME

1 **Doc 1** Décrivez l'enfant au centre, quelle impression donne-t-il ? Justifiez votre réponse en vous appuyant sur la description de l'œuvre.

2 **Doc 1** Comment expliquez-vous le titre donné au tableau par l'artiste-peintre ?

3 **Doc 2** Pourquoi cette sculpture est-elle titrée *Animal Refugees* (Animaux réfugiés) ? Quel est le message de l'auteur ?

4 **Doc 1 et 2** Quels liens pouvez-vous établir entre le titre de ce thème et ces deux œuvres ?

5 **Formulez toutes les questions que ce thème évoque et imaginez quelles pourraient être les notions développées dans les pages suivantes.**

10 Des sociétés face aux risques

1 FUKUSHIMA : DES RISQUES COMBINÉS

Doc 1 Le Japon, un territoire exposé

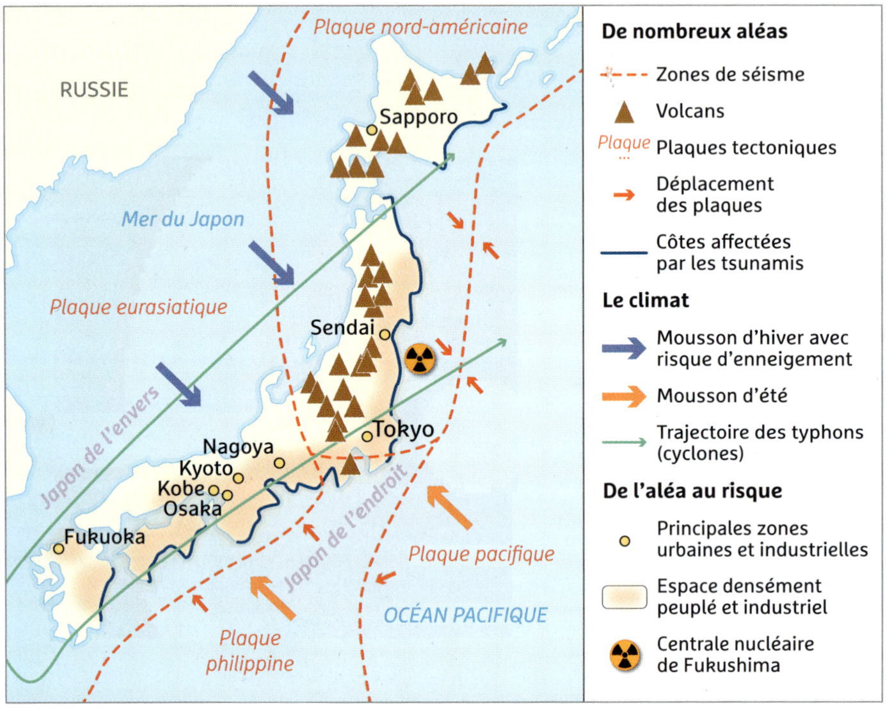

La tectonique des plaques désigne les déplacements effectués par les plaques situées sous la croûte terrestre qui entraînent la dérive des continents, les séismes, le volcanisme et la création des reliefs.

LEXIQUE

- **Aléa :** phénomène (naturel ou technologique) plus ou moins probable et potentiellement dangereux.
- **Enjeu :** personnes, biens et équipements susceptibles d'être affectés.
- **Vulnérabilité :** fragilité d'une société face à un aléa. Elle dépend du degré d'exposition à un endommagement.
- **Risque :** possibilité qu'un aléa se produise et touche une population vulnérable à cet aléa.
- **Risque naturel :** il implique l'exposition à un événement d'origine naturelle.
- **Risque technologique ou anthropique :** il est lié à l'activité humaine (industrie, stockage, transports).

Doc 2 Fukushima, 11 mars 2011, l'effet domino

L'accident nucléaire à Fukushima est dû à un tsunami consécutif à un tremblement de terre de magnitude 9* (échelle de Richter) à 160 km de la centrale.

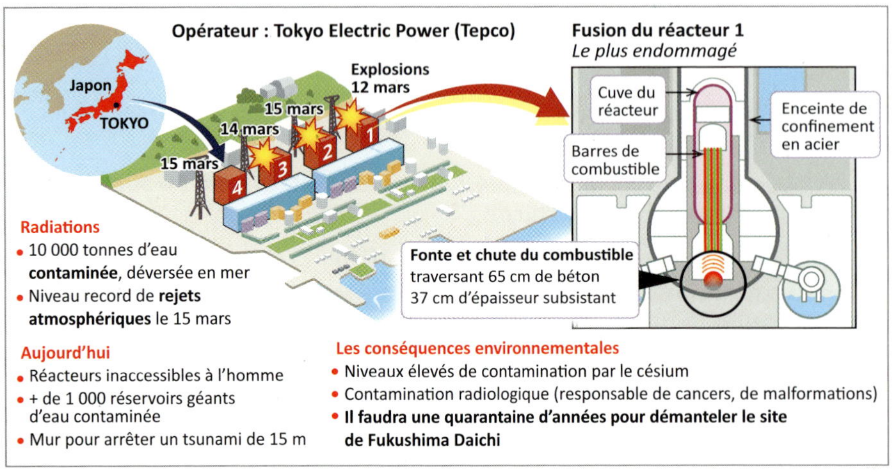

LE + NUMÉRIQUE

OBJECTIF : comprendre une catastrophe

Visionné la vidéo « La catastrophe naturelle de Fukushima »

→ *Réponds au quiz.*

→ *Quelles sont les causes de la catastrophe de Fukushima ?*

#Vidéo La catastrophe naturelle de Fukushima 0:19 min

foucherconnect.fr/21mhg12

* La magnitude la plus élevée jamais enregistrée a été estimée à 9,5 le 22 mai 1960 à Valdivia (Chili).

Doc 3 Les conséquences sanitaires

Des élèves japonais de l'école primaire d'Omika, située à 21 kilomètres de la centrale nucléaire de Fukushima Daiichi, passent devant un compteur Geiger mesurant un niveau de radiation de 0,12 microsieverts par heure (quantité non dangereuse). Cette école est la plus proche de la centrale nucléaire dévastée par le tsunami de 2011.

Photo prise le 8 mars 2012.

Doc 4 Les conséquences désastreuses du séisme

Les constructions japonaises parasismiques[1] ont montré leur efficacité vis-à-vis du séisme de magnitude 9, mais les protections contre le tsunami étaient notoirement insuffisantes. Les leçons des anciens, qui avaient laissé des stèles signalant le danger[2], ont été trop ignorées. Quelque 18 500 vies ont été emportées le long de la côte nord-est. L'accident de Fukushima a, quant à lui, été qualifié par une commission d'enquête parlementaire de « désastre créé par l'homme ». Les risques avaient été sous-évalués et le pays n'a pas su gérer une crise qui le dépassait. « La complaisance, l'absence de remise en cause de la hiérarchie, la collusion[3] et la culture de groupe[4] » sont considérées par Kiyoshi Kurokawa, président de cette commission, comme des raisons sous-jacentes du désastre qui vont conduire trois des ex-dirigeants de la compagnie Tepco devant les tribunaux. [...] Au pire moment, quelque 470 000 personnes des régions sinistrées par le tsunami ont été déplacées, et 182 000 vivent toujours hors de chez elles, dont 100 000 de la seule région de Fukushima, chassées par la contamination due à l'accident nucléaire [...] Plusieurs dizaines de milliers se languissent depuis 5 ans dans des logements rudimentaires préfabriqués. Un tiers environ des habitations détruites ont été reconstruites sur les hauteurs. 75 % des terres dévastées par le tsunami mais potentiellement cultivables ont recouvré leur usage, la production industrielle s'est relevée, mais le tourisme a, lui, chuté de 35 % dans les préfectures touchées.

AFP / 10 mars 2016.

1. Conçu pour résister aux effets du séisme.
2. Stèle sur laquelle les anciens rappellent les grands tsunamis et indiquent la limite des constructions.
3. Entente secrète.
4. La culture nipponne est axée sur le groupe, sur le respect de la hiérarchie.

1. **Doc 1** À quels aléas le Japon est-il confronté ? Quelle partie du Japon semble la plus exposée et vulnérable ? Pourquoi peut-on affirmer que le Japon est situé dans une zone à risque ?
2. **Doc 2** Quelles catastrophes frappent le Japon en 2011 ? Pourquoi peut-on parler d'« effet domino » ou de risques combinés ?
3. **Doc 3 et 2** Où cette photo a-t-elle été prise ? Quel élément attire le regard du lecteur ? Quelles conséquences de la catastrophe met-elle en évidence ?
4. **Doc 4** Le Japon était-il préparé à ce type de catastrophe (séisme et tsunami) ? Quels éléments ont amplifié les conséquences de la catastrophe ?
5. **Doc 2 et 4** Quel est le bilan humain, sanitaire, environnemental et économique de cette catastrophe ?

→ Rédigez un paragraphe structuré dans lequel vous montrerez que le Japon est un espace exposé aux aléas et aux risques. Vous utiliserez les termes *aléas*, *vulnérabilité* et *risque*.

2 LE RISQUE CLIMATIQUE

Doc 1 Une menace bactériologique

Opérations de désinfection à Yar-Sale, dans la péninsule russe de Yamal, où des troupeaux de rennes ont contracté la maladie du charbon. Sous l'effet du réchauffement climatique, le pergélisol[1] libère des volumes très importants de gaz à effet de serre avec des quantités de méthane mais aussi des bactéries et virus dont l'anthrax (maladie du charbon).

1. Pergélisol ou permafrost : sol des régions arctiques gelé en permanence.

LEXIQUE

- **Risque climatique :** risque lié à la vulnérabilité des sociétés par rapport aux variations des indices climatiques (température, précipitation, vent, etc.).

Doc 2 Les effets du changement climatique, 2050-2100

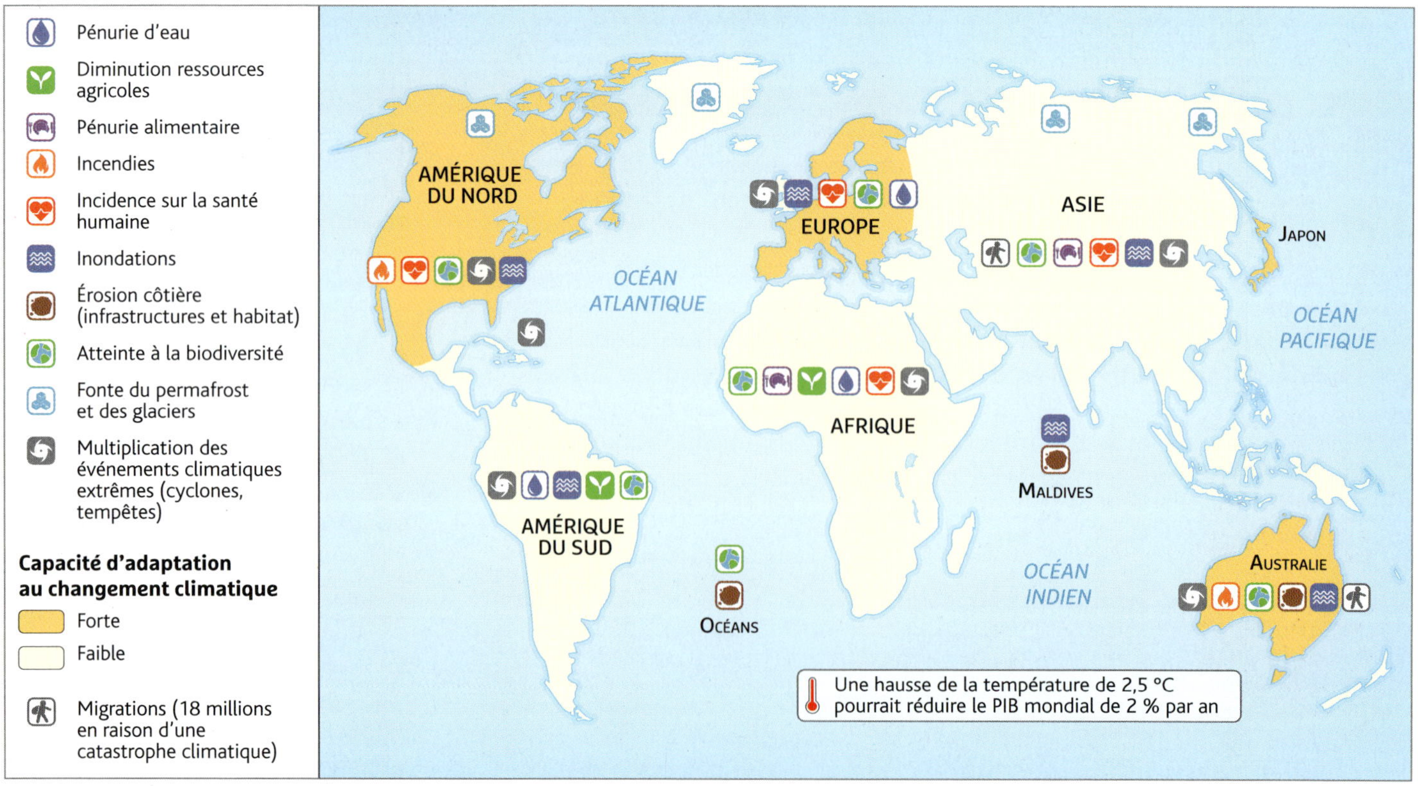

Doc 3 Un risque « systémique »

La canicule impactant le leader mondial (les États-Unis) pousse depuis mi-juin les prix des céréales vers des niveaux jamais atteints à la Bourse de Chicago et sur les marchés internationaux. Les prix des céréales sont aujourd'hui plus élevés qu'en 2008 au moment des émeutes de la faim, a alerté l'ONG humanitaire OXFAM France. 18 millions de personnes sont déjà sous-alimentées dans le Sahel[1], en raison de la sécheresse qui s'étend dans la région depuis début 2012, limitant les récoltes, et du conflit au Mali qui a déplacé plus de 300 000 personnes. La situation alimentaire est tellement tendue qu'il suffit de n'importe quel aléa dans un grand pays producteur pour que tout bascule et que tout s'emballe.

Rachida Boughriet, « Sécheresse aux USA et en Russie : le système alimentaire mondial fragilisé », *actu-environnement*, août 2012.

1. En Afrique, bande s'étendant d'ouest en est du Sénégal au Soudan.

LEXIQUE

- **Risque systémique :** risque qui affecte des systèmes complexes (climats, écosystèmes) de sorte qu'une perturbation à l'origine localisée va avoir des conséquences sur l'ensemble du système par effet domino.

PARCOURS DIFFÉRENCIÉS – Comprendre les effets du risque climatique

PARCOURS 1

1. **Doc 1** Quelles sont les conséquences de la fonte du pergélisol en Russie ?
2. **Doc 2** Quelles sont les conséquences du changement climatique pour les océans, la faune et la flore ? Pour les humains et l'économie ?
3. **Doc 2** Quels espaces seront davantage affectés par le changement climatique ?
4. **Doc 3** Quelle catastrophe touche les États-Unis ? Expliquez l'impact de la canicule sur les prix des céréales.
5. **Doc 3** Comment la canicule aux États-Unis se répercute-t-elle en Afrique ?
6. **Doc 3, Lexique** Pourquoi parle-t-on de risque systémique ?

PARCOURS 2

1. **Doc 1** Quel lien pouvez-vous établir entre réchauffement climatique et risque bactériologique ?
2. **Doc 2** Quels domaines et types d'espaces seront affectés par le changement climatique ?
3. **Doc 3, Lexique** Pourquoi peut-on dire que le risque climatique est devenu systémique ? Développez votre réponse.

→ **Dans le cadre d'un oral construit, présentez le risque climatique. Vous utiliserez les termes de *risques*, de *vulnérabilité* et de *risque systémique*.**

Pour préparer votre oral, construisez une carte mentale. Aidez-vous de la fiche AP (*Comment construire une carte heuristique, p. 153*).

LE + NUMÉRIQUE

OBJECTIF : mesurer l'impact du changement climatique

Visionne la vidéo « 1 m d'eau en plus d'ici 2100 ».

→ *Quelles seront les conséquences de la montée du niveau des eaux sur l'Europe ?*

#Vidéo 1 m d'eau en plus d'ici à 2100
foucherconnect.fr/21mhg48

3 DES RISQUES MULTIPLES ET SYSTÉMIQUES

Doc 1 Des sociétés diversement exposées

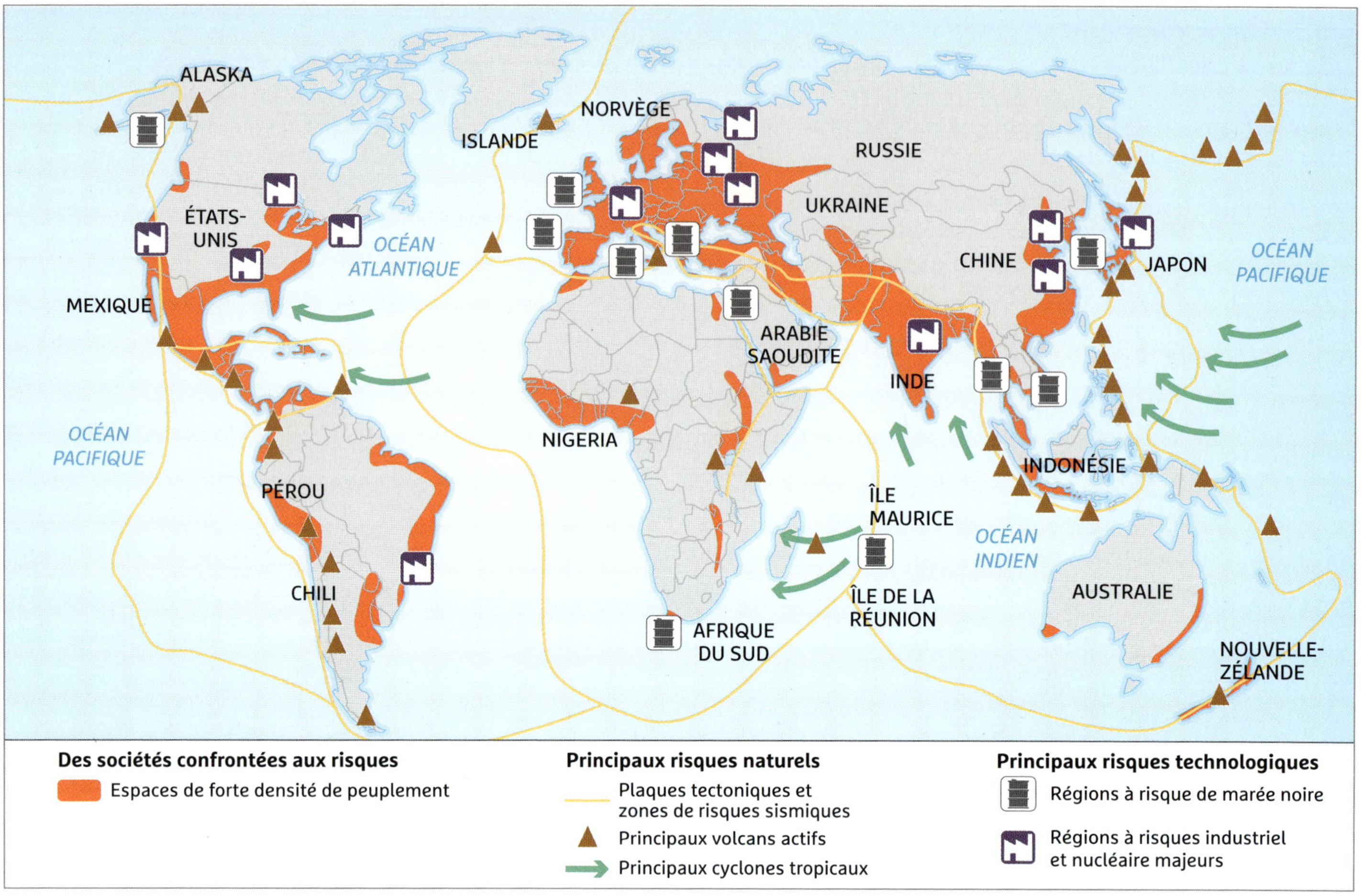

Doc 2 Du virus à la pandémie

Depuis décembre 2019, la pandémie[1] de Covid-19, née en Chine, a fait près de 900 000 morts dans le monde. Près de 29 millions de cas ont été officiellement comptabilisés dans 196 pays et territoires[2]. Elle a de lourdes conséquences sur l'économie.

1. Épidémie touchant une large zone géographique.
2. Chiffres de septembre 2020.

Doc 3 COVID-19, une crise mondiale

Les pays les plus durement touchés sont ceux où l'épidémie a été la plus grave [mortelle] et ceux qui se caractérisent par une forte dépendance vis-à-vis du commerce mondial, du tourisme, des exportations de produits de base et des financements extérieurs. Bien que l'ampleur de la crise varie d'une région du monde à l'autre, tous les pays émergents et en voie de développement souffrent de vulnérabilités qui sont accentuées par ces chocs exogènes [extérieurs]. En outre, la fermeture des écoles et les difficultés accrues d'accès aux soins de santé primaires auront probablement des effets durables sur le développement du capital humain. La pandémie de coronavirus (COVID-19) perturbe le monde tel que nous le connaissons, provoquant des dégâts considérables sur les vies humaines et l'activité économique mondiale. Sa propagation rapide à l'échelle mondiale menace de toucher des millions de personnes déjà vulnérables en raison de l'insécurité alimentaire, de la malnutrition ainsi que des effets des conflits et d'autres catastrophes.

www.rfi.fr

1. **Doc 1** Quelles sont les zones touchées par les risques naturels ? Par les risques technologiques ?
2. **Doc 1** Quelles sont les zones vulnérables combinant plusieurs risques ? Quel est le facteur aggravant ?
3. **Doc 2** Où et quand cette photographie a-t-elle été prise ? Quelle est la finalité de cette fresque ? Quelle est l'ampleur de cette pandémie ?
4. **Doc 3** Comment la pandémie de la COVID-19 perturbe-t-elle le monde ? Quels sont les pays les plus touchés?
5. **Doc 2 et 3** Pourquoi peut-on dire que cette crise sanitaire est systémique ?

→ **Complétez l'organigramme « Les sociétés face aux risques » ci-contre en précisant les différents types de catastrophes, les conséquences, puis titrez-le.**

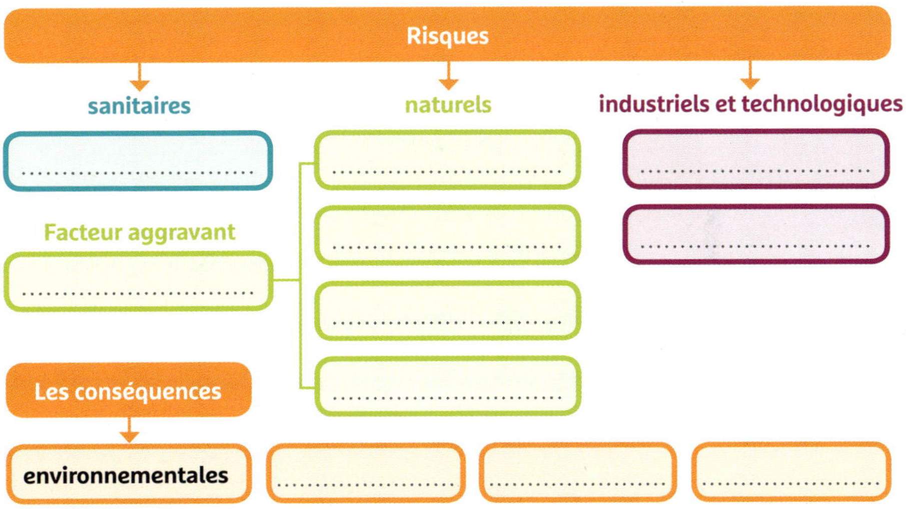

LE + NUMÉRIQUE

OBJECTIF : présenter une catastrophe

→ *Clique sur le lien Genially et sélectionne trois catastrophes (naturelle, technologique, sanitaire ou terroriste) pour lesquelles tu préciseras la nature, les circonstances et les conséquences.*

#Genially
Les principales catastrophes
foucherconnect.fr/21mhg14

JE RETIENS

10 Des sociétés face aux risques

1 Fukushima, des risques combinés

À Fukushima, en mars 2011, des risques naturels se sont combinés à un risque technologique pour engendrer une catastrophe nucléaire aux conséquences humaines et environnementales désastreuses.

2 Le risque climatique

Des risques globaux, comme le changement climatique, pèsent sur l'ensemble de la planète. Les zones littorales et densément peuplées sont les plus vulnérables. Le risque climatique devient systémique.

3 Des risques multiples et systémiques

Les sociétés sont exposées à de nombreux risques naturels, industriels et technologiques, sanitaires et aux conflits. Les conséquences sont toujours démographiques, économiques, sanitaires, environnementales et géopolitiques. Elles varient en fonction du niveau de développement de la société et de sa capacité d'adaptation.

11 Des sociétés inégales face aux risques

1 LES PAYS-BAS FACE À LA MONTÉE DES EAUX

Doc 1 Les Pays-Bas face aux inondations

Une menace permanente

Limite des territoires menacés par la montée du niveau de la mer

Une population exposée

Nombre d'habitants par km²

113 200 600 900 1 068

Agglomération (en milliers d'habitants en 2019)

850
340

Des aménagements de grande ampleur

Digue ou dune (anti-débordement)

Barrage du plan Delta : lutte contre l'inondation côtière (1953-1990) (construction en travers d'un fleuve pour retenir l'eau)

LE + NUMÉRIQUE

OBJECTIF : découvrir des aménagements pour prévenir les inondations

Visionne la vidéo « Les Pays-Bas inventent des solutions contre la montée des eaux ».

→ *Réponds au quiz.*

→ *Quels sont les apports de cette vidéo pour compléter la réponse à la question 4 de la capacité ?*

 # Vidéo
Les Pays-Bas inventent des solutions contre la montée des eaux 4 : 39 min
foucherconnect.fr/21mhg15

Doc 2 Les menaces de submersion

[...] Avec les bouleversements du climat, les menaces de submersion assaillent de toutes parts un pays dont 26 % des terres se trouvent sous l'altitude zéro[1]. Un danger qui vient d'abord du large, puisque le niveau de la mer du Nord pourrait, selon une étude publiée fin 2017 par des chercheurs de l'université d'Utrecht, s'accroître d'un mètre à un mètre cinquante d'ici à 2100. Mais le péril vient aussi des fleuves, tels la Meuse et l'Escaut qui se déversent depuis la Belgique et la France. Et surtout le Rhin, qui forme la voie navigable la plus empruntée d'Europe, avec 500 péniches par jour en moyenne...

Sébastien Desurmont, *Géo*, n° 479, janvier 2019, © Prisma Media.

1. Le niveau de la mer correspond au départ du calcul de l'altitude, donc 0.

1. **Doc 1 et 2** À quel aléa (phénomène naturel) les Pays-Bas sont-ils exposés ?
2. **Doc 2** Qui est à l'origine de cette politique de gestion des inondations au Pays-Bas ?
3. **Doc 3.** Quel est le coût du projet de prévention Delta 2 ? Dans quelle catégorie économique peut-on ranger les Pays-Bas ?
4. **Doc 4.** Présentez l'exemple d'aménagement préventif proposé dans ce document.
5. **Doc 1 à 4 Capacité.** Situez le risque d'inondation au Pays-Bas et justifiez l'organisation de sa gestion.

Doc 3 Politique de gestion des risques d'inondation au Pays-Bas

[...] Depuis 1953, les Pays-Bas privilégient la prévention et l'adaptation. [...] Pour la protection contre les inondations, l'action publique peut être divisée en trois points :

- La gestion des crises : réduction des effets d'inondation par une préparation (de l'organisation). Préparation à l'évacuation et organisation des services d'urgence et de secours.
- L'aménagement du territoire : réduire les effets d'une inondation par un aménagement et une urbanisation différente du territoire. Planification de l'occupation des sols. Zones interdites à la construction, adaptation des habitations...
- La prévention : éviter les inondations. Protection : dunes, digues, ouvrages d'art (barrages...). Coût du programme Delta 2 : 20 milliards d'euros sur 30 ans pour la protection de 1 500 km de rivières et la lutte contre la montée des eaux.

D'après les travaux de Robert Slom, Conférence « Gestion du risque d'inondation aux Pays-Bas, comment faire face au défi du climat et de la société ? », La Rochelle, 27, 28, 29 novembre 2018.

Doc 4 Des maisons flottantes à Amsterdam

LEXIQUE

- **Prévention :** ensemble des mesures prises pour se préserver d'un risque ou en limiter les conséquences et faciliter sa gestion en cas de crise.
- **Adaptation :** capacité d'un système, d'une région ou d'une communauté à ajuster ses mécanismes et sa structure pour tenir compte des changements environnementaux ou climatiques réels, possibles ou supposés.
- **Gestion de crise :** ensemble des processus d'organisation, des techniques et des moyens mis en œuvre par une collectivité pour se préparer à une crise, y faire face et en atténuer les conséquences.

CAPACITÉ

Situer un risque dans son contexte et justifier l'organisation de sa gestion *(Doc 1 à 4)*

Situer un risque permet de le localiser, de le placer dans son contexte et d'exposer ses circonstances. Justifier sa gestion, c'est apporter les informations qui expliquent l'organisation des acteurs pour le prévenir, le gérer et réduire ses impacts.

MÉTHODE

1. **Identifier le risque en observant les documents :** titre, thème, date, échelle, légende.
2. **Décrire le phénomène, le ou les territoire(s) concerné(s) et les mesures de prévention et de gestion prises.**
3. **Dégager les explications** pour apporter les justifications à la gestion.

APPLIQUER

1. Identifiez le risque évoqué dans ces documents, situez le pays.
2. Pour décrire ce risque, relevez l'aléa (phénomène naturel) à l'origine de ce risque et les éléments qui en font un risque. Situez les territoires ou espaces concernés.
3. Nommez les aménagements et les actions organisées par les acteurs.
4. Classez les idées essentielles relevées dans les documents en deux parties : 1. prévention, 2. gestion de crise ; justifiez ces choix d'organisation, d'actions et d'aménagements.

→ À l'oral, présentez la situation particulière des Pays-Bas face à la montée des eaux et expliquez comment ce pays tente de prévenir ce risque et de s'y adapter.

2 HAÏTI FACE AU RISQUE CLIMATIQUE

Doc 1 Les pays touchés par le risque climatique

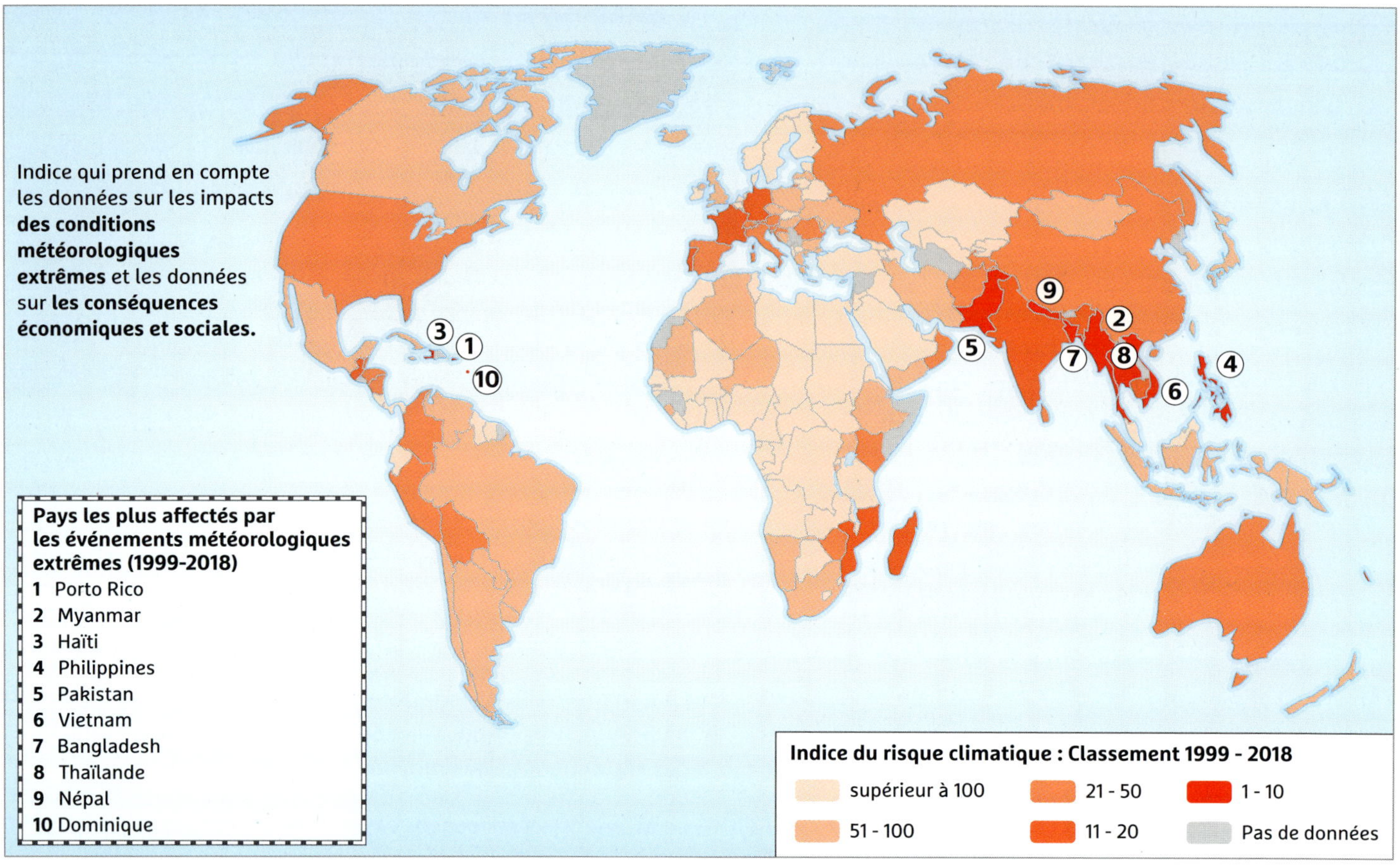

Doc 2 Haïti, de nombreuses menaces naturelles

La situation géographique de la République d'Haïti l'expose à des événements exceptionnels de nature géologique (séismes, mouvements de terrain), hydrologique (tsunamis, submersion marine, inondations par débordement de cours d'eau), et météorologique (cyclones, sécheresse).

[...] Ces dernières années, plusieurs cyclones, notamment Jeanne (2004), Fay, Gustav, Hanna, Ike (2008), Sandy (2012), et tout dernièrement Matthew (octobre 2016), ont touché le pays. Ils ont été la cause de phénomènes tels que des vents violents, des inondations, des mouvements de terrain, à l'origine de nombreux décès, de maladies, de destructions d'habitations et de pertes agricoles. [...] Ces événements naturels majeurs, combinés aux conditions socio-économiques difficiles de la population, constituent un état de risque permanent et même croissant.

Atlas des menaces naturelles à Haïti, Groupe Banque mondiale, 2017.

Doc 3 Une population pauvre

Les catastrophes qui ont frappé Haïti ces dernières années ([...] le séisme de 2010 et le cyclone Mathieu d'octobre 2016) ont fait ressortir les faiblesses du système de gestion des catastrophes. [...] Avec une population de plus de 10 millions d'habitants, Haïti a la plus forte densité de population de la région et reste le pays de l'hémisphère occidental avec l'indice de développement humain (IDH[1]) le plus bas. Près de 78 % de la population vit au-dessous du seuil de pauvreté absolue et 58 % dans une pauvreté extrême. [...]

« 10 ans, 2010-2020, de travail dans la gestion des risques en Haïti », PNUD, 2020.

1. IDH : mesure le niveau de développement d'un pays (richesse, éducation, santé).

LEXIQUE

- **Résilience :** capacité d'un système, d'une communauté ou d'une société exposée aux risques de résister et d'absorber, d'accueillir et de corriger les effets d'un danger.

Doc 4 Une action de la Banque mondiale

Banque mondiale, 10 novembre 2017.

Doc 5 ACTED, une ONG à Haïti

L'ONG humanitaire française ACTED [...] est mobilisée en Haïti depuis 2004.

En collaboration étroite avec la population locale, ACTED et son partenaire CESVI[1] ont mis en place un chantier de construction de maisons dans le cadre d'un projet de réduction des risques de catastrophes, mis en œuvre depuis avril 2018. [...] Ce projet permet de développer les capacités locales des populations à faire face aux catastrophes naturelles avec la mise en place de 150 chantiers-écoles et de formations, grâce au financement de la Direction générale pour la protection civile[2] et aux opérations d'aide humanitaire européennes de la Commission européenne (ECHO).

L'ouragan Matthew a ravagé la péninsule sud d'Haïti en octobre 2016, détruisant la plupart des maisons. [...] trois ans plus tard de nombreuses familles vivent encore dans des abris de fortune. [...] [Ce projet] renforce les capacités locales dans le secteur de la construction, grâce à l'expérience acquise par les ouvriers, qu'ils pourront mettre à profit sur d'autres chantiers. [...] il favorise la réduction des risques de catastrophes par la construction d'abris plus résistants et durables.

Extraits du site Acted, 2020.

1. ONG italienne.
2. La Direction générale pour la protection civile dépend du ministère de l'Intérieur d'Haïti et a des missions de protection, de formation des populations face aux risques.

PARCOURS DIFFÉRENCIÉS

Comment les différents acteurs tentent-ils de gérer le risque climatique à Haïti ? (AP « Vers le BTS », p. 154)

PARCOURS 1

1. **Doc 1** Quels sont les pays les plus vulnérables au risque climatique ? Quel est leur point commun ? Quelle est la position d'Haïti dans le classement ?
2. **Doc 2** À quelles menaces particulières Haïti est-elle exposée ? Quelles ont été les conséquences des précédents cyclones ?
3. **Doc 3** Quelle est la situation socio-économique de la population haïtienne ?
4. **Doc 4** Quel est le dispositif mis en place, quels sont ses objectifs ? Qui l'a financé ?
5. **Doc 2 et 5** Qui intervient en Haïti ? Dans quel but ? Pourquoi ? Comment ?

PARCOURS 2

1. **Doc 1 à 3** Pourquoi Haïti est-elle en difficulté face au risque climatique ?
2. **Doc 4 et 5** Quels sont les acteurs qui interviennent ? À quelle échelle ? Quelles sont leurs actions ?
3. **Doc 4 et 5** Pourquoi les actions décrites sont-elles qualifiées de résilientes ?

→ **Montrez comment les différents acteurs tentent de gérer le risque climatique à Haïti.**

3 UNE INÉGALE VULNÉRABILITÉ

Doc 1 Les catastrophes naturelles et leur impact sur le bien-être des pays

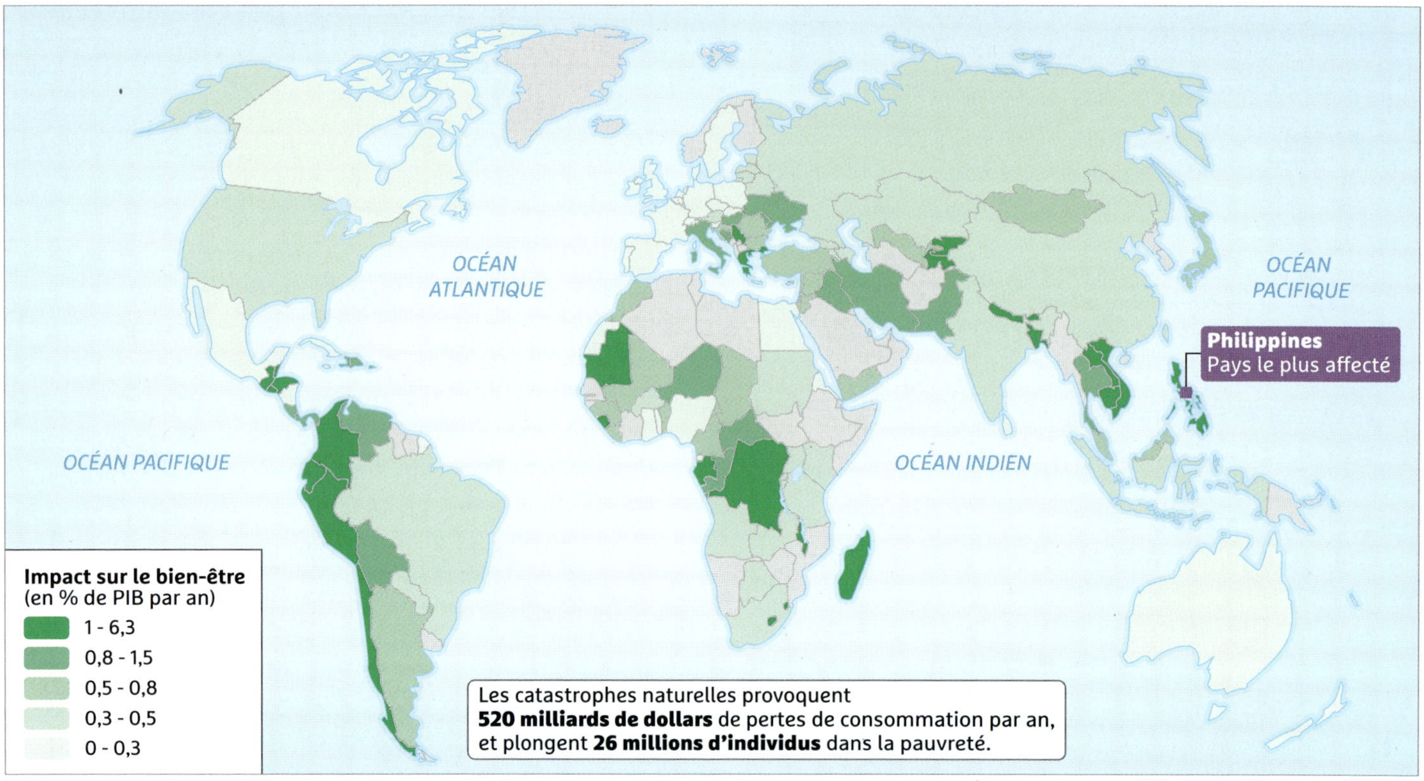

1. PIB : Produit Intérieur Brut : richesses produites par un pays

1. **Doc 1** Quels sont les pays les plus touchés par les catastrophes naturelles ? D'après vos connaissances, pourquoi sont-ils plus fragiles face à ces catastrophes ?
2. **Doc 2** Comment les Nations unies participent-elles à la gestion de crise après l'explosion à Beyrouth ?
3. **Doc 3** D'après ce schéma, pourquoi peut-on dire que la définition de la vulnérabilité est très complexe ?
4. **Doc 4** Quel est l'objectif du cadre d'action de Sendai ? Quels sont les pays à aider et pourquoi ?
5. **Doc 2 et 4** Comment la communauté internationale tente-t-elle de réduire les inégalités face aux risques ?

Doc 2 Beyrouth, le 4 août 2020

L'horrible explosion a mis en évidence la nécessité pour la communauté internationale d'intervenir et d'aider le Liban et son peuple en cette période de crise majeure.

Alors que de plus en plus de fournitures arrivent chaque jour pour soutenir les opérations, l'OCHA[1] a débloqué 6 millions de dollars du Fonds central d'intervention pour les urgences humanitaires pour financer les soins aux traumatismes, le soutien aux hôpitaux, la réparation des maisons endommagées et le soutien logistique. [...]

Extrait site News de l'ONU, « Explosions de Beyrouth », 10 août 2020.

1. Bureau de la coordination des affaires humanitaires.

Une explosion mortelle au port de Beyrouth fait des ravages dans la capitale du Liban.

Doc 3 La vulnérabilité face aux risques

LA VULNÉRABILITÉ
(niveau d'impact d'un aléa sur les habitants et activités d'un territoire)
DÉPEND...

DES DÉCISIONS POLITIQUES
- Degré de prévention (sensibilisation, information..)
- Organisation des secours
- Système de soins (hôpitaux...)
- Actions des gouvernements

DES SOCIÉTÉS
- Solidité ou fragilité de l'habitat
- Niveau de prévention (équipements...)
- Importance et densité de la population
- Niveau de ressources des familles

DE L'ENVIRONNEMENT
- Concentration de l'habitat (habitat rural/ habitat urbain)
- Espaces naturels dédiés aux loisirs avec des équipements coûteux (stations de skis , stations balnéaires...)

DE L'ÉCONOMIE
- Niveau de développement (aggravation des coûts des dégâts sur les industries et les équipements dans les pays développés)
- Importance de l'industrialisation (risques technologiques)

Doc 4 L'action internationale

Le Cadre d'action de Sendai pour la réduction des risques de catastrophe 2015-2030 est un accord mondial qui vise à réduire et à prévenir les risques de catastrophes à l'échelle mondiale. Il a pour but de renforcer la résilience sociale et économique afin d'atténuer les effets négatifs du changement climatique et les risques d'origine humaine. [...]

Il existe un lien évident entre la réduction des risques, la pauvreté et le développement. Les catastrophes freinent le développement et les progrès vers la réalisation des objectifs de développement durable. À l'inverse, les catastrophes sont aussi le résultat de l'échec des actions de développement, qui augmente la vulnérabilité des populations face aux risques. [...]

Extrait du Cadre de Sendai pour la réduction des risques de catastrophe 2015-2030, site de la Commission européenne, Protection civile et Opérations d'aide humanitaire européennes.

JE RETIENS

11 Des sociétés inégales face aux risques

1 Les Pays-Bas face à la montée des eaux

Les Pays-Bas, dont un tiers du territoire est au-dessous du niveau de la mer, est un pays développé qui a des ressources financières, humaines lui permettant de préparer la prévention et la gestion des risques d'inondations et de submersions. L'État, les instituts de recherche, les entreprises privées travaillent pour ériger des digues, des barrages, adapter les habitations, les territoires aux conséquences de la montée des eaux.

2 Haïti face au risque climatique

Haïti est un des pays les plus menacés par le changement climatique (inondation, submersion, sécheresse). De nombreux plans de prévention, d'aménagement, d'adaptation sont conçus par l'État, les ONG, les associations, l'aide internationale (UE, ONU...) afin de réduire les impacts du changement climatique, impacts qui affectent une population majoritairement pauvre.

3 Une inégale vulnérabilité

Ce sont les pays les plus pauvres qui sont les plus vulnérables aux risques et au changement climatique, car ils manquent de moyens financiers, matériels, humains... pour se protéger. De nombreux acteurs, comme l'ONU et ses agences, les ONG, participent à la prévention et à la gestion des risques. Ce sont principalement dans les pays pauvres ou en difficulté que des programmes d'aides, d'accompagnement sont développés. Ils s'inscrivent dans les accords du Cadre d'action de Sendai.

12 La France : prévention et gestion raisonnées

1 DES LITTORAUX EN DANGER

Doc 1 Les enjeux des littoraux français

20 000 km de côtes (deuxième espace maritime mondial)

96 % des espaces maritimes sous juridiction française sont **ultramarins**

Les communes littorales
4 % du territoire métropolitain
1 Français sur 8
2 millions de nouveaux résidents depuis 1960

975 communes littorales (dont 90 en outre-mer)

4,5 millions d'habitants supplémentaires sur le littoral d'ici à 2040

Densité 2,5 fois plus élevée sur les côtes par rapport à la moyenne hexagonale

1re destination touristique
50 % de l'économie maritime
237 000 emplois

Mangroves[1] des territoires ultramarins français
100 000 ha de véritables remparts face à l'action de la mer
75 % de l'énergie d'une vague est dissipée lorsqu'elle traverse 200 m de mangroves

À moins de 500 m de la mer
Près de 45 % des terres sont des espaces naturels et des surfaces en eau
36,5 % du littoral est couvert par un espace protégé (site Natura 2000, réserve naturelle…)

1. Forêt épaisse d'arbres poussant au bord et dans l'eau, le long des littoraux tropicaux.

LEXIQUE

- **Littoral :** zone de contact, interface, entre la terre et la mer.
- **Ultramarin :** de la France de l'outre-mer.
- **Submersion :** inondation ou invasion par la mer.
- **Érosion :** usure et transformation que les eaux et les actions atmosphériques font subir à l'écorce terrestre.

Doc 2 La France « littoralement » menacée

Les chiffres du ministère de la Transition écologique (*à l'horizon 2100*) sont éloquents : 1,4 million de résidents, 850 000 emplois, 165 000 bâtiments et 864 communes sont menacés par la submersion marine, tandis qu'un quart des côtes métropolitaines est affecté par l'érosion. « Le changement climatique, et principalement l'élévation du niveau de la mer, va amplifier ces deux phénomènes », souligne le rapport de la Fabrique écologique.

Les habitations sont en danger, mais elles ne sont pas les seules. L'Onerc[1] a calculé les conséquences d'une montée des eaux d'un mètre sur les infrastructures : au total, ce sont 15 522 km de routes communales qui seraient submergées, sans compter les risques pesant sur les centrales électriques, le réseau internet, les aéroports et les bases militaires. […] Les îles polynésiennes, les Antilles ou Mayotte sont les premières menacées. En métropole, ce sont les régions basses et densément urbanisées qui inquiètent.

Aurore Coulaud et Aude Massiot, *Libération*, 25 sept. 2019

1. Observatoire national sur les effets du réchauffement climatique.

Doc 3 Un recul inexorable

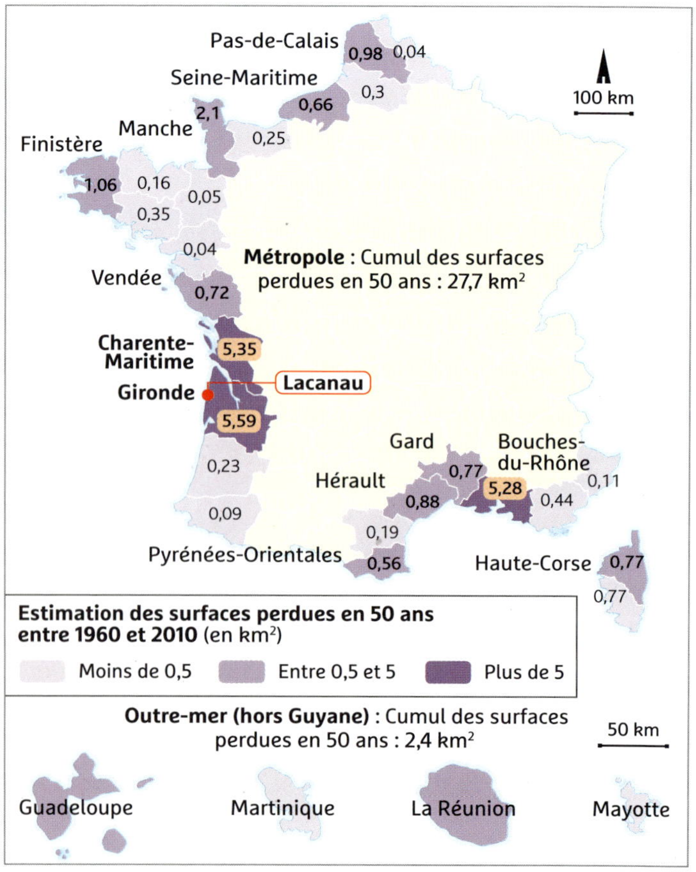

Doc 4 Lacanau, lutte ou repli ?

À Lacanau (Gironde), la stratégie[1] en place depuis 2016 consiste à protéger les activités et les habitants, mais la commune se laisse la possibilité d'opter pour une relocalisation entre 2020 et 2050 ; deux scénarios qui ne s'opposent pas. Un enrochement[2] de 800 m, créé à l'issue d'une forte tempête en 2014, a permis de fixer 1 km du rivage, créant une presqu'île. D'ici à 2100, deux autres kilomètres devraient l'être. Des opérations coûteuses pour les communes puisque les 800 m d'enrochements se sont élevés à 3 M€, et les travaux de confortement en cours pour pérenniser [rendre durable] les ouvrages jusqu'en 2050 sont chiffrés à 1,5 M€. Des travaux de rehaussement des ouvrages sont programmés fin 2020. La commune a calculé que, d'ici à 2050, l'érosion lui aura coûté 25 M€ en études, essais, travaux, etc. Un montant qui pourrait s'élever à 100 M€ à l'horizon 2100. Une relocalisation des activités et biens menacés serait cinq fois plus onéreuse. Pour le volet aménagement du territoire, des zones ont été déterminées. Sur celles-ci, seules les constructions temporaires, réversibles et précaires[3] sont autorisées.

https://www.nationalgeographic.fr/environnement/2020/04/erosion-des-cotes-le-littoral-francais-deja-grignote-0

1. Stratégie régionale de gestion du risque d'érosion côtière. Elle est issue d'une réflexion partagée entre l'État et les collectivités littorales, réunis au sein du GIP (Groupement d'intérêt public).
2. Ensemble de gros blocs de roche utilisés pour la protection.
3. Constructions non définitives, légères, facilement modifiables, et qui ont vocation à être démontées.

PARCOURS DIFFÉRENCIÉS

Comprendre les risques littoraux

PARCOURS 1

1. **Doc 1** Que représentent les littoraux français ? Où sont-ils les plus importants ? Quels en sont les enjeux environnementaux, économiques et humains ?
2. **Doc 2** À quels risques les littoraux français sont-ils confrontés ? Par quel phénomène sont-ils amplifiés ?
3. **Doc 2** Quelles sont les conséquences de la submersion marine et de l'érosion ? Quelles sont les zones les plus menacées ? Quels seraient les effets de l'augmentation d'un mètre du niveau des mers ?
4. **Doc 3** Citez les littoraux et les départements les plus menacés par l'érosion et la perte de surface.
5. **Doc 3 et 4** Pourquoi la ville de Lacanau est-elle particulièrement concernée ?
6. **Doc 4** Quelles sont les deux stratégies envisagées par la municipalité de Lacanau ? Quel problème pose la relocalisation des activités ? Comment la municipalité tente-t-elle de réduire la vulnérabilité ?

PARCOURS 2

1. **Doc 1** Pourquoi les littoraux français sont-ils stratégiques ?
2. **Doc 2 et 3** Quelles menaces planent sur les littoraux français ? Quelles sont les conséquences actuelles et prévisionnelles ? Citez des exemples pour illustrer vos réponses.
3. **Doc 4** Situez et caractérisez la situation de Lacanau. Comment la municipalité tente-t-elle de réduire sa vulnérabilité face aux risques littoraux ?

→ Dans le cadre d'un paragraphe structuré, présentez les risques littoraux, la vulnérabilité de ces littoraux et, en prenant l'exemple de Lacanau, les mesures mises en place pour y remédier.

LE + NUMÉRIQUE

OBJECTIF : découvrir les risques, à Lacanau, à Paris

Clique sur le lien Genially ci-contre et effectue les parcours.

→ Parcours 1 : *Comment Lacanau tente-t-elle de réduire sa vulnérabilité face aux risques littoraux ?*

→ Parcours 2 : *Comment Paris se prépare-t-elle à une crue centennale ?*

#Genially
Les risques à Lacanau, à Paris
foucherconnect.fr/21mhg28

2 UNE GESTION DE CRISE : L'INCENDIE DE LUBRIZOL

Doc 1 **Rouen, le 26 septembre 2020**

« Il est conseillé de ne pas s'exposer inutilement aux fumées et de rester à l'intérieur autant que possible », a indiqué la préfecture de Seine-Maritime dans un communiqué.

Photographie publiée sur le site Sud-Ouest, le 26 septembre 2019, « En images-Rouen : l'impressionnante fumée liée à l'incendie de l'usine Lubrizol ».

Doc 2 **Incendie dans l'usine Seveso[1] à Rouen**

[...] Un nuage noir, épais, se diffuse dans le ciel de Rouen. Un important incendie s'est déclaré, dans la nuit du mercredi 25 au jeudi 26 septembre [2019], dans l'usine Lubrizol, classée Seveso. Un peu avant 8 h, le feu fait toujours rage et les pompiers, mobilisés en nombre, ne parviennent pas à le maîtriser. [...]

Que s'est-il passé ?

Les premières explosions ont réveillé les habitants un peu avant 3 h du matin, jeudi 26 septembre. Elles provenaient de l'usine Lubrizol, qui produit des lubrifiants industriels. [...] Pour l'instant, aucune victime n'est à déplorer. Le feu est localisé dans une zone de stockage et ne s'est pas propagé au reste de l'usine. Les explosions ont rapidement cessé, indiquent France Bleu Normandie et Ouest-France. Un périmètre de sécurité et de confinement a été mis en place dans un rayon de 500 m autour de l'usine, classée Seveso seuil haut.

Dès le signalement de l'incendie, 130 sapeurs-pompiers ont été déployés sur place, mais plus de cinq heures après le départ de feu, il n'est pas encore maîtrisé. [...] Désormais, « plus de 200 pompiers sont toujours mobilisés, aidés d'une soixantaine de véhicules venant aussi de départements voisins de l'Eure et du Calvados », a précisé le colonel. Le procureur de la République de Rouen s'est saisi du dossier, et les causes de cet incendie ne sont pas encore connues, a indiqué le préfet. [...]

Quel est le risque lié à la classification Seveso ?

[L'usine] est classée « seuil haut », comme 655 autres établissements en France : le risque de rejet toxique est estimé majeur. [...] Selon le préfet de Seine-Maritime, il n'y a « pas de toxicité aiguë » dans ces fumées.

[...] Quelles sont les dispositions de sécurité prises sur place ?

Le préfet de la Seine-Maritime a déclenché le plan particulier d'intervention (PPI). Un centre opérationnel départemental, rassemblant les services de l'État, a été ouvert en préfecture. Des moyens nationaux ont été déployés pour les mesures de toxicité. [...] Les établissements scolaires et les crèches de 13 communes de l'agglomération de Rouen sont fermés aujourd'hui, sur ordre du préfet, qui souhaite « éviter les déplacements inutiles ». [...] les personnes fragiles (femmes enceintes, enfants, personnes malades et âgées) sont invitées à rester chez elles. [...]

France Info, France Télévision, 26 septembre 2019.

1. Seveso (nom d'une ville italienne frappée par un accident industriel en 1976) : les établissements présentant un risque industriel sont classés Seveso seuil haut ou seuil bas selon la quantité de substances dangereuses présentes sur le site.

1 **Doc 1** Que se passe-t-il à Rouen le 26 septembre 2019 ?

2 **Doc 1 et 2** Relevez les différents services qui interviennent et précisez leur rôle.

3 **Doc 1** Décrivez la photographie. Pourquoi peut-on dire que cette photo dramatise l'événement ?

4 **Doc 1 et 2 Capacité.** Analysez le traitement médiatique de l'incendie de Lubrizol et les limites de ce traitement.

5 **Doc 3** Que décide l'État à la suite de l'incendie de l'usine Lubrizol ? Complétez le tableau suivant :

Décisions	Moyens

→ AP *(Comment identifier les fake news sur les réseaux sociaux, p. 155)*

Doc 3 Lubrizol : plan d'actions

[...] Le plan d'actions présenté ce 11 février [2020] est organisé selon trois axes :

• Renforcer la transparence sur la gestion et les conséquences des accidents industriels, en mettant notamment à disposition du public « la nature et la quantité de produits stockés dès la survenue de l'accident ».

• Renforcer la prévention des incendies, en systématisant l'inspection de l'ensemble des installations classées dans un rayon de 100 m autour des sites Seveso, en identifiant des capacités d'eau d'extinction et d'émulseurs[1] suffisantes et en imposant des exercices sur les sites Seveso.

• Renforcer les moyens de contrôle et d'enquête, en augmentant de 50 % le nombre d'inspections annuelles d'ici à 2022 et en créant un bureau d'enquête consacré aux risques technologiques.

E. G, le 11 février 2020, « Lubrizol : le gouvernement présente son plan d'actions pour la prévention et la gestion des risques industriels », site environnement magazine.

1. Émulseurs : appareils permettant de projeter de la mousse pour étouffer l'incendie.

CAPACITÉ — Analyser le traitement médiatique d'un risque et dégager les limites de ce traitement *(Doc 1 à 2)*

MÉTHODE

1 **Identifier les médias, le risque évoqué, le format choisi (articles, photos)**

2 **Observer et comparer la forme et le contenu des médias :** longueur, ton, idées mises en avant. Relever les limites du traitement de l'information : quantité d'informations données par le support, expression du point de vue du journaliste, informations manquantes au moment de la publication et les problèmes que cela peut poser.

3 **Organiser votre réponse sous forme de paragraphes**

APPLIQUER

1 Identifiez : médias, formats et risque développé.

2 À l'aide de la question précédente et pour préparer l'analyse de l'information, reproduisez et complétez le tableau suivant :

	Médias nature (forme) Date de publication	Sur quoi le média met-il l'accent ?	Quel est le ton du document et celui du titre de la source de l'article ?	Quel document est le plus complet ? Pourquoi ?
Doc 1				
Doc 2				

Quelles conclusions tirez-vous de la comparaison des deux documents ?

3 Élaborez un tableau du même type que le précédent en observant le point de vue du journaliste, la quantité d'informations données par chaque document et les informations non connues. Quelles limites au traitement de l'information constatez-vous ?

4 À l'aide de vos réponses ci-dessus, présentez le risque, son traitement dans les médias et les limites de son traitement.

→ À l'oral, présentez l'incendie de Lubrizol, les intervenants et leurs actions puis les décisions de l'État sur la prévention des risques industriels.

3 RÉACTION, COORDINATION, ADAPTATION, ANTICIPATION

Doc 1 **Carte de vigilance du vendredi 2 octobre 2020 : la tempête Alex**

Pas de vigilance particulière

Soyez attentif
si vous pratiquez des activités sensibles au risque météorologique ou exposées aux crues ; des phénomènes habituels dans la région mais occasionnellement dangereux (ex. : mistral, orage d'été, montée des eaux, fortes vagues submergeant le littoral) sont en effet prévus. Tenez-vous au courant de l'évolution de la situation.

Soyez très vigilant,
des phénomènes dangereux sont prévus ; tenez-vous au courant de l'évolution de la situation et suivez les conseils de sécurité émis par les pouvoirs publics.

Une vigilance absolue s'impose
Des phénomènes dangereux d'intensité exceptionnelle sont prévus ; tenez-vous régulièrement au courant de l'évolution de la situation et respectez impérativement les consignes de sécurité émises par les pouvoirs publics.

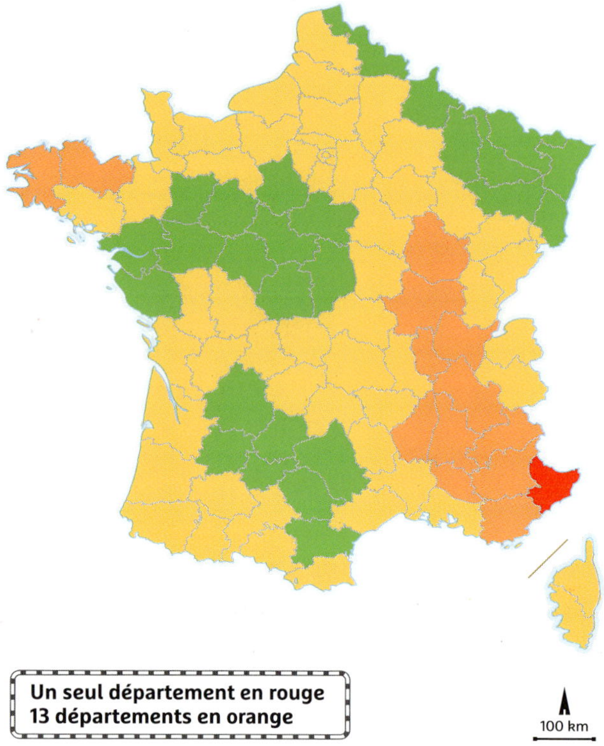

Un seul département en rouge
13 départements en orange

1. **Doc 1** Quels sont les objectifs de Météo France ? Ce vendredi 2 octobre 2020, par quels risques la France est-elle menacée ? Dans quelles régions ?
2. **Doc 2** Qu'évoque ce dossier ? Quel territoire concerne-t-il ? À quoi peut-il servir pour les populations ?
3. **Doc 3** Nommez les différents acteurs et indiquez quel est leur rôle.
4. **Doc 3** Quels sont les plans évoqués ? Qui concernent-t-ils ?
5. **Doc 1 à 3** Pourquoi peut-on dire que la France a une prévention et une gestion raisonnées des risques ?

LE + NUMÉRIQUE

OBJECTIF : découvrir le site Vigicrues

Consulte le site Vigicrues.

→ *Réponds au quiz.*

→ *Identifie ton territoire et rédige un bulletin d'état des cours d'eau en faisant un zoom sur le cours d'eau le plus proche de ton établissement.*

#Site
Vigicrues
foucherconnect.fr/21mhg33

Doc 2 **Ouverture du DICRIM**

Site mairie de Tarbes, consulté le 21 novembre 2020.

Doc 3 Gestion de crise d'un incendie

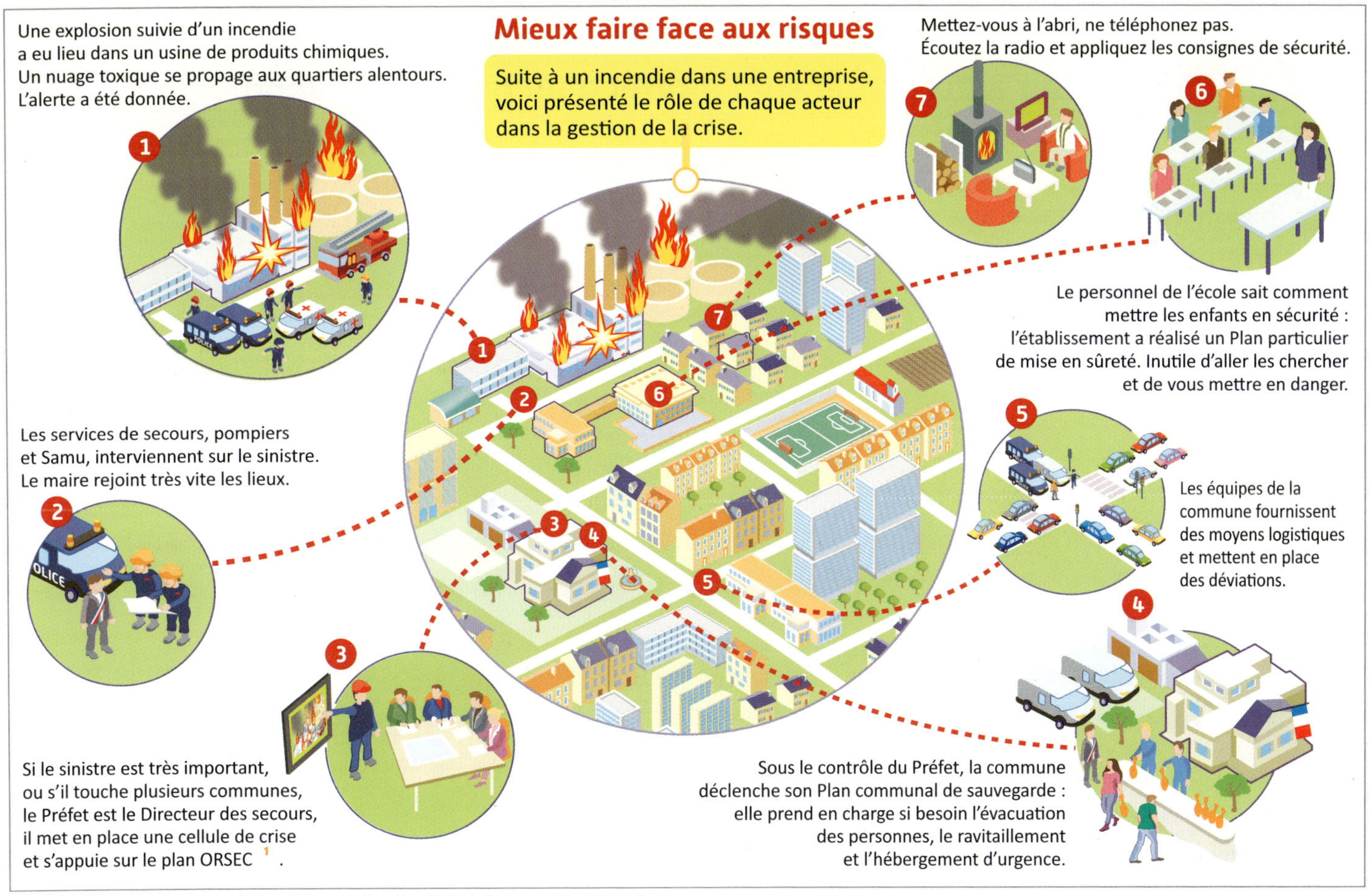

1. ORSEC : Organisation de la réponse de sécurité civile, organisation des secours à l'échelle départementale. Site Orléans Métropole, 21 novembre 2020.

JE RETIENS

12 La France, prévention et gestion raisonnées

1 Des littoraux en danger

Les littoraux français représentent 20 000 km de côtes. 96 % sont ultramarins. Ils constituent un enjeu économique, écologique et humain majeur. Ces littoraux sont menacés aussi bien par le risque de submersion que d'érosion. Ce phénomène est amplifié par le changement climatique. Les habitations, les infrastructures et l'économie sont menacées. Certaines communes comme Lacanau tentent de protéger la population par l'enrochement, la création de zones où les constructions sont légères et prévoient, à moyen terme, la relocalisation des activités.

2 L'incendie de Lubrizol

L'usine de Lubrizol de Rouen est une usine classée Seveso, elle représente un risque industriel pour la ville et ses habitants. Elle est classée Seveso seuil haut en raison de la grande quantité de produits chimiques qu'elle stocke. Ce classement impose des normes de sécurité à respecter et des plans de secours adaptés aux risques que représentent ces usines, ce sont des Plan de prévention des risques technologiques (PPRT) qui interviennent sur les zones urbaines alentour.

3 Réaction, coordination, adaptation, anticipation

La France, par la réglementation, la conception de plans de protection et de secours, tente de prévenir au mieux les risques qui menacent ses territoires. Maires, préfets, État, associations, les acteurs qui interviennent dans l'anticipation et la prévention, la gestion de crise, sont nombreux. Des plans de secours, des exercices d'entraînement tentent de préparer les citoyens, les services publics, la protection civile à intervenir et à se protéger en cas de catastrophe.

Argumenter sur l'intérêt d'un PPRI

J'observe un modèle... pour argumenter sur l'intérêt d'un plan de prévention des risques

Doc 1 **Lion-sur-Mer, les élus s'opposent au PPRI**

Le conseil municipal s'est prononcé sur ce plan (PPRI[1]) qui concerne 23 communes du sud et du nord de Caen (Calvados). Un document qui prévient les risques naturels (submersion marine, inondations, entre autres choses) et édicte des règles de construction en fonction de ces risques. Ce plan doit être approuvé par **le préfet** [...] après consultation d'une enquête publique.

Les élus de Lion-sur-Mer se sont appuyés sur trois points pour motiver leur vote.

Le conseil municipal relève, d'abord, que « les documents auraient mérité d'être plus accessibles aux élus et à la population, cela eût favorisé une meilleure information ». Informations qui, pour **le conseil**, « semblent à plusieurs reprises incomplètes. Certaines données concernant Lion-sur-Mer ne sont pas renseignées. »

Deuxième raison du refus en forme d'interrogation : « Pourquoi la commune est sans risque en 2014, mais le devient à partir de 2016 dans l'élaboration de ce PPRI ? Le relevé de tempêtes depuis 1899 ne fait apparaître aucun dégât considérable. » La digue a joué son rôle, « le plan ne prend pas en compte les ouvrages de défense », précise **le maire**, Dominique Régeard.

En dernier lieu, si la municipalité « ne conteste pas les risques encourus », en revanche « les mesures réglementaires imposées ne lui paraissent pas proportionnées à ces risques ». Lion-sur-Mer souhaite se prononcer « en meilleure connaissance de cause » afin de discuter avec **les services de l'État et ceux de la communauté urbaine** de Caen la Mer[2] « des risques concrètement encourus et des aménagements envisageables ».

Arnault Héroult, *Liberté*, 21 novembre 2020

1. PPRI : plan de prévention des risques liés aux inondations.
2. Communauté urbaine regroupant 8 communes.

Je réponds aux questions

1. Quel est le thème de cet article ? Quel est son objectif ?
2. Quel est le rôle du premier et du dernier paragraphe délimité par des accolades ? Quelles informations y trouve-t-on ?
3. À quoi correspondent les mots surlignés ? Quel rôle jouent-ils ?
4. Quel est le rôle des paragraphes ? Précisez leur nombre et les idées développées dans chacun d'entre eux.
5. À quoi correspondent les termes en **gras** ? Quelle est l'utilité de les identifier ?
6. Quel est l'effet produit par les propos rapportés des acteurs (en rouge dans le texte) ?

J'APPLIQUE

Argumenter, c'est tenter de justifier son opinion par un argumentaire.

- J'organise mon texte en paragraphes.
- Je présente le sujet. Le premier paragraphe correspond à une introduction et permet de saisir le sujet, le lieu et le ou les points de vue.
- Je développe mon argumentaire. Les paragraphes suivants permettent de développer les différents arguments. Ils sont précédés d'un connecteur logique. Un paragraphe développe généralement un argument.
- Je conclus. Le dernier paragraphe permet de conclure et de préciser les attentes.
- Je me sers des « guillemets » pour introduire une parole rapportée et je précise les acteurs.

LES CONNECTEURS LOGIQUES

- D'abord
- De plus
- Ensuite
- En outre
- Enfin

La France : prévention et gestion raisonnées

Je confronte les points de vue ...

... sur le nouveau PPRI pour les rivières de l'Oise et de l'Aisne

Un nouveau plan de prévention des risques inondation (PPRI) pour les rivières de l'Oise et de l'Aisne entraîne l'augmentation des zones non constructibles et oblige, en zone rouge, à effectuer de coûteux travaux d'élévation (2 200 entreprises et 10 000 logements sont concernés).

POUR — Entretien avec Ghyslain Chatel, sous-préfet de Compiègne

On se protège donc contre un risque que les gens n'ont pas eu l'occasion de voir et ne verront peut-être jamais[1]. Je comprends ainsi qu'il puisse y avoir une certaine amertume, mais c'est le prix de la sécurité des personnes et des biens. Nous sommes obligés d'anticiper, cela évite bien des drames. À Laneuville-sur-Ressons, par exemple, des personnes confrontées à l'arrivée des eaux (Ndlr : en juin 2016) disaient : « Mais qu'a fait l'État ? »

Stéphane Le Barber, *Le Courrier picard*, 2 avril 2019.

1. Une crue centennale correspond à un niveau qui a une chance sur cent d'être atteint chaque année.

POUR — Le bilan des précédentes crues

Les débordements de la rivière (Oise en 1993) avaient conduit à l'évacuation de près de 3 000 personnes. Le coût des dégâts s'était chiffré à un milliard d'euros. Sans compter le décès de cinq riverains. [...] D'autant que le réchauffement climatique laisse augurer de nouvelles périodes difficiles.

Pascal Mureau, *Le Courrier picard*, 10 janvier 2017.

CONTRE — L'analyse de l'agglomération ARC

(Agglomération de la région de Compiègne, compte 22 communes)

Nous avons une expérience des crues lentes et bien prévisibles sur le secteur. Nous avons des plans communaux de sauvegarde qui fonctionnent. [...] Nous remettons en cause les hauteurs de crues du nouveau PPRI[1] car elles sont issues de modèles mathématiques invérifiables et qui, de plus, ne prennent pas en compte les travaux effectués pour lutter contre les crues : les bassins d'atténuation des crues[2], [...] les digues et postes de crues, les projets de Canal Seine Nord et MAGEO[3] feront baisser de 30 cm le niveau d'eau.

ARC-Infos, Ville de Compiègne, nº 69, nov.-déc. 2017.

1. Ce nouveau PPRI a été estimé avec une hauteur d'eau supérieure de 60 cm à 1 m aux crues exceptionnelles de 1993 et 1995.
2. Bassins dont le but est de réduire l'impact d'une crue.
3. Élargissement de l'Oise pour le passage des bateaux.

CONTRE — Témoignage d'un P.-D.G.

Avec le projet de PPRI, on peut nous imposer des travaux dans ce magasin. Cela aurait des répercussions sur les prix et sur les consommateurs. [...] Beaucoup d'entreprises vont souffrir de cette réglementation. Mieux vaut une inondation que du chômage les pieds au sec !

David de Bosschère, PDG d'Intermarché, Margny-lès-Compiègne (source identique).

ÉTAPE 1

→ Sur papier libre, identifiez le sujet, le lieu et les acteurs qui s'opposent.

ÉTAPE 2

→ Identifiez et classez, selon les deux types d'acteurs, les arguments qu'ils développent pour justifier leur position.

ÉTAPE 3

1. Choisissez un point de vue. Rédigez votre texte en vous appuyant sur la méthode « J'applique » et sur l'exemple.
2. Présentez le projet, le lieu et le point de vue choisi.

Les sociétés et les risques : anticiper, se coordonner et s'adapter

Chapitre 10 Des sociétés face aux risques

1. Fukushima, des risques combinés. Le Japon est un territoire soumis à de nombreux aléas. La catastrophe de Fukushima, en mars 2011, est un accident industriel majeur engendré par un tsunami consécutif à un séisme. Les risques se sont combinés pour provoquer, par effet domino, une catastrophe nucléaire aux conséquences humaines, environnementales et économiques désastreuses.

2. Le risque climatique. Un certain nombre de risques sont directement liés aux conditions climatiques. Des risques globaux comme le changement climatique les accentuent. En effet, les experts s'accordent sur le fait que le nombre d'événements va s'intensifier avec des effets dévastateurs sur les sociétés et les économies. Le risque climatique devient systémique. Une perturbation à l'origine localisée va avoir des conséquences sur l'ensemble du système. En Afrique, les phénomènes climatiques engendrent des troubles alimentaires et politiques.

3. Des risques multiples et systémiques. Environ un tiers de la population mondiale vit dans des zones à risque. Les risques peuvent être naturels, technologiques, engendrés par les activités humaines, sanitaires ou liés aux conflits. Une catastrophe entraîne des conséquences humaines, économiques, environnementales, voire géopolitiques.

Chapitre 11 Des sociétés inégales face aux risques

1. Les Pays-Bas face à la montée des eaux. Digues, maisons flottantes... sont des moyens de protection coûteux contre les risques de submersion et d'inondation qui menacent le pays. Ces risques sont amplifiés par le changement climatique. Les Pays-Bas consacrent d'importantes ressources pour s'adapter.

2. Haïti face au risque climatique. Le changement climatique affecte fortement Haïti, déjà menacé par séismes et cyclones, et accentue sa fragilité. Des organisations internationales, des ONG interviennent pour accompagner l'État haïtien, aider les populations.

3. Une inégale vulnérabilité. Les facteurs de vulnérabilité sont économiques, politiques, environnementaux et sociaux. Tous les pays sont exposés, mais leur accès aux moyens de prévention diffère en fonction de leur niveau de développement. La communauté internationale se mobilise pour aider les pays en difficulté.

Chapitre 12 La France : prévention et gestion raisonnées

1. Les littoraux en danger. Les littoraux français, métropolitains et ultramarins sont soumis à l'érosion et à la submersion. Ces deux risques sont amplifiés par le changement climatique et notamment l'élévation du niveau des eaux. Les littoraux représentent un enjeu économique et touristique, environnemental et humain majeur. Lacanau, en Gironde, tente de réduire sa vulnérabilité par l'enrochement et en prévoyant un repli des activités.

2. Une gestion de crise : l'incendie de Lubrizol. Cet incendie est l'exemple d'un risque industriel dans une grande ville. Les normes Seveso, modifiées à la suite de l'accident de Lubrizol, veillent à prévenir et à protéger les populations.

3. Réaction, coordination, adaptation, anticipation. La France développe des moyens de prévention permettant de réagir. Météo France, Vigicrues alertent sur des phénomènes météorologiques dangereux. Toutes les échelles territoriales sont concernées par des plans de prévention.

DES SOCIÉTÉS FACE AUX RISQUES

Aléa

Enjeu

Risque
Risque majeur

- **Naturel** (séisme, tsunami, cyclone, sécheresse, inondation)
- **Industriel ou anthropique** (accident lié à l'activité humaine et aux transports)

→ **Peuvent se combiner :** Fukushima

- **Climatique** (en lien avec changement climatique, submersion, érosion, sécheresses…)

→ **Systémique :** il affecte un système en raison des interactions

- **Sanitaire** (pandémie Covid-19)

L'aléa

L'enjeu

Le risque

Catastrophe → **Conséquences… dépendent de la vulnérabilité**

- **économiques et financières**
- **humaines** (morts, blessés, sans-abri)
- **environnementales**

UNE INÉGALE VULNÉRABILITÉ FACE AUX RISQUES

Un pays expert face au risque climatique, les Pays-Bas : submersion, inondations	Un pays en difficulté face au risque climatique, Haïti : cyclones, inondations…
SITUATION DU PAYS	
Des finances importantes : protection, prévention, adaptation	Problèmes de développement, manque de moyens financiers et matériels
MOYENS DE PRÉVENTION, ANTICIPATION	
Digues, barrages, maisons flottantes…	Constructions durables, formation des populations…
ACTEURS	
État, entreprises privées, organismes spécialisés…	ONU, ONG, État, associations locales…

LE CAS DE LA FRANCE : PRÉVENTION ET GESTION RAISONNÉES

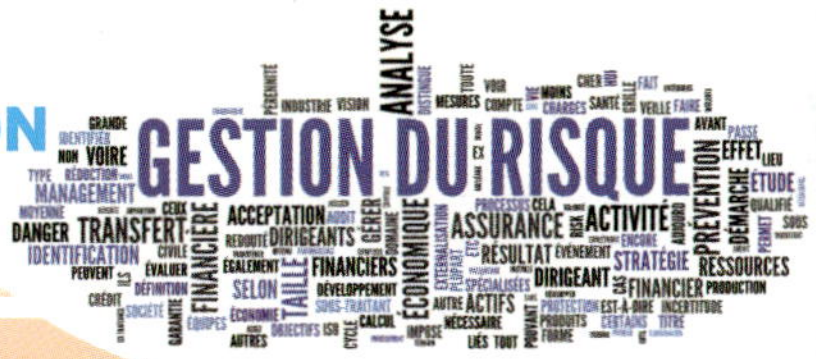

Des littoraux en danger
Les littoraux sont menacés par les risques de submersion et d'érosion : protection des populations et des biens (GIP, enrochement, déplacement des activités).

Une gestion de crise
L'incendie de Lubrizol, un risque industriel : coordination des secours, protection des populations, nouvelles normes Seveso…

Réaction, coordination, adaptation, anticipation
Établissements publics (Météo France…), informations du public (Géorisques, Vigicrues…, plans de prévention et de secours à différentes échelles)…

Après avoir défini les termes « risque » et « risque climatique », vous montrerez comment le risque climatique menace les pays du monde, les différentes conséquences ainsi que les moyens mis en place pour lutter contre ces menaces.

#Animation audio
foucherconnect.fr/21mhg18

JE M'ÉVALUE

1 Je maîtrise le lexique

→ **Je relie les termes à leur définition.**

#Learningapps
foucherconnect.fr/21mhg56

2 Je mobilise des connaissances

→ **Je justifie les affirmations suivantes :**

- Le risque climatique n'impacte que les pays en voie de développement.
- La région Aquitaine tente de lutter contre les risques littoraux.
- La catastrophe de Fukushima combine plusieurs risques.
- Le changement climatique accentue le risque bactériologique.
- Le changement climatique devient un risque systémique.
- Les autorités luttent contre les risques industriels par des mesures de prévention et de protection.

3 Je mets en œuvre des capacités

Capacité 1 : Analyser le traitement médiatique d'un risque et dégager les limites de ce traitement

Doc 1 Tempête Alex : les pompiers à la recherche des personnes disparues

Au moins huit personnes sont recherchées dimanche 4 octobre par les secours dans la région niçoise qui a connu des pluies intenses provoquant des crues qualifiées d'« exceptionnelles » par Météo France. [...]

Près de 1 000 pompiers, dont 300 venus en renfort d'autres départements, sont mobilisés dimanche 4 octobre dans les Alpes-Maritimes frappées par des crues exceptionnelles. [...] Les communes les plus touchées se trouvent dans l'arrière-pays de Nice, dans les vallées de la Roya, dans la zone de Tende et dans la vallée de la Vésubie, enclavées dans des zones montagneuses du massif des Alpes. *« On a de nombreuses maisons qui ont été emportées ou détruites, des communes comme Saint-Martin-Vésubie sont coupées du monde »*, ont encore indiqué les pompiers.

« La situation est catastrophique dans certaines communes », a indiqué Éric Ciotti, député des Alpes-Maritimes. Les cumuls de pluie sur l'ensemble de cet épisode *« ont atteint en général 200 à 350 mm et jusqu'à 500 mm ponctuellement »*, dans l'arrière-pays, selon Météo France, ce qui a entraîné de violentes crues des cours d'eau de la région.

À Nice, elle aussi touchée par de forts vents et des trombes d'eau, des centres d'hébergement ont accueilli dans la nuit de vendredi à samedi quelques personnes ne pouvant rejoindre les vallées. [...]

AFP, 4 octobre 2020.

Doc 2 Saint-Martin-Vésubie après Alex

Saint-Martin-Vésubie vu du ciel, le samedi 3 octobre, au lendemain du passage de la tempête Alex.

1. Expliquez à l'aide des documents proposés l'événement évoqué, son contexte et ses conséquences. Citez un acteur participant à la prévention de ce risque.
2. Analysez ensuite les documents en identifiant les médias, le format, les points mis en avant, le ton donné par les journalistes.
3. Repérez les informations non connues. Précisez les points de vue des journalistes. Présentez les limites du traitement de ce risque.
4. À l'aide de vos précédentes réponses, rédigez un texte organisé présentant le traitement médiatique du risque et les limites de son traitement.

Capacité 2 : Réaliser une production cartographique simple montrant la vulnérabilité d'un territoire

→ Par un croquis, montrez que le Japon est soumis à des risques naturels et technologiques. Vous mettrez en évidence les espaces les plus vulnérables.

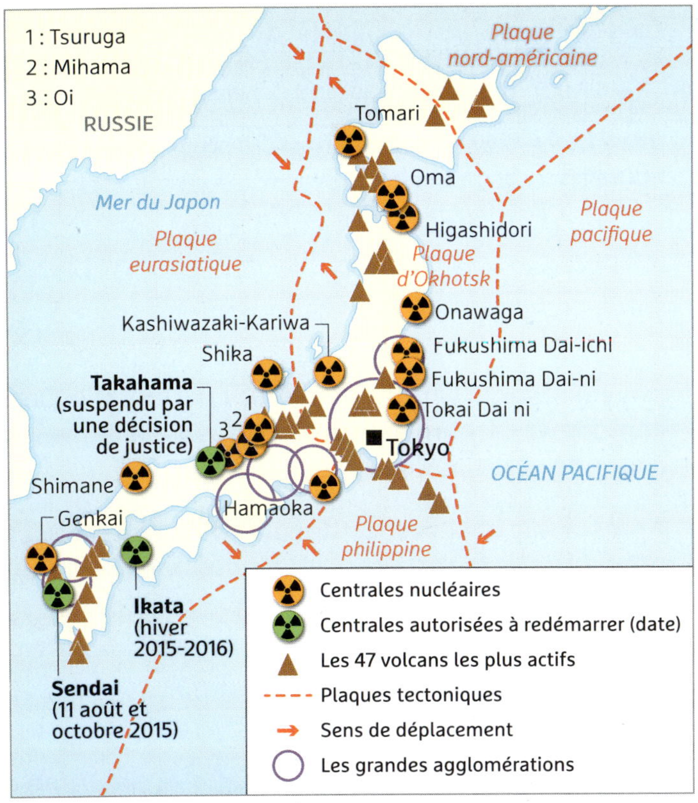

Titre :

4 Je révise un repère

→ **À partir de vos connaissances, complétez le schéma ci-dessous concernant les risques littoraux.**

Le littoral français

Les enjeux

Démographiques : ....

....

Économiques : ....

....

Les risques

....

....

Ampleur : ....

....

GESTION DES RISQUES

Acteurs

....

....

....

Souple

....

....

....

Rigide

....

....

....

....

....

....

....

LE CHEF-D'ŒUVRE

Travaillé dès l'année de première, le chef-d'œuvre est l'aboutissement d'un projet pluridisciplinaire, de type collaboratif ou individuel.

Les programmes de terminale peuvent contribuer à enrichir votre chef-d'œuvre avec le thème I en histoire (« Vivre en France en démocratie depuis 1945 ») et les thèmes I et II en géographie (« L'accès aux ressources pour produire, consommer, se loger et se déplacer » et « Les sociétés et les risques : anticiper, réagir, se coordonner et s'adapter »). Ces thèmes permettent, en effet, d'aborder votre futur métier à travers son histoire et ses évolutions. Ils vous incitent également à vous interroger sur ce que peut apporter votre filière professionnelle pour répondre aux défis posés par les changements globaux.

Lors de l'évaluation orale du chef-d'œuvre, une présentation des dimensions socio-économiques, culturelles, de développement durable et numérique du projet est attendue dans le déroulé de votre intervention.

▶ J'observe un exemple de chef-d'œuvre

Exemple : chef-d'œuvre Bac Pro Métiers de la mode – vêtement

→ Conception et réalisation d'une gamme de vêtements féminins au temps des yéyés.

Le thème d'histoire « Vivre en France en démocratie depuis 1945 » peut apporter sa contribution à ce chef-d'œuvre. En effet, il comprend la période à laquelle fait référence ce projet : les yéyés désignent un courant musical des années 1960, décennie qui fait partie des « Trente Glorieuses ». En outre, travailler sur le vêtement féminin permet d'évoquer la mode et l'émancipation du corps de la femme au cours de cette période.

Après avoir observé les documents ci-dessous, répondez oralement à ces deux questions.

1. Quels types de document ont été exploités pour ce chef-d'œuvre ?
2. Expliquez de quelle façon ces deux documents ont contribué à sa réalisation.

Doc 1 **La mini-jupe**

Les sixties[1] marquent l'essor du prêt-à-porter dans la mode. Après des décennies dominées par de luxueuses et élitistes maisons de haute couture, les vêtements se popularisent, se rapprochent de la femme de la rue. [...] Née entre 1962 et 1963, qualifiée tour à tour de révolutionnaire et de scandaleuse, la [mini-jupe] accompagnera les femmes dans leur révolution : pour une sexualité assumée, une maternité maîtrisée, une égalité revendiquée, un rejet des valeurs bourgeoises... et de la jupe sage mi-mollets de maman.

Site www.portaildelamode.com

1. Les années soixante.

Doc 2 ***Salut les copains*, magazine emblématique des yéyés**

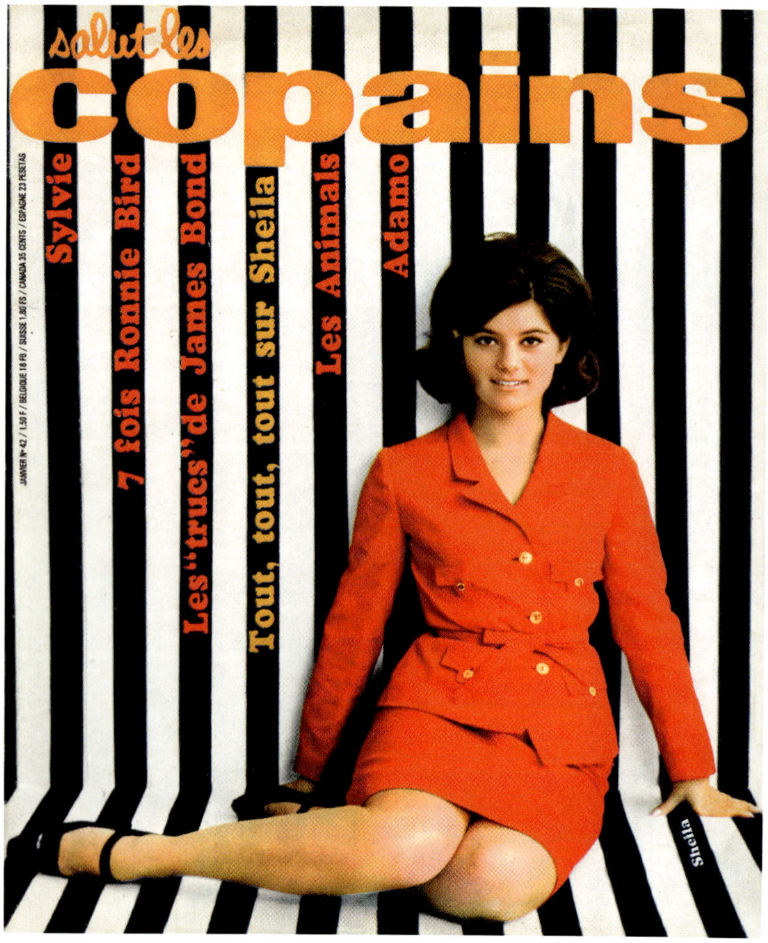

La chanteuse Sheila à la une du n° 42, janvier 1966.

▶ Je m'interroge à partir d'autres exemples de chef-d'œuvre

Reproduisez le tableau ci-dessous, puis déterminez le thème qui pourrait contribuer à la mise en œuvre de chacun des chefs-d'œuvre suivants.

Chefs-d'œuvre	Histoire	Géographie		Mots clés du chef-d'œuvre en lien avec les programmes
	Thème II	Thème I	Thème II	
N° 1				
N° 2				
N° 3				
N° 4				

Chef-d'œuvre n° 1 : Bac Pro Métiers de la sécurité

→ Organisation d'une journée de sensibilisation aux mesures de sécurité en cas de danger.

Chef-d'œuvre n° 2 : Bac Pro de l'Électricité et de ses environnements connectés

→ Réalisation d'une borne d'éclairage autonome en énergie renouvelable pour l'allée centrale arborée du lycée.

Chef-d'œuvre n° 3 : Bac Pro Plasturgie : plastiques et composites

→ Réalisation de boîtes pour les élections organisées à l'échelle de l'établissement.

Chef-d'œuvre n°4 : Bac Pro Métiers du commerce et de la vente

→ Réalisation d'une publicité pour promouvoir un produit cosmétique biologique.

N° 2 – Borne d'éclairage autonome

N° 3 – Urne électorale

▶ S'interroger sur son chef-d'œuvre

À votre tour de trouver une perspective historique et/ou géographique à votre chef-d'œuvre !

→ Pour cela, complétez le tableau suivant, puis répondez à cette série de questions de façon à dégager le thème qui pourrait participer à sa mise en œuvre.

Votre chef-d'œuvre	...
Métier(s) de votre filière professionnelle	...
Secteur d'activité	...

« Vivre en France en démocratie depuis 1945 » (thème II d'histoire) :

1. Quelle place occupe votre métier dans la société française depuis 1945 ? Et actuellement ? Quel est le ratio hommes/femmes ? A-t-il évolué ?
2. A-t-il connu des innovations décisives ? Si oui, lesquelles ?
3. Peut-il être associé à un changement de mode de vie (démocratisation de l'automobile, développement de la grande distribution, du tourisme, des loisirs et de la culture de masse) ? Si oui, expliquez en quoi a consisté ce changement.

« L'accès aux ressources pour produire, consommer, se loger et se déplacer » (thème I de géographie) :

1. Votre métier utilise-t-il une ressource particulière ?
2. Auquel de ces quatre verbes peut-il être rattaché ? *Produire – consommer – se loger – se déplacer.* Pourquoi ?
3. À quel(s) objectif(s) de développement durable (ODD) des Nations unies pourrait-il renvoyer ? Pourquoi ?

« Les sociétés et les risques : anticiper, réagir, se coordonner et s'adapter » (thème II de géographie) :

1. L'exercice de votre métier présente-t-il un risque technologique, sanitaire ou environnemental ?
2. Quelle politique de prévention est mise en place ?
3. Dans quelle mesure votre métier peut-il participer à la prévention et à l'éducation aux risques ?

Thème ANNUEL

S'engager et débattre en démocratie autour des défis de société

Doc 1 Marche pour le climat, les jeunes du Sud-Ouest mobilisés, 15 mars 2019

Marche de la jeunesse pour le climat à Bayonne, le vendredi 15 mars 2019, comme dans toutes les villes de France dans le cadre de la mobilisation mondiale *Fridays for Future* (des vendredis pour l'avenir) exigeant une action politique des gouvernements en faveur de l'environnement.

Doc 2 Les grands défis contemporains en mots

Éthique : ensemble des principes moraux qui sont à la base de la conduite de quelqu'un.

Biotechnologie : technique utilisant des êtres vivants, dont on a modifié les caractéristiques génétiques pour la fabrication industrielle de composés biologiques ou chimiques (médicaments, matières premières industrielles) ou pour l'amélioration de la production agricole (plantes et animaux transgéniques ou OGM).

Bioéthique : étude des problèmes moraux soulevés par la recherche biologique, médicale ou génétique et certaines de ses applications.

États généraux de la bioéthique : consultation nationale et régionale des citoyens organisée en 2018 par l'État afin de préparer la révision de la loi bioéthique de 2011.

Révolution numérique : mutation profonde des sociétés provoquée par l'essor des techniques numériques (informatique et développement du réseau internet).

Transhumanisme : courant de pensée qui vise l'amélioration des capacités intellectuelles, physiques et psychiques de l'être humain grâce à l'usage de procédés scientifiques et techniques (manipulation génétique, nanotechnologies, intelligence artificielle, etc.).

démocratie autour des défis

Doc 3 **Démocratie et numérique : enjeux et menaces**

Affiche réalisée par la Cité universitaire de Paris, 2018.

Doc 4 **Aide médicale à la procréation : un bébé pour qui ? pourquoi ? comment ?**

RÉAGIR, SE QUESTIONNER

Vous travaillerez, cette année, la question de l'engagement et du débat en démocratie autour de trois grands défis de société : les changements et les risques environnementaux ; les biotechnologies et l'éthique ; la révolution numérique et l'essor de l'Internet. Vous allez d'abord choisir, avec votre classe et votre professeur, l'un de ces défis que vous étudierez de façon plus approfondie.

TRAVAIL EN GROUPE

1 Constituez trois groupes, un par grand défi de société, et désignez un rapporteur par groupe pour la restitution du travail devant la classe. Associez à chaque défi le document de la double page qui lui correspond (**Doc 1, 3 et 4**). Pour chacune des situations évoquées par les documents, déterminez :

- la thématique précise en lien avec le défi identifié et les mots clés qui s'y rattachent, en vous aidant notamment du **Doc 2** ;
- les formes de l'engagement ou du débat citoyen ;
- les acteurs mobilisés et/ou invités à s'engager ou à débattre. Identifiez leur statut respectif ;
- les revendications de ces acteurs et/ou les questions soulevées par la thématique.

TRAVAIL EN CLASSE ENTIÈRE

2 Chaque rapporteur explique à la classe, en deux minutes, comment les citoyens s'engagent et sont conviés à débattre à propos du grand défi sur lequel il a travaillé avec son groupe.

TRAVAIL INDIVIDUEL

3 Votez pour le défi qui vous intéresse le plus en répondant au questionnaire réalisé par votre professeur grâce à l'application de sondage disponible sur l'ENT de votre établissement. Le défi qui remportera le plus grand nombre de voix sera choisi comme thème d'étude principal.

PROJET 1 Changements et risques environnementaux

1 MIEUX PRODUIRE, MIEUX CONSOMMER : LES ENGAGEMENTS POLITIQUES

Doc 1 Deux objectifs du développement durable

2

ÉLIMINER LA FAIM, ASSURER LA SÉCURITÉ ALIMENTAIRE, AMÉLIORER LA NUTRITION ET PROMOUVOIR L'AGRICULTURE DURABLE

Bien qu'il y ait suffisamment de nourriture pour nourrir tous les habitants de la planète, de nombreuses personnes, notamment des enfants, souffrent de la faim. L'objectif 2 est consacré à la lutte contre les pratiques agricoles nuisibles, le gaspillage alimentaire et la dégradation de l'environnement, afin que chacun mange à sa faim. À présent et dans l'avenir nous devons nous assurer que les produits alimentaires sont cultivés sans endommager le milieu naturel. Cela peut se faire en soutenant l'agriculture locale et à petite échelle, en fournissant davantage de fonds pour la production alimentaire, en particulier dans les pays les plus pauvres, et en limitant la fluctuation des prix alimentaires.

12

ÉTABLIR DES MODES DE CONSOMMATION ET DE PRODUCTION DURABLES

L'objectif 12 veut nous faire reconsidérer les objets que nous utilisons, les déchets que nous créons et les répercussions qu'ils ont sur notre planète. Changer notre comportement en prenant des mesures durables, tel que le recyclage, peut avoir des effets appréciables lorsque tout le monde, y compris les particuliers, les entreprises, les gouvernements, y contribue. Il y a beaucoup de petites choses que nous pouvons tous faire pour atteindre cet objectif, qui veut améliorer la qualité de vie de chacun et pas seulement de quelques-uns, partout dans le monde.

Yacine Ait Kaci dit Yak, *Elyx et les Objectifs de développement durable*, Nation unies, 2017.

Doc 2 Loi anti-gaspillage du 10 février 2020

LOI ANTI-GASPILLAGE
6 MESURES PHARES POUR CHANGER NOTRE QUOTIDIEN

EN FINIR AVEC LE PLASTIQUE JETABLE	La loi prévoit la fin progressive du plastique à usage unique, avec une mise en œuvre dès 2021. L'objectif : faire disparaitre rapidement tous les objets et les emballages qui polluent notre quotidien (pailles, couverts jetables, gobelets, etc.).
RENDRE LE TRI PLUS EFFICACE	Un logo unique pour le tri (Triman) sera obligatoire et accompagné d'une information sur le geste à effectuer. Les couleurs des poubelles seront aussi harmonisées sur tout le territoire.
INTERDIRE L'ÉLIMINATION DES INVENDUS	Les produits non alimentaires invendus seront donnés ou recyclés. Il s'agit des produits d'hygiène quotidienne, des vêtements, des produits électroniques, des chaussures, des livres, de l'électroménager, etc.
CRÉER UN INDICE DE RÉPARABILITÉ	Chaque consommateur pourra savoir en un coup d'œil si son produit est réparable, difficilement réparable ou non réparable. L'objectif : allonger la durée de vie de nos objets.
VENDRE LES MÉDICAMENTS À L'UNITÉ	Dès 2022, il sera possible d'acheter des médicaments à l'unité en pharmacie, lorsque « leur forme pharmaceutique le permet et que le pharmacien l'accepte ».
CESSER L'IMPRESSION DES TICKETS DE CAISSE	La loi prévoit d'interdire, dès 2023, l'impression systématique des tickets de caisse, tickets de carte bancaire, tickets de distributeurs d'argent et des bons d'achat. Le client aura la possibilité d'en demander l'impression s'il le souhaite.

ecologie.gouv.fr

La loi du 10 février 2020 est relative à la lutte contre le gaspillage et à l'économie circulaire, c'est-à-dire un mode de production durable qui limite le gaspillage des ressources et la production de déchets, notamment grâce au recyclage et à l'allongement de la durée de vie des biens produits.

JE FORMULE UNE PROBLÉMATIQUE

#Site
Site de l'ONU
foucherconnect.fr/21mgh43

1. **Doc 1** Présentez rapidement les objectifs du développement durable (date, États signataires, enjeux) en vous appuyant sur les deux exemples ci-dessus. Vous pouvez consulter le site de l'ONU pour vous aider et compléter votre réponse.
2. **Doc 1** Dans une perspective citoyenne et éthique, dans quelle mesure ces objectifs remettent-ils en question vos habitudes de consommation ? Quels problèmes cette remise en cause soulève-t-elle, selon vous ?

JE M'INFORME

1. **Doc 2** D'après vous, pourquoi peut-on affirmer que le développement durable est l'objet de débats et de votes au sein des assemblées législatives françaises ?
2. **Doc 1 et 2** Expliquez comment la loi française cherche à mettre en œuvre les objectifs 2 et 12 du développement durable.
3. **Doc 2** Citez d'autres exemples de mesures en faveur d'une économie circulaire.

Doc 3 Le bio et le local dans les cantines scolaires

Quelle place pour le bio et l'approvisionnement local dans les cantines ? Deux candidats aux élections municipales du Mans donnent leur avis et expliquent leur position.

Stéphane Le Foll, parti socialiste, « Le Mans évidemment »

En 2014, la part du bio dans les cantines était de 2 %. Lors de mon élection en juin 2018 cette part était de 8 %. En dix-huit mois, nous sommes passés à plus de 30 % en permettant au poulet label bio et à la charcuterie bio sarthoise d'entrer dans les menus des cantines sans augmenter le coût des repas. Le Mans fait mieux que la loi qui prévoit 20 %. Notre objectif est de passer à 80 % en produits bio, en labels et en produits locaux. Nous allons développer la production de légumes sur la ferme métropolitaine de Rouillon pour l'approvisionnement des cantines de la métropole.

Isabelle Sévère, Europe Écologie les Verts, Génération écologie, Cap 21, Génération. « Choisir l'écologie pour Le Mans ».

Je veux favoriser une alimentation de qualité pour toutes et tous, soutenir une agriculture équitable pour les paysans, bénéfique pour le climat, la biodiversité et respectueuse de la condition animale. Nous avons atteint, grâce aux élu.e.s écologistes, 40 % de produits locaux et de qualité (dont 30 % de bio) dans la restauration collective. Je vise 100 % de bio à terme. Nous devons participer à développer la filière. Je m'appuierai sur des coopérations ville-campagnes et soutiendrai l'installation de paysans en bio pour approvisionner Le Mans. D'ici à 2026, 70 % (dont 50 % de bio) est un objectif réaliste.

Laurence Picolo Saldukaite, *Ouest-France*, 3 mars 2020.

Doc 4 Nourrir la planète en 100 % biologique

Dans une nouvelle étude publiée par la revue *Nature Communications*, mardi 14 novembre dernier, des chercheurs affirment qu'il est possible de nourrir plus de 9 milliards d'êtres humains en 2050 avec 100 % d'agriculture biologique.

Convertir la totalité de l'agriculture au biologique nécessiterait la mise en culture de 16 % à 33 % de terres en plus et il en découlerait une déforestation accrue néfaste pour le climat. Mais dans le même temps, l'option avec 100 % de bio entraînerait une baisse de pollution due aux pesticides et aux engrais de synthèse et une demande en énergies fossiles plus faible.

Les chercheurs proposent d'introduire deux changements dans le système alimentaire : réduire le gaspillage – aujourd'hui responsable de la perte de 30 % des aliments de la fourche à la fourchette – et limiter la concurrence entre la production de nourriture pour les humains et celle pour le bétail en réduisant la consommation de produits d'origine animale (un tiers des terres cultivables de la planète sont utilisées pour nourrir les animaux d'élevage).

Reste une interrogation, qui n'est pas abordée par l'étude : la faisabilité économique d'une telle révolution. Dans un monde 100 % bio, les agriculteurs seraient-ils rémunérés comme aujourd'hui, la concurrence entraînant une baisse des prix ? Les consommateurs pourraient-ils payer cette alimentation qui est actuellement plus chère ?

Audrey Garic, lemonde.fr, 14 novembre 2017.

LEXIQUE

- **Ferme métropolitaine :** ferme installée aux portes d'une grande ville.
- **Énergies fossiles :** énergies produites à partir d'hydrocarbures (pétrole, gaz, charbon).

JE M'INFORME

1. **Doc 3** Comparez les propositions sur la restauration scolaire formulées par ces deux candidats aux élections municipales du Mans en 2020. Qu'en concluez-vous ?
2. **Doc 1 et 3** Dans quelle mesure les promesses de ces candidats répondent-elles aux objectifs du développement durable fixés par l'ONU ?
3. **Doc 3 et 4** D'après les avancées de la recherche, les promesses des deux candidats sont-elles réalisables à terme ? Quels seraient les freins à leur mise en œuvre ?

2 MIEUX SE LOGER, SE DÉPLACER

Doc 1 Origine des émissions de gaz à effet de serre 2018

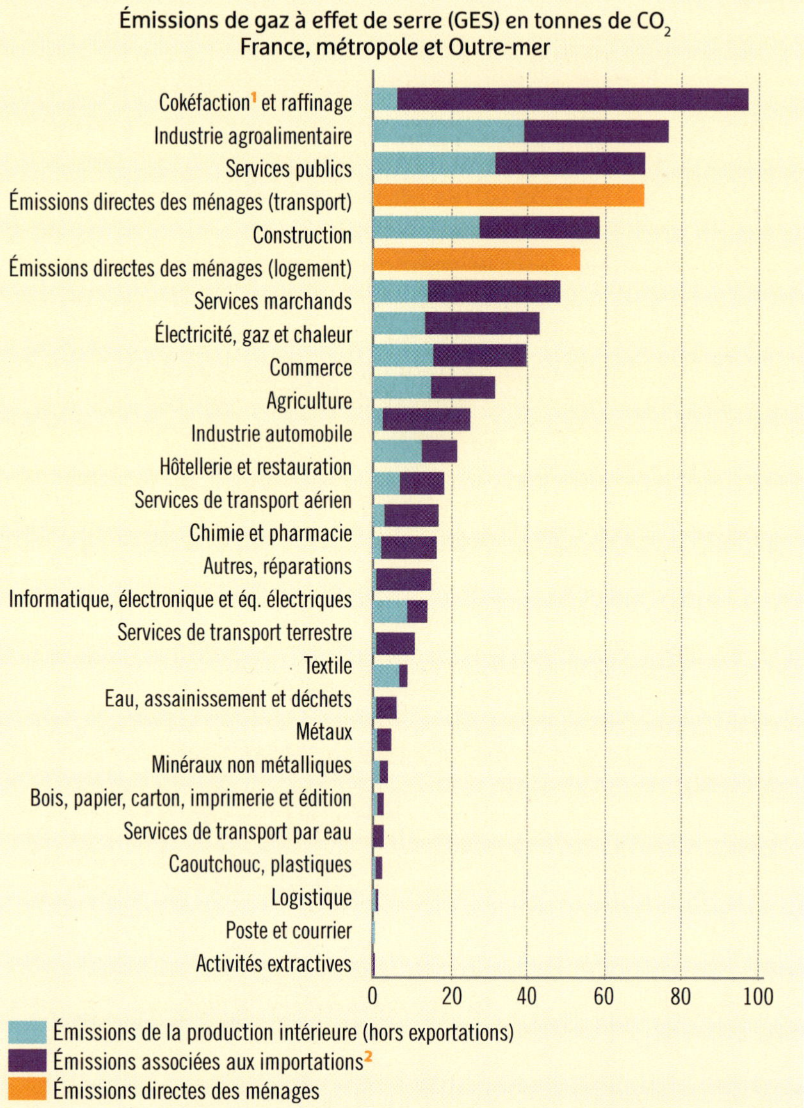

Note du Commissariat général au développement durable, janvier 2020

1. Cokéfaction : procédé par lequel la houille est transformée en charbon.
2. Émissions associées aux importations : émissions de GES liées à la consommation en France de biens et de services produits à l'étranger.

Doc 2 Quelques points clés des Accords de Paris, signés le 12 décembre 2015

Températures

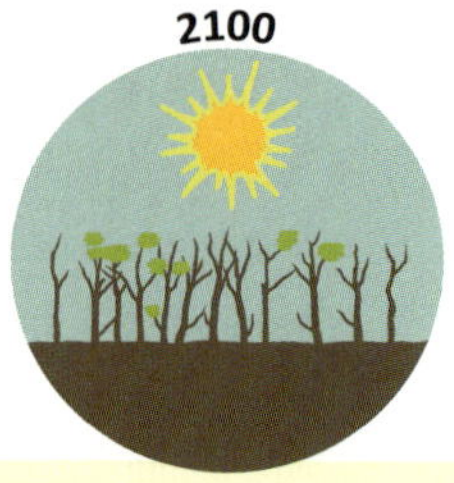

- Contenir le réchauffement « **bien en deçà de 2 °C** », « Poursuivre l'action menée pour limiter l'évolution des températures **à 1,5 °C** ».

Financement

- Les pays riches doivent fournir **100 milliards de dollars par an** à partir de 2020, un « plancher ».
- Nouvel objectif chiffré « d'ici à 2025 ».

Différenciation

- Les pays développés **doivent continuer de « montrer la voie »** en matière de réduction de gaz à effet de serre (GES).
- Les pays en développement doivent « accroître leurs efforts d'atténuation » en fonction de leur situation.

Objectif d'émissions

- Plafonnement des émissions de GES **« dans de meilleurs délais ».**
- À partir de 2050 : **réductions rapides pour un équilibre entre émissions** dues à l'homme et celles absorbées par les puits de carbone.

Les Points clés, AFP/Iris Royer de Véricourt, Simon Malfatto, 3 nov. 2017, Sciencesetavenir.fr

JE FORMULE UNE PROBLÉMATIQUE

1. **Doc 1** Quel est l'impact des mobilités et du logement des ménages sur l'environnement ? Comparez-le aux autres sources d'émissions de gaz à effet de serre.
2. **Doc 2** Quels sont les principaux engagements pris par les 195 signataires, dont la France, des accords de Paris ?
3. **Doc 1 et 2** Quelles questions les citoyens français peuvent-ils se poser sur leurs modes de vie, notamment en matière de logement et de mobilités, au regard des objectifs fixés par les accords de Paris ?

Les accords de Paris ont été signés par 195 pays pour fixer un cadre mondial à la lutte contre le réchauffement climatique.

Doc 3 La Convention citoyenne pour le climat rend son rapport

Ce dimanche soir, à l'issue d'un long processus de travaux, d'auditions et de rédaction, les membres de la Convention citoyenne pour le climat ont voté, forts d'un satisfecit[1] de 95 %, le rapport qu'ils ont remis à l'exécutif dans la foulée. Ce vote vient conclure neuf mois de labeur mais ne referme pas ce chapitre ouvert, par la volonté du chef de l'État, après la mobilisation des gilets jaunes[2]. Les mesures préconisées par la Convention citoyenne pour le climat doivent à présent nourrir l'action publique ainsi que celle du législateur. [...]

La Convention citoyenne pour le climat a commencé ses travaux le 4 octobre 2019. Elle est constituée de 150 Français, dont l'âge allait de 16 ans (l'Assemblée comportait en effet quelques lycéens) à 80 ans, tous tirés au sort. Leur feuille de route était aussi simple dans l'énoncé qu'ardue dans la réflexion entreprise et les objectifs fixés : trouver les moyens de réduire de 40 % les émissions de gaz à effet de serre en France d'ici à 2030, le tout sans perdre de vue la concorde[3] et la justice sociale. [...]

La Convention citoyenne soutient l'introduction des notions de protection de l'environnement, de préservation de la biodiversité et de lutte contre le dérèglement climatique dans le préambule de la Constitution et son article liminaire. Ses membres militent aussi pour la reconnaissance dans le droit français du crime d'écocide[4] [...].

Robin Verner, Bfmtv.com
21 juin 2020.

1. Témoignage de satisfaction.
2. Mouvement de contestation populaire déclenché par l'annonce de l'augmentation des taxes sur le carburant en octobre 2018.
3. Union des volontés.
4. Destruction par l'homme de grands écosystèmes (par ex. : assèchement de la mer d'Aral).

JE M'INFORME

1. **Doc 3** Quelle solution l'État français a-t-il mise en œuvre pour associer les citoyens et les citoyennes à l'élaboration de propositions pour lutter contre le changement climatique et les risques environnementaux ? Pourquoi ce choix ?
2. **Doc 3** Expliquez comment la Convention citoyenne a travaillé et à quoi va servir le rapport qu'elle a remis au président de la République.
3. **Doc 3, 2 et 1** Montrez que le rapport de la Convention donne des réponses aux défis lancés à la France par les Accords de Paris.

J'EFFECTUE UNE RECHERCHE DOCUMENTAIRE

→ Enquêtez individuellement sur les travaux de la Convention citoyenne pour le climat (CCPC) consacrés au thème « Se déplacer ». Réalisez un diaporama de trois diapositives pour restituer les résultats de votre enquête et présentez-les oralement en 5 minutes maximum. Vous vous enregistrerez et insérerez cet enregistrement au diaporama transmis à votre professeur.

1 Consultez la vidéo « Se déplacer » de la 2e journée de Convention citoyenne pour le climat. Visionnez-la jusqu'au time code 14'34''.

 # vidéo Se déplacer foucherconnect.fr/21mhg44

- Réalisez un schéma pour expliquer comment travaillent les participants lors de cette étape de la Convention citoyenne. Précisez dans quel lieu du CESE (Conseil économique, social et environnemental) se déroule cette session de travail.
- Consignez dans un tableau les informations suivantes : identité des intervenants extérieurs (nom et organisation), thématique du premier tour de questions, questions posées par les membres de la commission « Se déplacer », et réponses apportées par les intervenants.
- Rédigez une courte synthèse de ces réponses en soulignant la variété des points de vue exprimés (diapositive 2).
  Consultez la vidéo de « la reprise » du 1er jour de la session 7 pour entendre les débats et discussions sur les propositions de la thématique « Se déplacer » au time code 2h00-2h09.

  # vidéo La reprise foucherconnect.fr/21mhg45
- Complétez le schéma précédent sur la méthodologie de travail de la CCPC et les mécanismes de prise de décision. Précisez où les débats ont lieu à cette étape.
- Présentez, dans une forme graphique de votre choix, la proposition énoncée dans l'extrait ainsi que les arguments pour et contre (diapositive 3).

3 LE DÉVELOPPEMENT DURABLE AU LYCÉE : LES ÉCO-DÉLÉGUÉS ONT LA PAROLE

Doc 1 Semaine de la Terre au lycée Louis-Bascan, 2018

Une semaine exceptionnelle pour s'Informer, Réfléchir et Agir !

Depuis plusieurs années, le lycée Louis-Bascan est inscrit dans une démarche éco-responsable et labellisée par la région Île-de-France.
La certification E3D (École/Établissement en démarche globale d'éducation au développement durable) labellise une démarche dans laquelle l'établissement scolaire s'engage dans un projet de développement durable et de respect de l'environnement. Bascan E3D, c'est un effort pour la limitation des déchets alimentaires, la création d'une zone de compost, l'utilisation de produits et de matériaux qui limitent l'impact environnemental, le recyclage des déchets, la préservation d'un cadre naturel exceptionnel.
Cette semaine organisée, préparée et animée par les élèves de la 2de EDD, ambassadeurs E3D (Enseignement développement durable) a pour objectif de sensibiliser l'ensemble de la communauté scolaire sur les questions aujourd'hui centrales du réchauffement climatique, de la préservation des ressources naturelles, des énergies renouvelables, d'une production raisonnée et des filières courtes de distribution…

AU PROGRAMME…

Des conférences, animations, stands, sensibilisations seront organisés.
Des **produits bio** (pas exclusivement) seront proposés à la cantine toute la semaine.
Pour l'occasion, **la salle E012 se met au vert** et se transforme le mardi 19 et jeudi 21 après-midi en un lieu de rencontre, de convivialité et d'échange.

Vous y retrouverez :
Une **ressourcerie éphémère,** un **répare-café** et un **répare-couture** organisés en partenariat avec les associations « **Ressource&vous** » et la « fabrique des colibris ».
Des **ateliers déco** à partir d'objets recyclés : pas besoin de vous inscrire !
Il suffit de passer : vous serez les bienvenus !
Enfin, vous pourrez vous détendre à **la buvette** où des boissons bio seront vendues par nos écodélégués au bénéfice des associations partenaires.

N'attendez plus ! Venez nombreux !

Dossier de presse de la Semaine de la Terre, 18-22 mars 2018, site du lycée Louis-Bascan.

Doc 2 La labellisation E3D

Dossier de presse Labellisation E3D, académie de Clermont-Ferrand, 2018.

JE FORMULE UNE PROBLÉMATIQUE

1. **Doc 1** Expliquez comment les élèves du lycée Louis-Bascan contribuent à la Semaine de la Terre organisée par leur établissement.
2. **Doc 1** L'établissement invite les lycéens à « s'informer, réfléchir et agir ». Quel questionnement cette invitation suscite-t-elle chez vous ?

JE M'INFORME

1. **Doc 1 et 2** En vous appuyant sur l'exemple du lycée Louis-Bascan ou sur celui de votre lycée, illustrez, par des actions concrètes, les quatre volets de l'E3D (impliquer, s'appuyer, engager, travailler).
2. **Doc 3** Expliquez la formation du mot « éco-délégué » à partir des missions exposées par la feuille de route 2019 conçue par des élèves de l'académie de Metz-Nancy.
3. **Doc 2 et 3** Montrez comment les éco-délégués peuvent contribuer à la labellisation E3D des établissements scolaires.

Doc 3 Lettre de mission de l'éco-délégué

Document réalisé par des éco-délégués élus au Conseil académique de la vie lycéenne, académie de Metz-Nancy.

Je prends part au débat

→ Dès la rentrée 2020, tous les établissements scolaires du second degré devront élire leurs éco-délégués parmi les élus au CVL. Un camarade de classe, membre du CVL, veut se présenter à cette élection. Vous allez l'aider à formuler des propositions dont vous allez ensuite débattre au cours d'une joute oratoire. L'enjeu est de contribuer à la labellisation E3D de votre établissement ou au maintien de sa labellisation.

1. Au sein de la classe, plusieurs équipes de campagne de 3 à 4 élèves se forment autour du candidat déclaré.
2. Chaque équipe propose au moins un engagement du candidat pour chaque volet de l'E3D (voir doc 2) afin d'obtenir ou maintenir la labellisation du lycée. Chaque proposition est inscrite sur un bulletin.
3. Tous les bulletins sont collectés et classés par volet de l'E3D. Deux propositions par volet sont tirées au sort (on recommence le tirage au sort si elles sont semblables).
4. Pour chaque proposition tirée au sort, deux équipes sont constituées : l'une doit défendre la proposition, l'autre s'y opposer.
5. Chaque équipe prépare ses arguments pour ou contre pendant dix minutes en s'appuyant sur les objectifs du développement durable et les réalités de son établissement. Elle désigne un rapporteur et des souffleurs.
6. Les deux rapporteurs pour et contre d'une proposition s'affrontent au cours d'une joute verbale de 5 minutes maximum. Un jury, formé de quatre élèves, évalue la qualité des arguments et la force de conviction de chaque rapporteur.
7. Les propositions qui auront remporté la faveur du jury seront reprises dans la profession de foi du ou des candidats.

Lexique

- **CVC :** Conseil de la vie collégienne.
- **CVL :** Conseil de la vie lycéenne.
- **CAVL :** Conseil académique de la vie lycéenne. Toutes ces instances sont composées de représentants des élèves élus.
- **EDD :** Éducation au développement durable.

Je réalise le projet

Rédiger une charte RSE pour le chef-d'œuvre

Doc 1 La mode s'engage en faveur de l'environnement

Ils n'hésitent pas à parler de « moment historique ». L'Élysée le ministère de la Transition écologique et solidaire, et le groupe de luxe Kering[1] s'accordent pour saluer la création du « Fashion Pact » : plusieurs groupes du secteur de la mode et du textile s'engageront, le 26 août [2019], à réduire ensemble leur impact sur l'environnement.

Il y a du pain sur la planche. D'après la Fondation MacArthur[2], les émissions de gaz à effet de serre dues à la production mondiale de textile atteignent 1,2 milliard de tonnes par an, plus que les transports aérien et maritime réunis. La Commission économique pour l'Europe des Nations unies[3] estime que environ 500 000 tonnes de microfibres de plastique, issues du lavage des textiles synthétiques, finissent dans l'océan chaque année. De plus, la production de coton est responsable de 22,5 % de l'utilisation des pesticides dans le monde, selon l'Union internationale pour la conservation de la nature[4].

Reforestation et matières durables

Les marques signataires du Fashion Pact s'engagent à atteindre zéro émission nette de CO_2 en 2050. Les moyens sont variables et proposés à la carte : investir dans la compensation d'émissions (ex. : la reforestation), s'approvisionner en matières premières durables (ex. : des fibres textiles recyclées ou biologiques), atteindre 100 % d'énergie renouvelable sur toute la chaîne d'approvisionnement...

Chaque marque va également développer sa propre stratégie en faveur de la biodiversité, en incluant au choix une des actions proposées : aller vers l'agriculture « régénérative[5] », supprimer les approvisionnements venant de fermes pratiquant l'élevage intensif, encourager le développement de matériaux sans impact sur les écosystèmes.

Justine Guitton-Boussion, lemonde.fr, 23 août 2019.

1. Regroupe notamment les marques Gucci, Saint-Laurent, Boucheron.
2. Association caritative britannique.
3. Commission régionale créée par l'ONU en 1947 pour encourager la coopération entre les États membres.
4. Organisation non gouvernementale.
5. Type d'agriculture qui s'appuie sur des pratiques de régénération des sols sans engrais chimiques et produits phytosanitaires (rotation des cultures, engrais naturels, paillage des sols...).

Doc 2 La RSE : qu'est-ce que c'est ?

La responsabilité sociétale des entreprises (RSE), également appelée responsabilité sociale des entreprises, est définie par la Commission européenne comme l'intégration volontaire par les entreprises de préoccupations sociales et environnementales à leurs activités commerciales et leurs relations avec les parties prenantes. Une entreprise qui pratique la RSE va donc chercher à avoir un impact positif sur la société tout en étant économiquement viable.

La norme ISO 26000, standard international, définit le périmètre de la RSE autour de 7 questions centrales :

1. La gouvernance de l'organisation[1]
2. Les droits de l'homme
3. Les relations et conditions de travail
4. L'environnement
5. La loyauté des pratiques
6. Les questions relatives aux consommateurs
7. Les communautés et le développement local

Bercy infos entreprises, 19 nov. 2019, economie.gouv.f

1. Manière dont une entreprise est dirigée.

Je prépare le projet

1. **Doc 1** Expliquez ce qu'est le Fashion Pact.
2. **Doc 2 et 1** Expliquez le passage souligné du texte en vous appuyant sur les engagements du Fashion Pact.

Doc 3 La Charte RSE d'ENGIE, fournisseur d'énergie, 2017

PARTENAIRES DE LA PERFORMANCE ENVIRONNEMENTALE DE NOS CLIENTS

Garantir l'efficacité énergétique de nos sites

Optimiser la performance énergétique en réduisant de plus de **10 %** les consommations des sites clients par rapport à 2012

100 % de nos contrats d'efficacité énergétique certifiés ISO 50001

Réduire l'empreinte carbone et favoriser l'économie circulaire

Tripler la production des énergies renouvelables et de récupération chez nos clients par rapport à 2012

Réduire de **25 %** les émissions spécifiques de CO_2 par rapport à 2012

RESPONSABLES DANS LA CONDUITE DE NOS ACTIVITÉS

Sécuriser et améliorer l'environnement de travail

Tendre vers 0 accident grave avec un taux de fréquence des accidents du travail inférieur à **4**

Obtenir une **augmentation continue** de l'indice d'engagement des collaborateurs mesuré par la barométrie sociale

Ancrer une culture de la diversité

Atteindre plus de **25 %** de femmes dans l'effectif des cadres

Agir de façon éthique

Sensibiliser **100 %** des collaborateurs au respect de la charte éthique

ENGAGÉS À CRÉER DE LA VALEUR DANS LES TERRITOIRES

Contribuer au développement économique des territoires

Favoriser les entreprises locales avec un objectif de **70 %** de sous-traitants locaux

Générer **1 500** emplois directs et indirects dans les territoires à travers nos projets biomasse

Dialoguer avec l'ensemble de nos parties prenantes

S'engager dans un processus d'achats responsables en imposant à **100 %** du panel fournisseurs d'adhérer à notre clause éthique, environnementale et sociale

Soumettre **100 %** des projets d'investissement à une évaluation extra-financière intégrant des critères d'acceptabilité environnementale, sociale, sociétale et éthique

JE PRÉPARE LE PROJET

3. **Doc 2 et 3** Identifiez les engagements d'ENGIE correspondant aux questions centrales de la RSE définie par la norme ISO 26000.
4. **Doc 3** Décrivez comment ENGIE a conçu sa charte RSE (énoncé des engagements et choix graphiques).

LEXIQUE

- **Sites clients :** lieu de consommation des clients d'ENGIE.
- **Énergies de récupération :** énergie produite, par exemple, par l'incinération des déchets.
- **Charte éthique :** ici, charte respectant les principes de la RSE.
- **Projets biomasse :** projets de production de gaz à partir de la décomposition de matières végétales.

JE METS EN ŒUVRE LE PROJET

→ Rédiger une charte RSE pour le chef-d'œuvre

Dans le cadre de la réalisation du chef-d'œuvre, vous participez à un projet collectif en lien avec votre spécialité de formation. Votre classe a décidé de rédiger une charte qui l'engage à travailler sur ce chef-d'œuvre selon des normes respectueuses de l'environnement et des personnes. Pour vous aider, vous pourrez faire appel aux compétences de vos professeurs d'économie, de droit, de prévention santé environnement et d'arts appliqués.

1. **Doc 2** Par un vote à main levée, choisissez collectivement quatre ou cinq entrées de la responsabilité sociale des entreprises telles que définies par la norme ISO 26000.
2. Pour chaque entrée retenue, constituez des groupes de 3 à 4 élèves.
3. **Doc 3** Chaque groupe formule ensuite, selon le modèle de la charte d'ENGIE, au moins quatre engagements avec des objectifs à atteindre. Il prépare un argumentaire pour défendre chacune de ses propositions devant la classe. Il peut prendre conseil auprès de son professeur d'économie-droit ou de prévention sécurité environnement pour vérifier la conformité à la loi de leurs propositions.
4. La classe s'appuie sur les conseils du professeur d'arts appliqués pour choisir la maquette de la charte (mise en page, couleurs, formes, typographie).
5. Chaque équipe réalise sur format papier ou format numérique la partie de la charte sur laquelle elle a travaillé. Une application en ligne de mise en page peut être utilisée (Genially, Canva...).
6. La charte sera ensuite intégrée au cahier des charges du chef-d'œuvre de la classe.

L'ENVIRONNEMENT en débat

Doc 1 Entre environnement et développement

Le compromis aujourd'hui

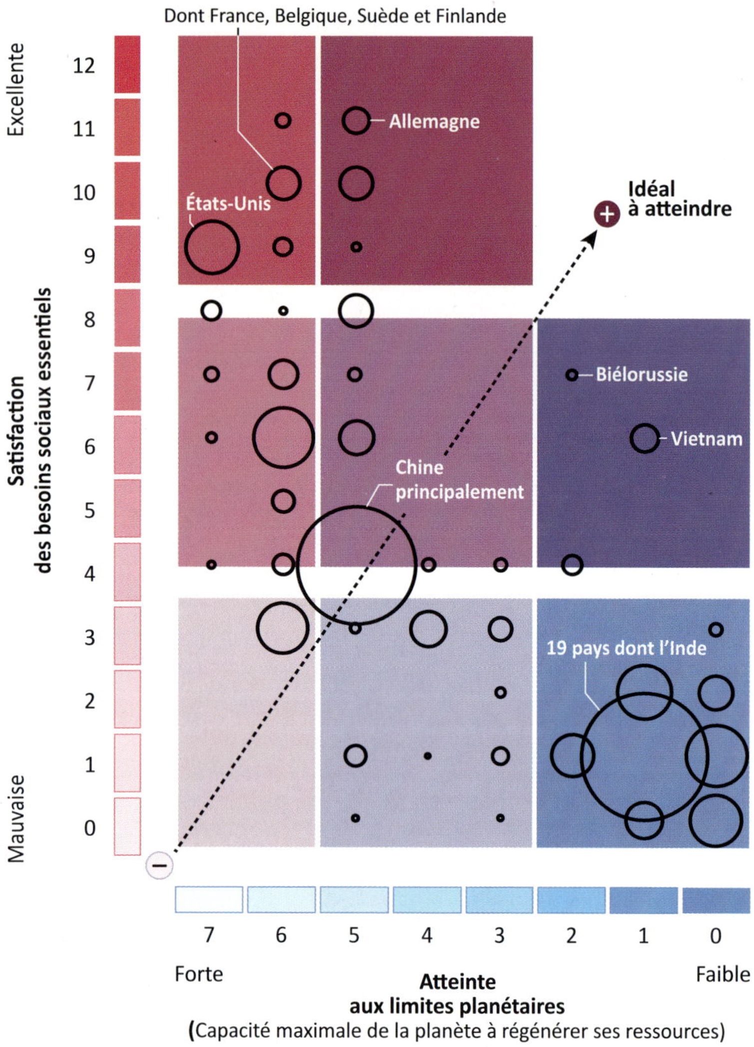

Les données ont été établies à partir de 7 indices environnementaux (par ex. les rejets de CO_2 par habitant) et de 11 indicateurs sociaux (par ex. le pourcentage de personnes ayant accès à l'énergie).

Doc 2 L'environnement dans les préoccupations des citoyens

Parmi ces actions individuelles contribuant à la lutte contre le changement climatique, lesquelles réalisez-vous systématiquement ou presque ?

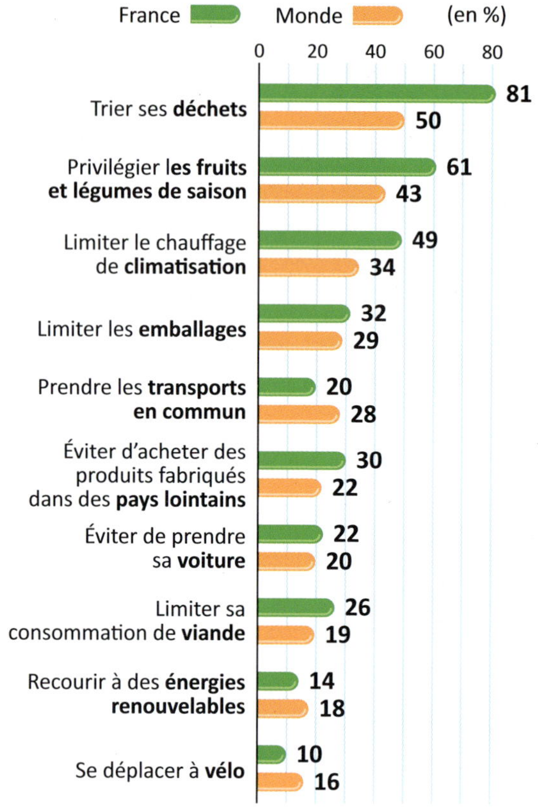

Les personnes interrogées placent l'environnement en 6e positionnement de leurs préoccupations. Sondage Ipsos pour EDF réalisé auprès d'un échantillon représentatif de personnes de plus de trente pays entre le 9 et le 29 septembre 2020.

REPÈRES

Ce que les scientifiques ont prouvé

- Aujourd'hui, toutes les études scientifiques sérieuses démontrent la responsabilité de l'homme dans la dégradation de l'environnement planétaire et, notamment, dans le réchauffement climatique causé par l'augmentation accélérée des rejets de gaz à effet de serre. Les modes actuels de développement des sociétés compromettent ainsi l'équilibre des écosystèmes naturels et multiplient les risques environnementaux pour les populations.
- Pourtant, il existe encore de nombreux climatosceptiques qui refusent de reconnaître la responsabilité humaine dans les changements climatiques. Les individus ont aussi des difficultés à modifier leurs modes de vie pour limiter l'impact des activités humaines sur l'environnement.

J'APPROFONDIS

1 **Doc 1** Quel rapport existe-t-il entre le degré de satisfaction des besoins sociaux et l'atteinte aux limites planétaires en France et en Inde ? Comparez la situation de ces deux pays.

2 **Doc 1** Où en sont les pays développés sur le compromis à atteindre entre développement nécessaire à la satisfaction des besoins sociaux essentiels et protection de l'environnement ?

3 **Doc 1 et 2** Expliquez pourquoi le compromis entre environnement et développement sera difficile à atteindre pour l'ensemble de l'humanité.

Doc 3 Urgence climatique et démocratie

Le temps long de la délibération et du respect des institutions démocratiques permettent-ils de répondre à l'urgence climatique ? De la taxe sur les billets d'avion de Jacques Chirac en 2005 à l'accord de Paris sur le climat en 2016, les dirigeants français ne sont certes pas restés les bras croisés. Mais dans les faits, la transition énergétique peine à trouver sa voie.

CULTURE DU COMPROMIS

Qui dit démocratie, dit élection. Le peuple exerce sa souveraineté « par ses représentants et par la voie du référendum », dit la Constitution française. La première condition, donc, pour mener une efficace transition écologique pourrait être de porter au pouvoir des partis mettant cet objectif en haut de ses priorités. Mais en France, Europe Écologie Les Verts (EELV) n'est jamais parvenu à s'imposer comme une force politique fédératrice.

Autre caractéristique de notre démocratie, qui peut apparaître comme une faiblesse : l'alternance. Car ce qu'une majorité a fait (par exemple la loi de 2015 relative à la transition énergétique pour la croissance verte), une autre peut le défaire.

400 CITOYENS TIRÉS AU SORT

Reste que pour engager la société dans un projet de transformation complexe, la démocratie du XXIe siècle suppose l'adhésion la plus large possible de l'opinion. Depuis quelques années, des tenants de la démocratie participative ont marqué des points.

Lors de la révision de la programmation pluriannuelle de l'énergie (PPE), en 2018, un vaste débat public fut ainsi organisé par le ministère de la Transition écologique, avec notamment la réunion dans l'hémicycle de l'Assemblée nationale de 400 citoyens tirés au sort. Le mouvement des Gilets jaunes accéléra cette évolution. Au terme du grand débat national, Emmanuel Macron annonçait la mise en place d'une convention de citoyens tirés au sort sur la transition écologique[1].

D'après « La démocratie française est-elle armée pour l'urgence climatique ? », *La Croix*, 24 septembre 2019.

1. Convention citoyenne pour le climat constituée en 2019.

REPÈRES

L'environnement en débat

Si l'État français a ratifié les grands textes internationaux pour lutter contre les grands changements environnementaux (accords de Paris, 2015), il peine parfois à faire imposer à la population des mesures contraignantes pour transformer les modes de vie (mouvement des Gilets jaunes né en novembre 2018 suite à l'annonce de l'augmentation des taxes sur les carburants). Il est à l'inverse souvent accusé par les mouvements écologiques de trop céder aux intérêts économiques et financiers des grandes entreprises.

LEXIQUE

- **Démocratie participative :** système politique dans lequel est renforcée la participation des citoyens à la prise de décision politique. La démocratie française repose sur un système représentatif dans lequel les citoyens élisent leurs représentants au suffrage universel et leur délèguent le pouvoir.
- **Pluralisme politique :** existence de plusieurs partis politiques au sein des démocraties libérales au nom de la liberté d'opinion.

J'APPROFONDIS

1. **Doc 3** En vous appuyant sur le lexique, montrez les limites de la démocratie représentative pour répondre à l'urgence climatique et environnementale.
2. **Doc 3** Quelles solutions le gouvernement français met-il en place pour mieux faire accepter à la population les réformes nécessaires à une meilleure protection de l'environnement ?

JE VAIS À L'ESSENTIEL

→ Compléter le schéma suivant pour expliquer le défi que posent les changements et risques environnementaux à la démocratie.

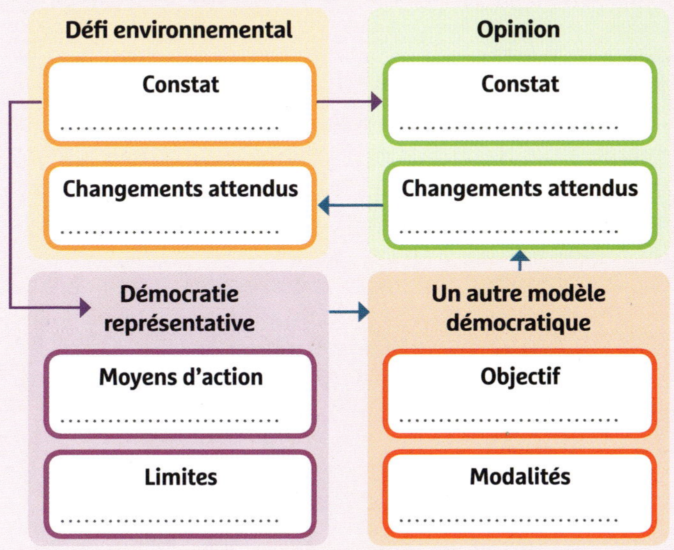

S'engager et débattre en démocratie autour des défis de sociétés

Les changements et risques environnementaux

Les rapports scientifiques des grands organismes internationaux démontrent la responsabilité humaine dans la dégradation de notre environnement planétaire (réchauffement climatique, atteinte à la biodiversité, érosion des sols, pollution des eaux et de l'air). Ces changements globaux et environnementaux compromettent également l'avenir de l'humanité en aggravant sa vulnérabilité face aux risques climatiques, alimentaires et sanitaires. La communauté internationale multiplie les engagements pour faire face à cette urgence ; en 2015, les **accords de Paris** sont signés afin de réduire à moins de 2 °C le réchauffement climatique par rapport à l'ère pré-industrielle. Cependant, les actions menées par les États sont aujourd'hui insuffisantes pour atteindre les objectifs fixés.

Crise environnementale : débat et engagement démocratiques en France

Les questions environnementales ont fait l'objet de débats et de votes au sein des assemblées législatives dès les années 1970 (**loi relative à la protection de la nature en 1976**, adoption en **2006** de la **Charte de l'environnement**). Aujourd'hui, de nombreux partis politiques les intègrent, reprenant pour partie les revendications des écologistes.

La cause environnementale est également défendue par de nombreuses associations et ONG, et par des citoyens qui s'engagent dans l'économie circulaire ou participent aux Marches pour le climat. Depuis 2019, certains lycéens organisent des grèves pour le climat. Certaines entreprises adoptent des chartes de responsabilité sociale et environnementale.

La démocratie, qui garantit les **libertés d'expression et d'association**, le **pluralisme politique**, permet ainsi à la société de débattre autour du défi environnemental.

Défi environnemental et défi démocratique

Mais prendre des mesures radicales pour atteindre les objectifs internationaux peut entrer en conflit avec les libertés individuelles, être considéré comme une injustice sociale (par exemple, augmenter la taxe sur les carburants), contrarier les intérêts économiques des grandes multinationales. Renforcer la démocratie en associant davantage les citoyens à la prise de décision est une piste pour mieux faire accepter les réformes nécessaires (création de conventions citoyennes, référendum d'initiative partagée pour une démocratie participative).

REPÈRES

- **1881 :** Loi sur la liberté de la presse.
- **1901 :** Loi sur la liberté d'association.
- **Référendum d'initiative partagée :** proposition de loi signée par 1/5e des parlementaires et par au moins 10 % du corps électoral.

LEXIQUE

- **Démocratie participative :** système politique dans lequel est renforcée la participation des citoyens à la prise de décision politique. La démocratie française repose sur un système représentatif dans lequel les citoyens élisent leurs représentants au suffrage universel et leur délèguent le pouvoir.

1 Je mobilise des connaissances

1. Expliquez ce qu'on entend aujourd'hui par changements et risques environnementaux. Donnez un ou deux exemples précis pour illustrer l'urgence de la situation.
2. Comment la communauté internationale se mobilise-t-elle pour lutter contre la dégradation de la biodiversité et le réchauffement climatique ?
3. Pourquoi peut-on affirmer que, grâce aux règles démocratiques, le débat est aujourd'hui possible en France sur les solutions à mettre en œuvre afin de s'adapter aux changements et risques environnementaux et de les limiter ?

2 J'identifie les enjeux d'une situation à partir d'un document

Trophées sous le patronage du ministère de la Transition écologique et solidaire, de l'UNESCO, de la Commission nationale française pour l'UNESCO, avec le concours de l'Ademe (Agence de l'environnement et de la maîtrise de l'énergie).

Doc **Édition 2020 des Trophées éco-actions**

L'association les Eco Maires
a été créée en 1989 à l'initiative d'une cinquantaine d'élus, afin de réunir les collectivités qui font des politiques environnementales et de développement durable une priorité de leurs mandats.
Aujourd'hui, avec près de 2 000 collectivités adhérentes et partenaires, les Eco Maires forment le premier réseau national d'élus et de collectivités locales[2] mobilisés sur les problématiques environnementales, représentant la diversité politique de nos territoires.
Ce réseau précurseur est devenu un outil concret pour relever le défi du **Penser global et agir local**.

1. Résilience : capacité d'une personne, d'une population à survivre et à se reconstruire après une catastrophe ou un traumatisme.
2. Ici, communes, inter-communalités, métropole à qui l'État délègue certaines compétences et dont la gestion est exercée par des élus au sein de conseils (municipaux, intercommunaux).

Extrait de la plaquette de présentation, site de l'Association nationale et internationale des maires et élus locaux pour le développement durable/Les Eco Maires, https://ecomaires.com.

1. Qui sont les Éco Maires ? Quel est le but de leur association ?
2. Expliquez ce qu'est le « défi du penser global et agir local ».
3. Comment les Éco Maires invitent-ils les élus à relever ce défi ?

3 Je formule une position personnelle argumentée

La Fondation Nicolas Hulot pour la nature et l'homme soutient financièrement des projets pour accélérer la transition écologique et solidaire. Elle aide ainsi l'Atelier du Zéphyr qui propose des formations pour fabriquer soi-même des outils de production et de transformation d'énergie (four solaire, éolienne, poêle à bois...).

1. Selon vous, quel est l'intérêt de cette démarche ? Quelles en sont les limites pour le citoyen, pour la protection de l'environnement ?
2. Expliquez pourquoi vous seriez prêt ou non à vous inscrire aux formations proposées par l'Atelier du Zéphyr.

PROJET 2

Biotechnologies et éthique

1 L'ÊTRE HUMAIN FACE AUX AVANCÉES SCIENTIFIQUES

Doc 1 Affiche d'une exposition, 2020

Doc 2 Qu'est-ce que la bioéthique ?

La bioéthique est une réflexion sur les progrès de la recherche dans les domaines de la biologie, de la médecine et de la santé. Ce terme, né dans les années 1970, regroupe ainsi les questions éthiques, ou morales, posées par ces avancées technologiques ou scientifiques, et l'impact qu'elles peuvent avoir sur l'être humain. Cela va de la relation médecin-patient aux questions plus vastes posées par la santé publique et les sciences humaines, ainsi qu'aux problèmes écologiques tels que le changement climatique. [...] Si la réflexion à laquelle nous invite la bioéthique dépasse largement le seul champ de la science, c'est parce que les découvertes scientifiques qu'elle interroge peuvent, par leurs usages, remodeler en profondeur notre société, voire notre définition de l'individu. La bioéthique appelle notamment à réfléchir aux « dérives » éventuelles que peuvent engendrer de tels progrès, dans la recherche, dans l'application d'un traitement ou d'une technique de soin à des fins non médicales... et, de ce fait, elle appelle à réfléchir aux limites à poser pour éviter que l'homme ne nuise à son semblable.

etatsgenerauxdelabioethique.fr

JE FORMULE UNE PROBLÉMATIQUE

1. **Doc 1** Quelles avancées scientifiques sont évoquées ?
2. **Doc 1** Quels bénéfices en tirent les deux hommes représentés sur l'affiche ?
3. **Doc 1** Pour l'homme situé à droite, quelle dérive engendrent ces avancées scientifiques ?
4. Quelle question posent les conséquences des avancées scientifiques sur l'être humain ?

JE M'INFORME

1. **Doc 2** À quoi réfléchit la bioéthique ?
2. **Doc 2** Quelles questions sont abordées par la bioéthique ?
3. Pourquoi la bioéthique a-t-elle un rôle important dans notre société ?

Doc 3 Les dates clés de la bioéthique en France

1983	Création du Comité consultatif national d'éthique pour les sciences de la vie et de la santé (CCNE).
1994	Les trois premières lois de bioéthique françaises sont adoptées. Elles encadrent l'aide à la procréation et les greffes.
2004	Première révision des lois de 1994. La loi prévoit un certain nombre de dispositions nouvelles comme l'interdiction du clonage[1] humain. Elle prévoit, en outre, une clause de révision à cinq ans.
2011	Deuxième révision des lois relatives à la bioéthique. Une clause prévoit désormais une révision dans un délai maximal de sept ans. Tout projet de réforme doit être précédé d'un débat public sous la forme d'États généraux de la bioéthique[2]. Cette révision doit intervenir dans un délai de sept ans.
2018	Lancement des premiers États généraux de la bioéthique.
2020	La nouvelle loi bioéthique est adoptée. Ouverture de la procréation médicalement assistée à toutes les femmes.

1. Le clonage humain consiste en la création d'un être humain à partir du matériel génétique d'un humain déjà conçu.
2. Les États généraux sont une forme de consultation citoyenne prévue pour recueillir l'avis de la population avant de modifier les lois de bioéthique existant en France.

JE M'INFORME

1. **Doc 3** Pourquoi le Comité de consultation national d'éthique a-t-il été créé ? Quel est son rôle ?
2. **Doc 3** Comment les lois évoluent-elles ?
3. **Doc 3** Depuis quand les citoyens prennent-ils part aux modifications des lois bioéthiques ? De quelle manière ? Pourquoi ?
4. **Doc 3 et 4** Quel est le bâtiment représenté au premier plan ? Quelle est la fonction politique des deux personnages à droite avec une écharpe ? Quelle décision politique ont-ils prise et dans quel contexte ? Comment réagissent les deux femmes ? Pourquoi ?
5. **Doc 4** De quelle manière l'auteur représente-t-il le drapeau tricolore au premier plan ? Quelle valeur républicaine pouvez-vous associer à la loi sur la PMA ?

Doc 4 Les députés votent la loi ouvrant la PMA[1] à toutes les femmes, 27 juillet 2020

1. La procréation médicalement assistée (PMA), ou assistance médicale à la procréation, permet d'avoir un enfant au moyen de différentes techniques médicales, telles que l'insémination artificielle ou la fécondation in vitro (FIV).

2 LE DÉBAT NATIONAL SUR LA BIOÉTHIQUE

Doc 1 Les États généraux de la bioéthique en 2018

Calendrier des États généraux organisés par le Comité consultatif national d'éthique (CCNE) en 2018
Fin janvier : ouverture du site internet permettant de recueillir l'avis des citoyens sur les différentes thématiques.
Février : installation du Comité citoyen. Celui-ci se réunit 4 ou 5 week-ends entre février et fin mai.
Janvier-début mai : organisation de débats citoyens par les espaces éthiques régionaux.
Février à fin avril : auditions menées par le CCNE (88 associations, 36 sociétés savantes, 9 grands courants de pensée philosophique ou religieux, 18 grandes institutions et 3 entreprises privées).
Début juillet : clôture des États généraux.
Été 2018 : remise d'un avis du CCNE sur les priorités qui pourraient figurer dans la loi, à la lumière de toutes les contributions qu'il a réunies.

Les principales thématiques abordées
Reproduction, développement embryonnaire et cellules souces
Génétique et génomique
Dons et transplantations d'organes
Données de santé
Intelligence artificielle et robotisation
Neurosciences
Santé et environnement
Procréation (PMA, GPA)
Fin de vie

Doc 2 Affiche d'une consultation étudiante, 2018

JE FORMULE UNE PROBLÉMATIQUE

1. **Doc 1** Quel événement a organisé le comité consultatif national d'éthique (CCNE) en 2018 ? Quels sont les thèmes abordés lors de cet événement ?
2. **Doc 1** Comment les associations et les citoyens contribuent-ils à cet événement ?
3. **Doc 1** À quoi sert l'avis rédigé par le CCNE à partir de toutes les contributions qu'il a réunies ?
4. **Formulez la problématique :** Quelle(s) question(s) sur le rôle des citoyens dans le débat national sur la bioéthique vous posez-vous ?

JE M'INFORME

1. **Doc 2** Où a lieu cet événement ? Qui est consulté ? Sur quels thèmes ? De quelle manière ?
2. **Doc 3** Quelle proposition est faite par cet internaute sur le site dédié aux États généraux de la bioéthique ?
3. **Doc 3** Comment les Français débattent-ils de sa proposition ?
4. **Doc 3** À quoi voyez-vous que ce débat suscite de l'intérêt ?
5. **Doc 4** Comment est composé le comité citoyen ? Quels sont ses rôles lors des États généraux de la bioéthique ?

Doc 3 Participation d'un internaute aux États généraux de la bioéthique, 2018

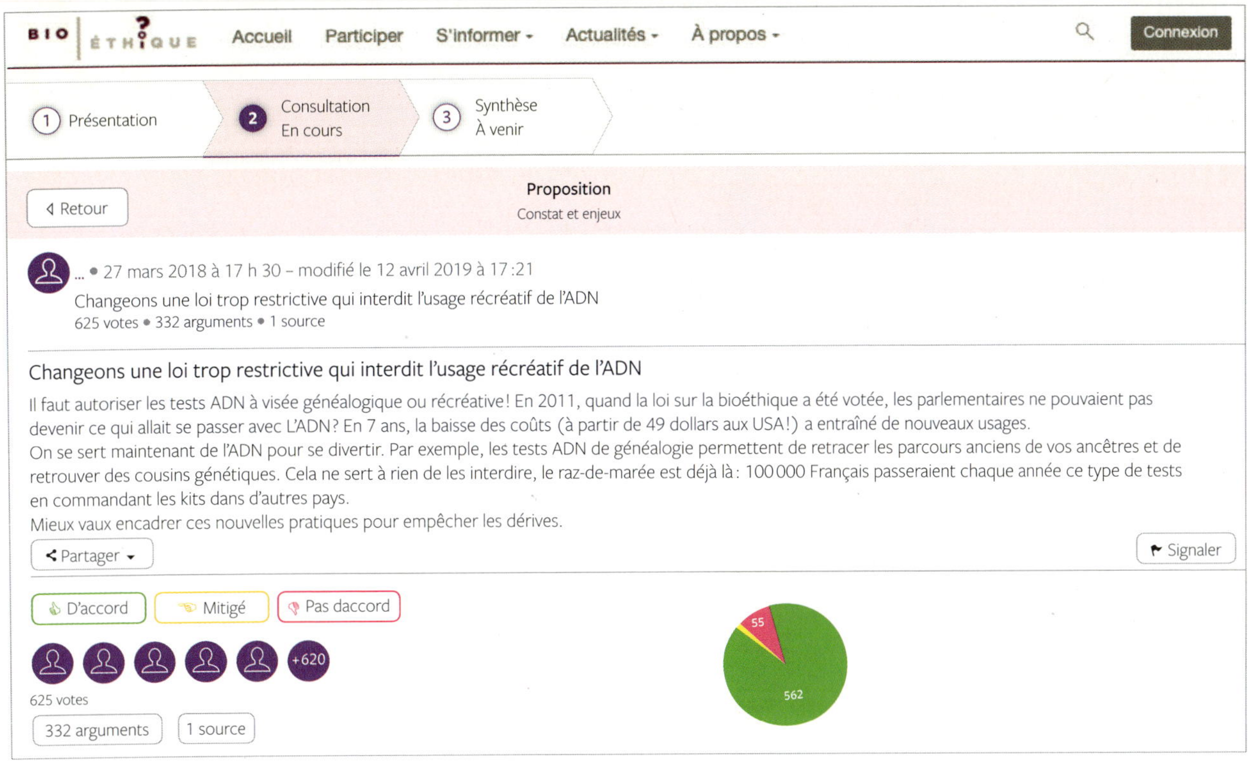
BIO ÉTHIQUE Accueil Participer S'informer Actualités À propos Connexion

1 Présentation
2 Consultation En cours
3 Synthèse À venir

Retour

Proposition
Constat et enjeux

... • 27 mars 2018 à 17 h 30 – modifié le 12 avril 2019 à 17:21
Changeons une loi trop restrictive qui interdit l'usage récréatif de l'ADN
625 votes • 332 arguments • 1 source

Changeons une loi trop restrictive qui interdit l'usage récréatif de l'ADN

Il faut autoriser les tests ADN à visée généalogique ou récréative! En 2011, quand la loi sur la bioéthique a été votée, les parlementaires ne pouvaient pas devenir ce qui allait se passer avec L'ADN? En 7 ans, la baisse des coûts (à partir de 49 dollars aux USA!) a entraîné de nouveaux usages.
On se sert maintenant de l'ADN pour se divertir. Par exemple, les tests ADN de généalogie permettent de retracer les parcours anciens de vos ancêtres et de retrouver des cousins génétiques. Cela ne sert à rien de les interdire, le raz-de-marée est déjà là: 100 000 Français passeraient chaque année ce type de tests en commandant les kits dans d'autres pays.
Mieux vaux encadrer ces nouvelles pratiques pour empêcher les dérives.

Partager Signaler

D'accord Mitigé Pas daccord

+620
625 votes
332 arguments 1 source

Doc 4 Le Comité citoyen

Le Comité citoyen : pour répondre à la loi de 2011 qui indique que les États généraux de la bioéthique (EGB) devront prévoir « des conférences de citoyens choisis de manière à représenter la société dans sa diversité », le Conseil consultatif national d'éthique (CCNE) a décidé de constituer un Comité citoyen qui s'est réuni au cours de quatre week-ends à Paris durant la période des EGB. Il était constitué d'un échantillon de 22 citoyens français, âgés de 18 ans et plus, reflétant la diversité de la population française en termes de sexe, d'âge, de catégorie socioprofessionnelle et de lieu d'habitation. Le Comité citoyen sous une forme anonyme a ainsi exercé tout au long du processus de consultation un rôle de surveillance en portant un regard critique sur le processus. Il a constitué à l'issue de la consultation une « Opinion » sur celle-ci. En outre, le Comité citoyen a approfondi deux sujets – « Fin de vie » ; « Génomique en préconceptionnel[1] » – qu'il a lui-même choisis, et pour lesquels il a rédigé deux autres Opinions. Ces Opinions figurent dans le rapport de synthèse.

Résumé du rapport de synthèse du Comité consultatif national d'éthique, 2018 (extrait).

1. Il s'agit d'autoriser les tests génétiques avant la conception d'un enfant afin de prévenir les risques de maladies génétiques rares.

J'EFFECTUE UNE RECHERCHE DOCUMENTAIRE

→ Enquêter sur les débats qui se sont tenus dans les régions. Réaliser un diaporama organisé en deux parties :

1. l'organisation des débats;
2. les propositions et les réflexions des participants sur un thème de bioéthique.

1. Allez sur le site internet des États généraux de la bioéthique : **# Site** Les États généraux de la bioéthique **foucherconnect.fr/21mhg38**
2. Cliquez sur l'onglet « Le rapport des États généraux de la bioéthique 2018 est édité et en ligne » et sélectionnez « Les restitutions des rencontres en région ».
3. Choisissez la région sur laquelle vous souhaitez travailler et téléchargez la synthèse des débats qui ont eu lieu dans celle-ci.
4. Sélectionnez toutes les informations relatives à l'organisation des débats : nombre de débats, nombre de participants, les différents types de débat, la présence ou l'absence d'intervenants…
5. Choisissez un des thèmes qui a fait l'objet d'un débat et relevez les informations importantes : les questions mises en débat, les problèmes évoqués, les propositions faites…
6. Réalisez votre diaporama.

3 ORGANISER UN DÉBAT SOUS LA FORME D'UNE CONSULTATION LYCÉENNE SUR LE DON D'ORGANES

Doc 1 Campagne d'information lancée par l'Agence de biomédecine, 2020

« On est tous donneurs d'organes et de tissus après sa mort.
Pas besoin de s'inscrire comme donneurs.
Pas besoin de carte de donneur. On est tous donneurs.

On peut être contre, bien sûr. Dans ce cas, il faut le faire savoir.
La meilleure façon est de s'inscrire sur le registre national des refus.
Pour plus d'informations, rendez-vous sur dondorganes.fr »

Doc 2 Évolution du nombre de patients greffés et en attente de greffe, 2019

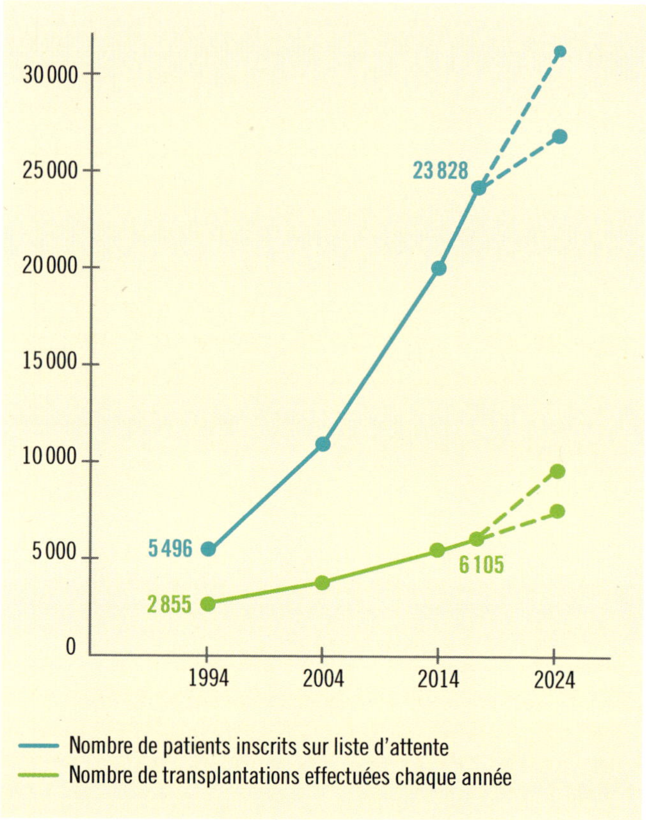

▶ Je formule une problématique

1. **Doc 1** Qui peut donner ses organes après sa mort? Que doit-on faire si on refuse de faire ce don?
2. **Doc 1** Comment cette affiche met-elle en avant le don d'organes? Dans quel but?
3. **Doc 1 et 2** À quel problème est confronté le don d'organes en France? Pourquoi l'Agence de biomédecine réalise-t-elle une campagne d'information?
4. **Doc 1 et 2** **Formulez une problématique.** Quelle(s) question(s) sur le don d'organes posent ces deux documents?

▶ Je m'informe

1. **Doc 3** Quelles sont les règles qui déterminent le don d'organes en cas de décès et de son vivant?
2. **Doc. 3** Depuis 2011, quelles sont les conditions pour donner de son vivant un organe?
3. **Doc. 4** Comment la loi de 2011 a-t-elle étendu le nombre de donneurs potentiels?
4. **Doc. 3** Quelles sont les propositions pour augmenter le nombre de donneurs?
5. **Doc. 3** Quels problèmes éthiques posent ces propositions?

Doc 3 Greffes et dons d'organes : jusqu'où aller ?

Les prélèvements d'organes viennent majoritairement de personnes décédées, mais aussi parfois de personnes vivantes, comme pour certaines transplantations de rein.

Trois principes inscrits dans la loi de bioéthique régissent le don d'organes : le consentement présumé (chacun est un donneur potentiel, sauf s'il a exprimé son refus de son vivant), la gratuité du don et son anonymat (sauf pour les dons entre vivants, qui ne peuvent avoir lieu qu'entre proches). [...]

Si on ne souhaite pas donner ses organes après sa mort, il existe deux moyens de le faire savoir : le dire à ses proches ou s'inscrire sur un registre national des refus. Certains se demandent s'il ne faut pas se limiter à ce registre ou, à l'inverse, créer un registre des donneurs, sur lequel il faudrait s'inscrire de son vivant.

Les questions sont différentes pour le don d'organes de son vivant, soumis à des conditions médicales strictes (le donneur, forcément majeur, doit être en bonne santé et compatible avec le receveur). Initialement limité à la famille, le cercle des donneurs potentiels a été étendu en 2011 à tout ami qui peut prouver l'existence d'un lien affectif étroit depuis au moins deux ans avec le receveur.

Faut-il l'élargir encore jusqu'à autoriser tout le monde à donner ? Et si on supprime tout lien entre donneurs et receveurs, comment prévenir les risques de trafic d'organes ?

AFP, 20 mai 2018.

Doc 4 Des propositions pour développer le don d'organes en France

– Faire en sorte que toute personne soit automatiquement donneur.
– Obliger toutes les personnes à donner ses directives anticipées.
– Rendre obligatoire la déclaration écrite du consentement ou du refus à l'âge de 18 ans.
– Faire en sorte que tous les organes d'une personne décédée puissent être utilisés.
– Permettre de préciser quels organes on souhaite donner.
– Donner la possibilité au donneur de choisir le receveur.
– Permettre les dons d'organes de l'étranger.
– Rendre obligatoire le port d'une carte stipulant si on est donneur ou non.
– Inscrire les données relatives au don d'organes sur la carte Vitale.
– Faire en sorte que les familles ne puissent plus remettre en cause la volonté du donneur.
– Inciter les personnes à donner leur consentement grâce à des campagnes de sensibilisation.
– Développer la recherche et la production d'organes artificiels.
– Développer le clonage des organes.

D'après le rapport des États généraux de la bioéthique, 2018.

Je prends part au débat

→ **Réaliser une consultation lycéenne sur la question du don d'organes en France.**

Avant la consultation (en groupe)

1. Choisissez parmi les propositions du document 5, celle qui vous semble être la meilleure pour développer le don d'organes en France.
2. Rédigez au moins trois arguments pour défendre votre choix.

La consultation (en classe entière)

3. Chaque groupe présente à la classe sa proposition et ses arguments.
4. À la fin de chaque présentation, les élèves ont deux minutes pour poser des questions afin de clarifier certains points et de s'assurer d'avoir bien compris.
5. Après les questions, les élèves votent en faveur ou contre la proposition. Ils ont le droit de voter uniquement en faveur de deux propositions. Néanmoins, ils doivent justifier leur refus à l'aide d'un argument. Si ce n'est pas le cas, le refus se transforme en vote favorable. Ils remplissent leur bulletin de vote au fur et à mesure. Néanmoins, ils peuvent revenir sur leurs choix à la fin.

Proposition	Pour	Contre	Pourquoi suis-je contre ?
1			
2			

Après la consultation (en classe entière)

6. Les élèves dépouillent les bulletins de vote.
7. Ils réalisent la synthèse de la consultation à l'aide du tableau ci-dessous.

Proposition	Arguments pour	Arguments contre
1		
2		

Je réalise le projet

Interpeller les députés au moyen d'une e-pétition

Doc 1 Une pétition en ligne

PÉTITION

SIMPLIFIONS LE DON D'ORGANES AVEC LA CARTE VITALE

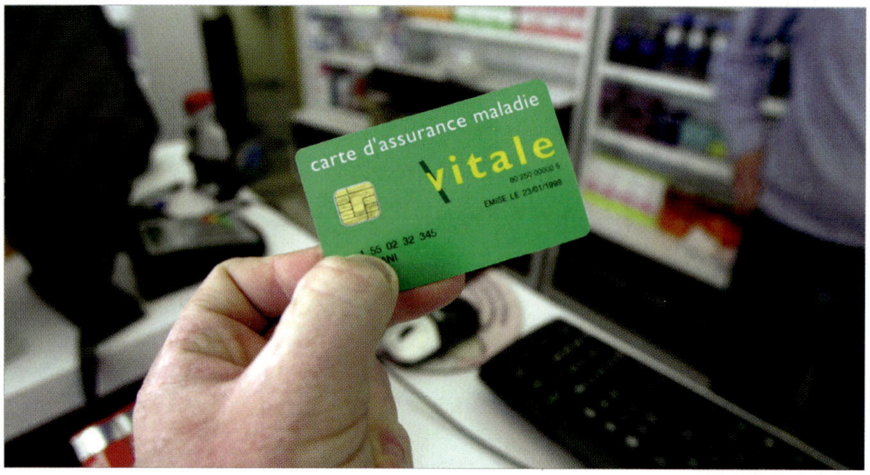

201 Signatures

Saisissez votre email

Pourquoi signez-vous ? (facultatif)

○ Oui, je veux suivre cette pétition et d'autres combats.

○ Non, cela ne m'intéresse pas.

Je signe

Auteur(s) : **Cathy**

Destinataire : **Ministère de la Santé**

Suivre cet auteur

VOIR TOUTES LES SIGNATURES

La pétition a pour but de faire apparaître sur toutes les cartes Vitales le désir ou non de donner après la mort ses organes.

Doc 2 Le droit de pétition en France

Les citoyens français disposent en réalité de plusieurs « droits de pétition ». Ils peuvent directement interpeller, selon des procédures différentes, le Parlement européen depuis 1992, les collectivités territoriales depuis 2003, et le Conseil économique, social et environnemental (CESE[1]) depuis 2010. La possibilité d'adresser une pétition au Sénat ou à l'Assemblée nationale date, elle, de 1789. Par « pétition », on entend alors simplement un texte écrit, une demande ou une suggestion, individuelle ou collective, adressée au président d'une des deux assemblées. [...] Les assemblées françaises ont des exigences très minimalistes en matière de recevabilité des pétitions : elles peuvent être adressées par n'importe quelle personne, citoyen ou non, Français ou non, sur n'importe quel sujet, dès lors qu'elles sont « écrites » et envoyées au président de l'assemblée concernée, et que le ou les pétitionnaires sont identifiables [...]. »

© Eléa Pommiers, lexpress.fr, 12 mars 2019.

1. Le CESE est la troisième assemblée constitutionnelle de la République qui garantit l'expression de la société civile. Il n'a qu'un rôle consultatif. Il donne son avis au gouvernement sur la problématique soulevée par la pétition seulement si celle-ci a recueilli 500 000 signatures.

JE PRÉPARE LE PROJET

1. **Doc 1** Où pouvez-vous signer cette pétition ? Quel est le but de cette pétition ?
2. **Doc 2** Au moyen d'une pétition, qui peut-on interpeller ?
3. **Doc 2** Pour être recevable, quelles conditions doit remplir une pétition destinée aux deux assemblées ? Au Conseil économique, social et environnemental (CESE) ?
4. **Doc 3** Depuis 2020, comment les deux assemblées ont-elles encouragé les citoyens à utiliser leur droit de pétition ?
5. **Doc 3** Comment est désigné le rapporteur lorsqu'une pétition est déposée sur le site petition.assemblée-nationale.fr ? Quel est son rôle ?
6. **Doc 3** Une fois examinée, comment les députés débattent-ils de la pétition ?

Doc 3 Les différentes étapes du parcours d'une pétition à l'Assemblée nationale

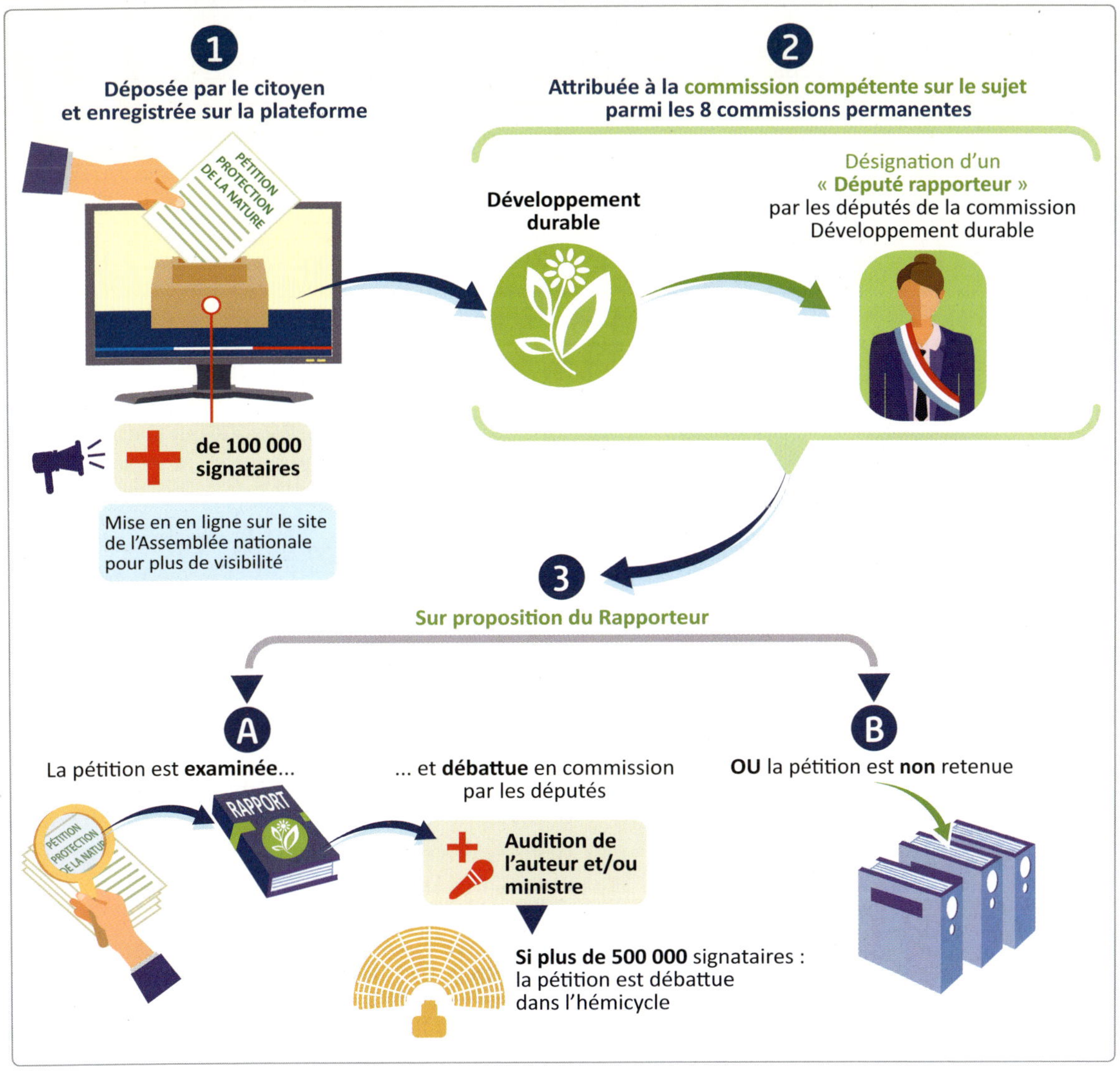

Depuis octobre 2020, les pétitions peuvent désormais être déposées et ouvertes à signature à tous sur un site internet dédié : petitions.assemblee-nationale.fr. Chaque pétition sera systématiquement renvoyée à une commission permanente qui nommera un rapporteur pour décider de l'examiner et d'en débattre. Le Sénat a lancé sa propre plateforme en janvier 2020.

Entre octobre et décembre 2020, 179 pétitions ont été déposées.

petitions.assemblee-nationale.fr

Je mets en œuvre le projet

→ Interpeller les députés sur le don d'organes au moyen d'une e-pétition.

1. Formulez une proposition pour développer le don d'organes en France. Pour vous aider, vous pouvez vous inspirer de celles présentées en p. 131.
2. Consultez les pétitions déposées sur le site de l'Assemblée nationale :

   foucherconnect.fr/21mhg39

   Indiquez deux propositions qui ont recueilli plus de 1000 signatures.
3. Rédigez le texte de votre pétition en suivant les étapes ci-dessous :
   – Mettez en évidence le manque de dons d'organes en France en vous appuyant sur des chiffres (séance précédente : « Je débats »).
   – Présentez votre proposition.
   – Défendez votre proposition en exposant vos arguments et en les illustrant avec des exemples.
4. Lorsque votre pétition est prête, présentez-la à un membre de l'équipe éducative afin de le convaincre de devenir le parrain de votre action. S'il accepte, il devra alors déposer votre pétition sur le site :

   foucherconnect.fr/21mhg40
5. Pour collecter vos signatures, faites connaître votre action :
   – Partagez votre pétition par courriels et sur les réseaux sociaux en copiant/collant l'adresse url de la pétition.
   – Publiez votre pétition sur le site du lycée.

LA BIOÉTHIQUE en débat

Doc 1 Affiche du forum européen de la bioéthique, 2020

Doc 2 Les citoyens et les États généraux de la bioéthique

Les principaux thèmes abordés : le droit pour les couples de femmes à la PMA[1], la fin de vie, les dons et transplantations d'organes, les neurosciences[2]

↓

- 270 débats en France : participation de 21 000 citoyens
- Les consultations internet : 65 000 contributions

Comité citoyen composé de 22 personnes : il a rendu un rapport sur la fin de vie et le génome

↓

Le CCNE s'appuie sur l'ensemble des débats pour rédiger un rapport qui sert d'éclairage pour le projet de loi

REPÈRES

La bioéthique

La bioéthique est la discipline étudiant les problèmes moraux soulevés par la recherche médicale, biologique ou génétique. La recherche et les technologies avançant sans cesse, il est nécessaire d'actualiser les règles sur le vivant.
Elle engage la responsabilité collective, car c'est à la société d'établir à l'avance un code éthique pour éviter des dérives scientifiques. Elle engendre des débats qui mobilisent les citoyens, les militants (associations, syndicats, partis politiques) et les scientifiques dans les médias, les réunions publiques, les réseaux sociaux ou les forums en ligne.

J'APPROFONDIS

1. **Doc 1** Quelles différences entre l'homme d'aujourd'hui (à gauche) et de demain (à droite) ? À quoi ressemble l'homme de demain ?
2. **Doc 1** Quels problèmes pose cette transformation de l'homme ?
3. **Doc 1** Qui a organisé un débat sur cette question ? Qui participe à ce débat ?

REPÈRES

Les États généraux de la bioéthique en 2018

Avant qu'une nouvelle loi bioéthique soit élaborée et votée par l'Assemblée nationale et le Sénat, il est prévu qu'un débat public sous forme d'États généraux soit organisé par le Conseil consultatif national d'éthique (CCNE). Il s'agit de favoriser l'expression de la pluralité des opinions.
Les citoyens exercent leur liberté d'expression en participant à des débats selon différentes modalités. Ainsi, à la démocratie représentative s'ajoute la participation directe des citoyens.

J'APPROFONDIS

1. **Doc 2** Sur quels thèmes portent les États généraux ?
2. **Doc 2** De quelles manières les citoyens ont-ils participé aux États généraux ?
3. **Doc 2** Comment l'avis des citoyens a-t-il été pris en compte par le CCNE ?

1. La procréation médicalement assistée (PMA) permet à un couple diagnostiqué infertile, aux femmes seules ou homosexuelles d'avoir un enfant.
2. Les neurosciences étudient le système nerveux et notamment le fonctionnement du cerveau humain.

Doc 3 Débat à l'Assemblée nationale sur le projet de loi bioéthique

Près de 2 300 amendements[1] ont été déposés pour la deuxième lecture devant l'Assemblée nationale, à partir du lundi 27 juillet 2020, du projet de loi de bioéthique qui ouvre la procréation médicalement assistée (PMA) à toutes les femmes, a indiqué, ce jeudi 23 juillet, une source parlementaire. [...]

En première lecture, à l'automne dernier, quelque 2 600 amendements avaient déjà été déposés. La mesure phare de ce vaste projet de loi est l'extension de la PMA aux femmes seules et aux couples de femmes, promesse de campagne d'Emmanuel Macron. Il comprend aussi une réforme de la filiation[2], une modification de l'accès aux origines pour les personnes nées grâce à un don de sperme ou encore l'autoconservation des ovocytes[3].

Parmi les 2 300 amendements déposés, plus de la moitié viennent des députés du parti Les Républicains (quelque 1 300). Les élus de La République en marche en ont déposé 200. Le gouvernement, qui peut encore soumettre à tout moment des amendements, en a déjà une petite dizaine.

AFP, 23 juillet 2020.

1. Les députés ont un droit d'amendement, c'est-à-dire de proposer des modifications à un projet de loi. Un amendement est retenu s'il est voté par la majorité des députés.
2. Lien de parenté unissant l'enfant à son père, à sa mère.
3. Il s'agit de congeler des cellules reproductrices femelles avant un traitement potentiellement toxique : chimiothérapie, radiothérapie ou chirurgie.

Repères

La loi bioéthique

Après avoir reçu le rapport de synthèse du Comité consultatif national d'éthique (CCNE), le gouvernement a présenté à l'Assemblée nationale un projet de loi relatif à la bioéthique en juillet 2019. Il fait l'objet d'un long débat parlementaire : il est examiné et modifié par l'Assemblée nationale et le Sénat. Adoptée en août 2020, la loi est l'expression du pluralisme politique puisque les députés des différents partis ont pu exprimer leur point de vue, notamment grâce aux amendements.

Doc 4 Tribune publiée par des associations sur Internet, 23 juillet 2020

Les associations demandent unanimement une filiation selon le droit commun et l'ouverture de la PMA à toutes les personnes qui peuvent porter un enfant

Nous sommes des associations de femmes seules, de parents LGBT+, de lutte conre les discriminations sexistes, homophobes..., autrement dit les principales associations de personnes concernées par le projet de loi en cours de discussion. Forts de cette légitimité et de nos expertises (cf. page 4 – Qui sommes-nous ?), nous partageons une position commune qui n'est toujours pas entendue.

J'approfondis

1. **Doc 3** Quelles sont les différentes mesures de la loi bioéthique ?
2. **Doc 3** Quel élément indique que la loibioéthique suscite de nombreux débats à l'Assemblée ? Quel parti est le plus engagé dans ces débats ?
3. **Doc 4** Que réclament les militants de ces associations ? Que se passe-t-il à l'Assemblée nationale à la même époque ?
4. **Doc 4** De quelle manière les militants prennent-ils part au débat suscité par la loi bioéthique ?

Je vais à l'essentiel

→ **Reproduisez et complétez le schéma afin de montrer que les débats sur la bioéthique sont abordés dans différents espaces de la vie démocratique (réunion publique, assemblée, comité...), qu'ils prennent des formes diverses et qu'ils mobilisent de nombreux acteurs.**

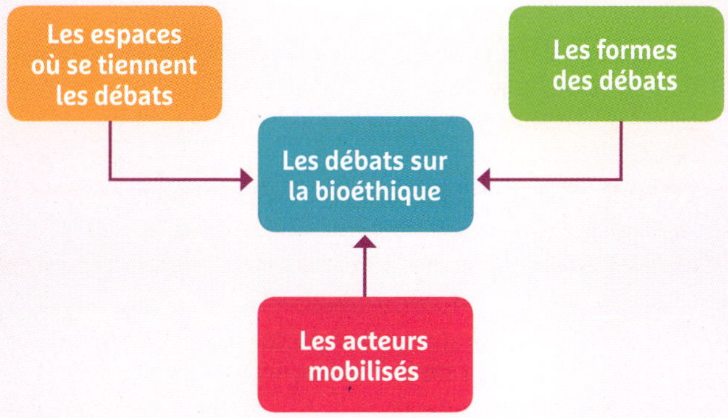

Biotechnologies et éthique

Les progrès des biotechnologies

La biotechnologie connaît des progrès spectaculaires au cours de ces dernières décennies, grâce à la découverte de la nature et du fonctionnement de l'ADN et aux travaux menés par la suite sur **la génétique**. Elle révolutionne le domaine de la santé (biomédicaments, thérapies géniques...), certains produits industriels (nouveaux matériaux, bioénergies...), l'environnement (micro-organismes pour dégrader des déchets toxiques en produits non dangereux...) et l'agriculture (amélioration des plantes et des animaux grâce à l'ADN...).

Les biotechnologies en débats

Les individus s'interrogent sur les éventuels effets négatifs des produits issus des applications des biotechnologies : **eugénisme**, atteinte à la dignité humaine, danger pour l'environnement... Les biotechnologies engendrent des débats qui mobilisent les citoyens, les militants (associations, syndicats, partis politiques...) et les scientifiques : réunions publiques, manifestations, pétitions en ligne, lettres ouvertes aux parlementaires... La bioéthique étudie les conséquences des progrès de la biologie, de la médecine et de la santé. Elle veille au respect de la personne humaine et des valeurs.

Les états généraux de la bioéthique

Des états généraux sont organisés par le Comité consultatif national d'éthique (CCNE) en 2018. D'une part, celui-ci auditionne des associations, des représentants des cultes et des experts scientifiques D'autre part, pour favoriser le pluralisme démocratique, il organise un débat public. Les citoyens exercent leur liberté d'expression de diverses manières : dans des débats organisés dans toute la France, lors des consultations internet et dans le cadre du Comité citoyen. Le CCNE rédige ensuite un rapport qui sert d'éclairage pour le projet de loi déposé par le gouvernement en 2019. Ainsi, la participation directe des citoyens s'ajoute à la **démocratie représentative**.

LEXIQUE

- **Biotechnologie :** toutes les applications technologiques qui utilisent des systèmes biologiques ou des organismes vivants pour fabriquer ou modifier des produits ou des procédés.
- **Démocratie représentative :** système politique dans lequel on reconnaît à une assemblée restreinte le droit de représenter le peuple.
- **Eugénisme :** sélection des individus en se basant sur leur patrimoine génétique dans le but d'améliorer l'espèce humaine.
- **Éthique :** respect de la personne humaine dans tous les sens, non seulement physique (intégrité du corps...) mais aussi mental (liberté de pensée...).
- **Génétique :** les cellules d'un être vivant comportent chacune un noyau qui renferme toute son information génétique. Il s'agit de son patrimoine héréditaire transmis par ses parents.

La loi bioéthique

Le texte fait l'objet d'un débat parlementaire : il est examiné et modifié par l'Assemblée nationale et le Sénat. L'essentiel des amendements porte sur une mesure : l'ouverture de la procréation médicalement assistée (PMA) aux couples de femmes. En parallèle, des militants (membres d'associations, de collectifs, de partis politiques...) s'engagent sur la PMA. Ils expriment leur soutien ou leur opposition à cette mesure en manifestant, en prenant la parole dans les médias ou en rédigeant des pétitions en ligne. Les médias, les réseaux sociaux et les forums en ligne ont également alimenté le débat sur la PMA.

1 Je maîtrise les notions

→ Classez dans le tableau ci-dessous les notions suivantes :

Assemblée nationale – Associations – Citoyens – Consultations – Débats électoraux – Débats parlementaires – Forums en ligne – Manifestations – Médias – Partis politiques – Pétitions – Réseaux sociaux – Réunions publiques – Sénat – Syndicat

Les acteurs du débat démocratique	Les espaces démocratiques investis par les acteurs	Les formes prises par les débats

2 Je mobilise des connaissances

1. Quel progrès de la recherche est-il évoqué ? Quel problème pose-t-il ?
2. Quel acteur cherche à transformer ce problème en un débat de société ? Comment mobilise-t-il les citoyens en ce sens ? Leur mobilisation est-elle forte ?
3. De quelle autre manière cet acteur pourrait-il mobiliser les citoyens ?
4. À partir de l'exemple des états généraux de la bioéthique, quelles formes pourrait prendre un débat citoyen sur le forçage génétique ?

NON AU FORCAGE GÉNÉTIQUE

Ne laissons pas les abeilles, les papillons et tous les insectes sauvages devenir la propriété des multinationales !

Pour l'application du principe de précaution et l'organisation d'un débat citoyen sur le forçage génétique.

[…] Les nouvelles techniques d'édition du génome permettent désormais de modifier facilement et à moindre coût le patrimoine génétique de n'importe quel être vivant sexué, et de s'assurer de la transmission de ces modifications à toute sa descendance, dotant ainsi les laboratoires industriels d'un droit de vie ou de mort sur l'ensemble des organisme vivants, sur des critères commerciaux, productifs, économiques qui ne représentent pas nécessairement l'intérêt général […].

#StopForçageGénétique

JE SIGNE LA PETITION

233 712 SIGNATURES

Encore 66 288 signatures nécessaires pour atteindre 300 000

Prénom

Nom

E-Mail

▶ **JE CLIQUE POUR SIGNER**

D'après le site de l'association Pollinis (consulté le 29 décembre 2020).

3 Je mobilise des connaissances

Miss Lilou, 1er octobre 2019.

1. Qu'est-ce que la PMA ? Qui est concerné par cette mesure ?
2. Quelle loi a mis en place cette mesure ? Quand a-t-elle été déposée ? Par qui ? Quand a-t-elle été votée ?
3. Comment les citoyens ont-ils joué un rôle dans l'élaboration du projet de cette loi ?
4. Comment les militants ont-ils pris part aux débats sur la PMA ?

PROJET 3

Révolution numérique et essor d'Internet

1 LA FRACTURE NUMÉRIQUE

Doc 1 **L'illectronisme : un enjeu de la fracture numérique vue par un dessinateur**

JE FORMULE UNE PROBLÉMATIQUE

1. **Doc 1** En quoi cette situation est-elle surprenante ?
2. **Doc 1 et 2** Décomposez le mot « illectronisme » et expliquez de quoi souffre une partie des Français. Pourquoi peut-on parler de fracture ?
3. **Doc 2** En quoi consiste la « dématérialisation » ? Aidez-vous aussi de la composition du mot. De quelle dématérialisation est-il question ici ?
4. **Doc 1 et 2** L'exclusion numérique est-elle seulement générationnelle ?
5. **Doc 1 et 2** **Formulez une problématique** concernant la fracture numérique.
6. Recherchez ce que la vidéo permet d'apprendre sur la fracture numérique à l'échelle mondiale.

 # Vidéo
Qu'est-ce que la fracture numérique ? 3 h 17 min
foucherconnect.fr/21mhg19

Doc 2 **« L'illectronisme » explique la fracture numérique**

Exclusion numérique : ces Français qui souffrent d'« illectronisme »

Selon une étude, 23 % de la population ne se sent pas à l'aise avec le numérique. La dématérialisation des services publics est bien avancée, mais l'exclusion numérique pose encore un réel problème. En janvier 2019, le Défenseur des droits[1] alertait notamment sur le risque de « recul de l'accès aux droits et d'exclusion » dû à la numérisation des démarches administratives...Quelles sont les réalités de la fracture numérique en France et surtout qui est concerné par l'exclusion numérique ?

– 56 % des sondés [...] se sentent démunis face aux démarches administratives qui se font en ligne, comme la déclaration des revenus. Parmi elles, les personnes âgées sont surreprésentées. [...]

– À rebours des idées reçues, les jeunes aussi peuvent être concernés par l'illectronisme. [...] 12 % des jeunes se disent mal à l'aise avec les outils du numérique [...] « Ils sont complètement démunis lorsqu'il s'agit de poster un C.V., de faire une recherche plus approfondie, sans parler des relations avec l'administration ». [...] Une difficulté qui peut avoir un effet négatif sur leur vie professionnelle.

– Un autre facteur d'exclusion numérique est le niveau d'études. [...] En 2018, un adulte sur trois a renoncé à réaliser une tâche sur Internet parce qu'il ne le pouvait pas. [...]

– La fracture numérique est aussi une histoire de géographie et d'accès aux outils. En France, encore 541 communes sont dépourvues de toute connexion internet et mobile [...], ce qui représente 500 000 personnes situées dans ces zones blanches. [...] Cette situation touche particulièrement les zones rurales. [...]

– L'association Emmaüs Connect met aussi en avant l'exclusion numérique des SDF.

© Cécile de Séze, lexpress, 3 oct. 2019.

1. Institution permettant la défense des droits des personnes, l'égalité et l'accès aux droits à tous.

3 Ce que dit la loi

Conseil constitutionnel, décision n° 2009-580 DC du 10 juin 2009

Loi favorisant la diffusion et la protection de la création sur internet

12. Considérant qu'aux termes de l'article 11 de la Déclaration des droits de l'homme et du citoyen de 1789 : « La libre communication des pensées et des opinions est un des droits les plus précieux de l'homme : tout citoyen peut donc parler, écrire, imprimer librement, sauf à répondre de l'abus de cette liberté dans les cas déterminés par la loi » ; qu'en l'état actuel des moyens de communication et eu égard au développement généralisé des services de communication au public en ligne ainsi qu'à l'importance prise par ces services pour la participation à la vie démocratique et l'expression des idées et des opinions, ce droit implique la liberté d'accéder à ces services.

Doc 4 Plan pour une « France connectée » égalitaire

L'ambition : accompagner chacun dans un parcours d'autonomisation ou d'aide au numérique

La stratégie nationale apporte des solutions à chaque étape du parcours des personnes afin de les accompagner vers l'autonomie numérique. Elle propose des outils, initiatives, dispositifs sur les 5 enjeux suivants :

1. Détecter les publics
2. Les accompagner dans les démarches
3. Les orienter pour les rendre autonomes
4. Consolider les acteurs qui forment au numérique
5. Outiller et soutenir les dispositifs d'inclusion numérique

Extrait de la brochure présentée à la presse.

Je m'informe

1. **Doc 3** À quel texte fondamental le Conseil constitutionnel fait-il appel ?
2. **Doc 3** Dans quel but ?
3. **Doc 4** Expliquez le mot « inclusif » sur la brochure du plan national en utilisant la base du mot puis, à l'aide de l'extrait, expliquez les « ambitions » de l'État pour un numérique inclusif.
4. **Doc 3 et 4** L'accès aux moyens de communication modernes est-il un droit fondamental ? Justifiez votre réponse.
5. **Doc 3 et 4** Pour la démocratie, en quoi est-il nécessaire d'inclure tous les citoyens dans une République aux institutions entièrement numérisées ?

J'effectue une recherche

→ **Rechercher les moyens mis en place pour réduire la fracture numérique.**

1. **Vidéo, p. 138** En vous aidant de la vidéo et des sites officiels suivants, indiquez les moyens mis en œuvre pour réduire la fracture numérique.

 # Site Plan pour une France connectée — foucherconnect.fr/21mhg20

 # Site Société numérique – Mesures clés — foucherconnect.fr/21mhg21

 # Site Numérique du quotidien — foucherconnect.fr/21mhg22

 # Site Inclusion numérique — foucherconnect.fr/21mhg23

2. Créez une carte mentale, dont le centre est le plan national pour un numérique inclusif, et qui détaille les mesures les plus importantes.

2 LE CYBERESPACE

Doc 1 Effets de l'informatisation dans la galaxie cyber

JE FORMULE UNE PROBLÉMATIQUE

1. **Doc 1** Quelle est le préfixe commun des mots indiqués dans ce document ?
2. **Doc 1** Que désigne-t-il ?
3. **Doc 1** Quel phénomène est mis en valeur avec le vocabulaire du cyber ?
4. **Doc 2** Qui est l'auteur de ce texte ? Quel constat est fait ?
5. **Doc 2** Quelle décision est prise ?
6. **Doc 1 ET 2** **Formulez une ou plusieurs problématiques** concernant les dangers liés au cyberespace.
7. Visionnez la vidéo, puis expliquez comment une cyberattaque est rendue possible.

#Vidéo
Cybermenace : avis de tempête
0 : 51 min
foucherconnect.fr/21mhg24

Doc 2 Des moyens de défense contre les cyberattaques

Des données volées. Des boîtes méls espionnées. Des serveurs pillés et des systèmes d'information enrayés. [...] Depuis quelques années, le cyberespace est devenu un lieu de confrontation comme les autres. Un lieu où des milliers de hackers[1] avancent masqués. Un lieu d'impunité où certaines nations se cachent pour mieux attaquer. Un lieu d'une immense violence, qui peut durablement nous bloquer [...] Tout est possible dans le cyberespace [...]

Le ministère des Armées et les entreprises doivent travailler ensemble, se comprendre et se préparer. [...]

Il faut [...] préparer nos armées à cette nouvelle guerre, en nous assurant qu'elles disposent [...] de capacités de lutte informatique offensive. En cas d'attaque cyber contre nos forces, nous nous réservons le droit de riposter, dans le respect du droit, par les moyens et au moment de notre choix. Nous nous réservons aussi, quel que soit l'assaillant, le droit de neutraliser les effets et les moyens numériques employés. Mais nous serons aussi prêts à employer en opérations extérieures l'arme cyber à des fins offensives [...] Dans l'esprit de l'appel de Paris[2], nous respecterons le droit international, bien sûr, et les cybercombattants bénéficieront des mêmes protections que les militaires en OPEX[3].

Extrait du discours de Mme Florence Parly, ministre des Armées, « Stratégie cyber des armées », Paris, le 18 janvier 2019.

1. Pirates informatiques.
2. « Appel de Paris pour la confiance et la sécurité dans le cyberespace », déclaration d'E. Macron afin d'élaborer des principes communs de sécurisation du cyberespace, UNESCO, 12 novembre 2018.
3. Opération militaire extérieure à la France.

Doc 3 Organisation de la cyberdéfense en France

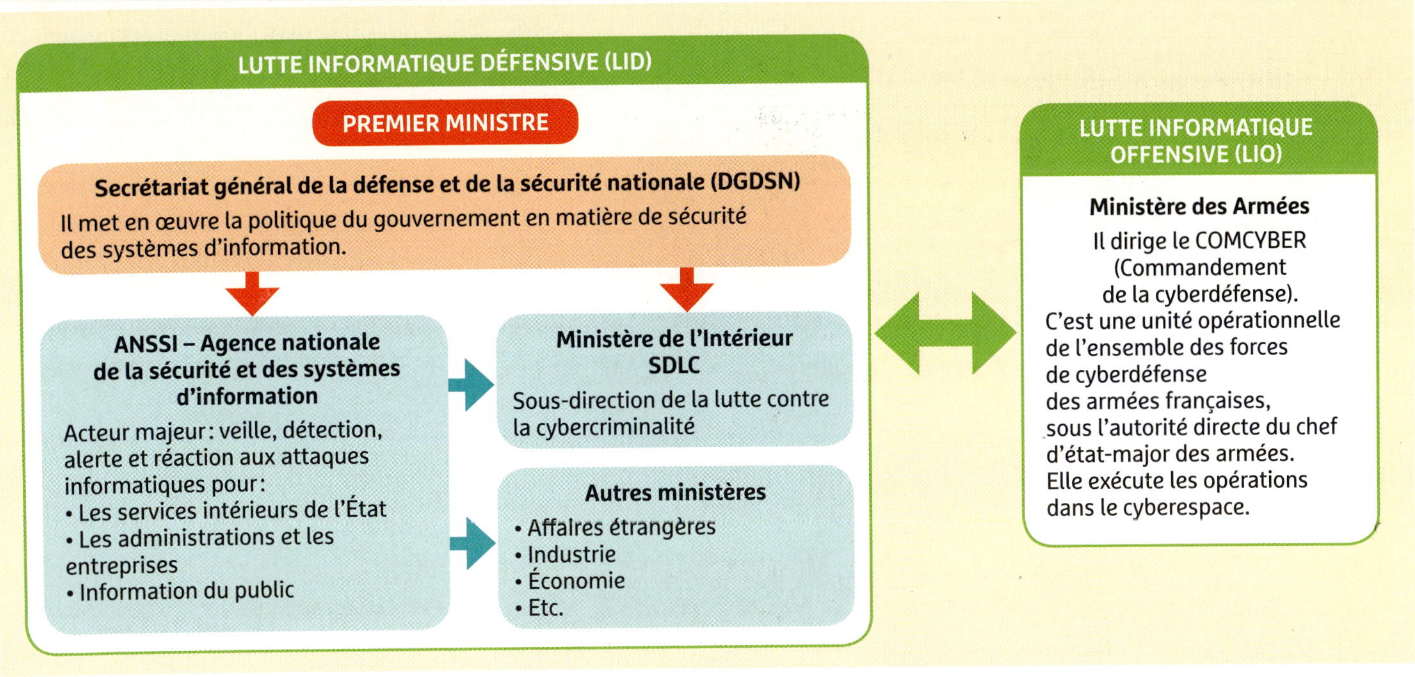

Doc 4 Une armée d'élite de cybercombattantes et cybercombattants

Cybercombattantes ! Derrière ce mot de science-fiction, qui évoque les amazones[1] du XXIe siècle, se cachent des unités d'élite d'un nouveau genre au sein des armées françaises. Chaque jour, à Paris, au Mali ou en Syrie, près de 3 500 cybercombattants luttent pour protéger les sites et les réseaux informatiques les plus sensibles. Dans leurs rangs, ces bataillons comptent 16 % de femmes, soit 560 guerrières du numérique. Pour la première fois, les cybercombattantes ont défilé le 14 juillet 2018 sur les Champs-Élysées.

« Internet est devenu un terrain de confrontation majeur », [...] explique le général de division Olivier Bonnet de Paillerets. Cet ancien de la DGSE[2] dirige le ComCyber, le commandement de la cyberdéfense, créé en 2017. L'objectif ? Parer à l'augmentation des attaques informatiques contre les réseaux des armées, lancées par des black hats (hackeurs malveillants), téléguidés par la Russie, l'Iran, le Soudan, la Corée du Nord, Daech ou Al-Qaida. « Nous avons comptabilisé 830 incidents en 2018, soit une centaine de plus qu'en 2017 », poursuit le général. L'une a visé un hôpital des armées, une autre, la chaîne d'approvisionnement en carburant de la Marine nationale. La menace est telle que l'état-major a prévu de recruter 1 100 nouveaux cybercombattants, dont des femmes, d'ici à 2025.

© Dalila Kerchouche *Madame Figaro*, 26 avril 2019.

1. Femme libre, volontaire et indépendante.
2. Direction générale de la Sécurité extérieure.

Je m'informe

1. **Doc 3** Quel est l'objectif du plan de lutte de l'État ? Pourquoi ?
2. **Doc 3** Faites la différence entre les deux types de lutte mis en place.
3. **Doc 3** Quels sont les acteurs majeurs mis en place pour la cyberdéfense ?
4. **Doc 4** Quel nouveau type d'armée est mis en place pour la lutte informatique ? Pourquoi ?

Je prends part au débat

→ **Rechercher des exemples de cyberattaques.**

1. Tapez l'expression clé « exemples de cyberattaques » sur un moteur de recherche. Analysez l'attaque :
   - En quoi consiste-t-elle ?
   - Qui sont les victimes ?
   - Quels sont les auteurs ?

   La recherche peut se faire en groupes : un exemple par groupe, exposé ensuite oralement à la classe.

3 LES LANCEURS D'ALERTE

Doc 1 **Hommage au docteur Li Wen Liang, 7 janv. 2020**

Il fait partie des huit médecins arrêtés par la police de Wuhan, le 1er janvier, pour avoir révélé, sur les réseaux sociaux, l'existence et les dangers du Covid19, dont il décédera.

Doc 2 **« Anything to Say? »** *(« Quelque chose à dire ? »)*

Sculpture itinérante du sculpteur italien Davide Dormino. Elle présente les lanceurs d'alerte, Edward Snowden, Julian Assange et Chelsea Manning. La chaise vide permet au spectateur, comme sur la photo, de prendre la parole pour les défendre. Elle est ici sur l'Alexanderplatz de Berlin en 2015, mais a été placée dans plusieurs villes dont Paris, Tours et Strasbourg.

Edward Snowden : Il révèle à différents médias, en 2013, l'existence de programmes de surveillance de masse créés par la National Security Agency (NSA) aux USA. Accusé d'espionnage et de vol, il est réfugié en Russie.

Julian Assange : Fondateur de l'ONG Wikileaks dont le but est de publier sur son site internet les révélations des lanceurs d'alerte sur les atteintes aux droits de l'homme tout en protégeant les sources. Emprisonné aujourd'hui en Angleterre, il risque 175 ans de prison aux USA pour espionnage.

Chelsea Manning : Elle révèle à Wikileaks les crimes de guerre des USA et de leurs alliés en Irak et en Afghanistan, classés secret défense. Condamnée à 35 ans de prison en 2013 pour trahison, elle est libérée en 2017, réincarcérée en mai 2019, libérée en mars 2020 après une tentative de suicide.

JE FORMULE UNE PROBLÉMATIQUE

1. **Doc 1** Qui est Li Wen Liang ? Pourquoi a-t-il été arrêté ?
2. **Doc 2** Qui sont les trois personnages sculptés ? Quel est leur acte commun ?
3. **Doc 1 ET 2** Quels organismes sont touchés à vif et réagissent à cet acte commun ?
4. **Doc 1 ET 2** Quel est le sort commun aux quatre personnages ? Comment l'expliquez-vous ?
5. **Doc 1 ET 2** Quels moyens ont permis la diffusion des alertes ?
6. **Doc 1 ET 2** Élaborez, à travers ces exemples, une définition du mot « lanceur d'alerte ».
7. **Doc 2** Justifiez la présence d'une chaise sans statue ?
8. **Doc 1 ET 2** Formulez une ou plusieurs problématiques concernant les lanceurs d'alerte.

→ Regardez la vidéo puis, à l'aide des documents, déterminez quelles peuvent être les motivations des lanceurs d'alerte pour une telle prise de risque.

#Vidéo
Lanceurs d'alerte : héros ou traîtres ? 2 : 22 min
foucherconnect.fr/21mhg47

3 Ce que dit la loi

Loi dite « Sapin 2[1] » :

Art. 12 – Un lanceur d'alerte est une personne physique qui révèle ou signale, de manière désintéressée et de bonne foi, un crime ou un délit, une violation grave et manifeste d'un engagement international, […] de la loi ou du règlement, ou une menace ou un préjudice graves pour l'intérêt général, dont elle a eu personnellement connaissance.
Les faits, informations ou documents, […] couverts par le secret de la défense nationale, le secret médical ou le secret des relations entre un avocat et son client sont exclus du régime de l'alerte défini par le présent chapitre.

Art. 7 – N'est pas pénalement responsable la personne qui porte atteinte à un secret protégé par la loi, dès lors que cette divulgation est nécessaire et proportionnée […] et que la personne répond aux critères de définition du lanceur d'alerte prévus à l'art. 6 […]

Art. 10 – Aucune personne ne peut être écartée d'une procédure de recrutement.

1. Du nom du ministre des Finances et des Comptes publics (2014-2017), 9 décembre 2016.

Doc 4 Protéger les lanceurs d'alerte

Jamais le laboratoire Servier, comme les experts de l'Afssaps[1], garants de la sécurité du médicament, n'ont été sommés de rendre compte […] de ces attaques visant les lanceurs d'alerte ayant tenté d'empêcher […] l'un des plus grands drames sanitaires français. Pouvoir condamner les inqualifiables méthodes d'intimidation d'un laboratoire criminel, dès 1999, aurait sauvé des centaines de vies humaines. Établir une législation […] doit être envisagée parmi les mesures visant à protéger les lanceurs d'alerte. […] Le premier qui dit la vérité, il doit être protégé !

Extrait de l'interview d'Irène Frachon[2] (médecin pneumologue au CHU de Brest), « lanceuse d'alerte du scandale du Médiator », paru au journal *Le Monde*, 24 avril 2016.

1. Agence française de sécurité sanitaire des produits de santé.
2. Pneumologue, elle révèle la nocivité du médicament, le Médiator, qui a fait plusieurs centaines de morts.

Doc 5 Punir Renard ou La Fontaine ?

Dessin du caricaturiste Soulcié 15 juillet 2020.

JE M'INFORME

1. **Doc 3** Quel est l'objectif de la loi ?
2. **Doc 3** Quelles institutions sont protégées par la définition du lanceur d'alerte ?
3. **Doc 4** Dégagez l'opinion de I. Franchon.
4. **Doc 5** Qui est représenté à travers les personnages de La Fontaine et de Renard ?
5. **Doc 5** Qu'est-ce que Renard tient contre lui ? Expliquez pourquoi.
6. **Doc 5** Qui le juge accuse-t-il ? Qui est par conséquent défendu ?
7. **Doc 4 et 5** Faites le rapprochement avec l'affaire du Médiator. À votre avis, faut-il punir Renard ou La Fontaine ?

JE PRENDS PART AU DÉBAT

→ **Les lanceurs d'alerte sont-ils des traîtres ou des héros ?**

1. À partir de la vidéo « Lanceurs d'alerte, héros ou traîtres ? », p. 142, relevez, en classe entière, les arguments en faveur de chaque opinion.
2. Répartissez-vous en groupes, 1 et 2, en fonction de l'opinion choisie et illustrez chaque argument par des exemples concrets.
3. Engagez le débat : le groupe 1 expose au groupe 2 un argument et son exemple.
4. Poursuivez le débat : le groupe 2 répond à l'argument énoncé par une phrase commençant par : « Je comprends... », puis module l'opinion par une interrogation du type « Mais est-il possible de... laisser faire, faire autrement... » inspirée par les arguments trouvés dans son groupe, afin de relancer le questionnement.
5. Composez en classe entière une synthèse acceptable par tous, en apportant les nuances mises en avant au cours du débat.

Je réalise le projet

Déjouer les fake news pour vivre en société

Doc 1 Éléments pour définir une fake news[1]

1. L'équivalent français est « infox », mot créé à partir d'information et d'intoxication (intox).

C'est quoi les fake news ?

« Toute allégation ou imputation d'un fait dépourvu d'éléments vérifiables de nature à la rendre vraisemblable ».

Définition officielle d'une fake news par la Commission des affaires.

« Manœuvre frauduleuse visant à tromper une personne dans le but d'obtenir son consentement, de la sorte à ce que, sans cette manœuvre, l'autre partie n'aurait pas contracté ».

Définition Droit et Finances, article 1137 du Code civil d'une arnaque.

Doc 2 Les fausses informations sont dangereuses pour la démocratie

Pourquoi les fake news sont-elles dangereuses pour la démocratie ?

Parce que les « fake news » ont la couleur de l'information. Mais ce n'est pas de l'information. Elles en utilisent les codes journalistiques, néanmoins réduits à un titre choc accompagné d'une image. L'efficacité de ces « pièges à clics » est redoutable. Soutenues par des algorithmes[1] puissants, qui permettent de cibler finement leur diffusion, les « fake news » puisent leur haut potentiel viral dans la crédulité des internautes, enclins à partager des contenus émotionnels renforçant leurs croyances. Le MIT (Massachusetts Institute of Technology) a pu démontrer qu'une « fake news » avait 70 % de chances supplémentaires d'être retwittée qu'une information vérifiée et qu'elle se répandait 6 fois plus vite.

Avec 2 milliards d'utilisateurs, Facebook est ainsi devenu le vecteur privilégié d'organisations malveillantes, parfois orchestrées directement par des États (comme la Russie ou la Chine). Ce fut le cas lors de la présidentielle américaine de 2016 ou lors du Brexit en Grande-Bretagne, dont les résultats ont été nettement influencés par les campagnes de désinformation lancées depuis des « fermes à trolls[2] » basées à Saint-Pétersbourg.

© Rossel, Philippe Laloux/pourquoi-les-fake-news-menacent-la-presse-et-la-démocratie/Lesoir.be/11 nov. 2018.

1. Procédé informatique qui permet de décider, au quotidien, des informations nous parvenant et ainsi d'influencer nos choix ou de nous manipuler.
2. Un groupe organisé et payé pour diffuser de manière massive des informations mensongères sur les réseaux sociaux dans un but de déstabilisation politique ou de propagande.

Je prépare le projet

1. **Doc 1** Sur quel élément important repose la définition d'une fake news ? Comment cela est-il nommé dans le Code civil ?
2. **Doc 1 et 2** Sur quoi repose « l'efficacité » d'une fake news ? Justifiez votre réponse en relevant les mots ou expressions qui s'y rattachent.
3. **Doc 2** Qui diffuse les fake news ?
4. **Doc 2** Pourquoi sont-elles dangereuses ?
5. **Doc 3** Comment est-il possible de repérer les fake news ?
6. **Doc 4** En quoi la liberté d'expression et le débat démocratique seraient-ils en contradiction avec une loi interdisant toutes les fake news ?
7. **Doc 4** Quelles solutions sont proposées ?

Doc 3 Reconnaître une fake news

Affiche de l'Association « Fréquence école » dont le but est de développer une attitude critique des jeunes face aux médias.

Je mets en œuvre le projet

→ **Déjouer les fake news pour mieux débattre.**

1. Choisissez une fake news à caractère social ou politique (vaccination, élections...).
2. Analysez ses mécanismes à l'aide du document 3 et des sites :
   foucherconnect.fr/21mhg35
   foucherconnect.fr/21mhg36
3. Composez une affiche illustrée avec :
   - les informations délivrées par la fake news ;
   - la démonstration de leur fausseté et les mécanismes utilisés pour tromper le public ;
   - le danger de tels mensonges sur la vie en société et le débat démocratique.

Doc 4 La liberté d'expression en question

Faut-il légiférer contre les fake news ?

Le gouvernement est décidé à faire voter, avant l'été [2018], une loi contre la propagation des fausses nouvelles. Mais est-ce vraiment une bonne idée pour lutter contre ce phénomène ?

« Il faut combattre ces marchands de doute qui gagnent de l'argent et de l'influence en diffusant de fausses infos, insiste Arnaud Mercier[1]. Les marchands de doute prospèrent sur les crédules[2] », d'autant plus qu'ils ont envie de croire à ces fausses infos, qui les rassurent en les confortant dans leur opinion. Le problème avec les fake news est que l'on sape la démocratie avec des outils démocratiques : la liberté d'expression, le débat... « Elles sapent l'une des idées structurantes de la démocratie : la confiance. La confiance envers les élus, les journalistes, le savoir. » [...] lutter contre la désinformation passe par l'éducation aux médias. .

Clémence Lemaistre, *Les Échos*, 13 mars 2018.

1. Professeur à l'Institut français de presse de l'université Paris II Assas.
2. Crédule : qui croit facilement ce qu'on lui dit.

Je déjoue les fake news

Consignes/Conseils

- Utiliser les sites décodeurs de fake news (Hoaxbuster, le Décodeur et Décodex du journal *Le Monde*, etc.)
- Réaliser une illustration de la fake news à partir d'une capture d'écran.
- Utiliser des encadrés pour séparer les affirmations de la fake news et la dénonciation de leurs méthodes.

Méthodologie d'organisation

→ Prendre contact avec le professeur d'art appliqué pour réaliser l'affiche.
→ Sur papier libre, récapituler les stratagèmes utilisés par toutes les fake news en les présentant sous forme de conclusion.

LE NUMERIQUE ET INTERNET en débat

Doc 1 Faciliter l'accès au numérique

Le 13 mai 2020, le Sénat a lancé une mission d'information sur la lutte contre la fracture numérique. [...]

Entré dans le dictionnaire en 2020, le mot « illectronisme » est né de la contraction d'« illettrisme » et d'« électronique ». Il caractérise l'absence de maîtrise des outils numériques. « On estime à 13 millions le nombre de personnes concernées en France, mais cela peut monter à 19 millions si l'on prend en compte celles qui ne sont pas à l'aise avec le numérique et se privent de certains usages », déplore Emma Ghariani, chargée de développement au sein de la MedNum (coopérative nationale des acteurs de la médiation numérique).

Le confinement lié au Covid-19 ainsi que l'augmentation du nombre de déclarations en ligne imposées (impôts...) accentuent cette inégalité. « Pendant cette période, nous avons reçu plus de 20 000 appels sur notre plateforme dédiée à l'accompagnement numérique », précise Emma Ghariani.

Pour réduire cette fracture, gouvernement, opérateurs et associations travaillent sur la multiplication des formations aux outils d'Internet au niveau local.

En 2020, on compte en France plus de 5 000 lieux où les personnes en difficulté peuvent trouver de l'aide auprès de médiateurs numériques.

D'après le Sénat, 13 mai 2020.

Doc 2 Protéger le fonctionnement du pays

Extrait du site LePoint.fr, 31 janvier 2019.

REPÈRES

Numérique et protection des citoyens

La numérisation totale de la société peut être une chance : elle facilite de nombreuses démarches et permet aux sociétés de faire des économies. Mais, elle est aussi un frein par son coût et son utilisation complexe pour les non-initiés, créant ainsi une faille de participation dans la vie démocratique. Le gouvernement a donc pris les mesures pour assurer à chacun le droit de participer à la vie sociale et politique. De même, il protège le cyberespace grâce à une armée de spécialistes chargés de défendre le pays contre toutes les attaques susceptibles de le bloquer.

J'APPROFONDIS

1. **Doc 1** Expliquez en quoi consiste l'illectronisme.
2. **Doc 1** Donnez des exemples précis montrant la difficulté, pour certains, à s'intégrer dans une démocratie aux institutions dématérialisées.
3. **Doc 1** Comment cette démocratie essaie-t-elle d'inclure tous les citoyens ?
4. **Doc 2** Pourquoi les éléments détaillés dans le document sont-ils des cibles potentielles pour des internautes malveillants ?
5. **Doc 2** À l'aide d'exemples pris dans le document, expliquez en quoi consiste le danger pour les pays.

REPÈRES

Numérique et protection du débat démocratique

La loi du 9 décembre 2016 protège ceux qui alertent d'un délit caché, car ils œuvrent en faveur de la transparence dans la démocratie, mais elle en exclut les alertes concernant la défense nationale, le secret médical et le secret entre un avocat et son client pour préserver un domaine exclusif de l'État et des sujets privés.

La transparence et la vérité de l'information sont de nouveaux enjeux pour le débat démocratique : la loi du 22 décembre 2018 interdit, pendant les trois mois précédents une élection, la diffusion délibérée et massive de fausses nouvelles destinées à altérer le scrutin en désorientant les citoyens. Les réseaux sociaux commencent eux aussi à réagir en collaborant avec les médias.

Doc 3 Fake news et débat public

La désinformation sur Internet a pris une telle ampleur ces dernières années qu'elle est devenue un véritable problème de société. [...] Ces « fausses nouvelles » ont, en effet, suscité craintes et indignations, au point d'être érigées en véritables menaces pour le débat démocratique.

Elles ont notamment été accusées d'avoir influencé les comportements des électeurs lors des référendums sur le Brexit au Royaume-Uni et sur l'indépendance de la Catalogne en Espagne, ainsi que d'avoir profité au candidat républicain [Donald Trump] lors de l'élection présidentielle américaine de 2016. Face à cette menace d'un nouveau genre, de nombreux pays, au rang desquels la France, légifèrent sur la question afin de réglementer plus fermement la circulation des informations sur les réseaux sociaux.

« Paroles d'expert », vie-publique.fr, 18 oct. 2018.

Doc 4 La vérité : un atout pour la démocratie ?

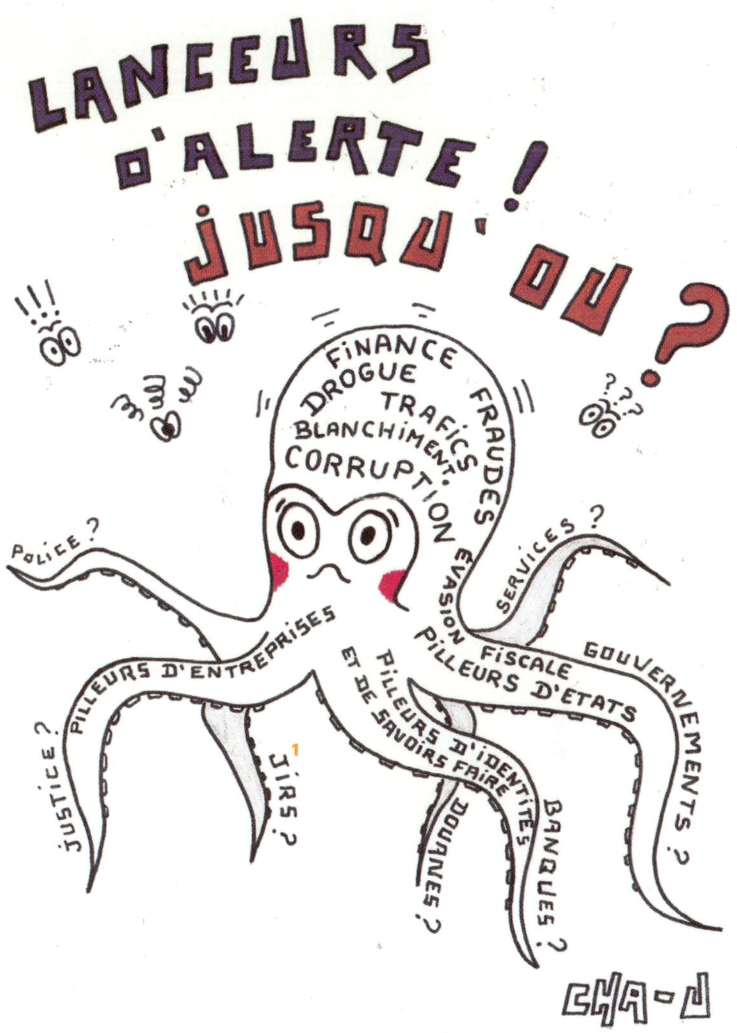

1. JIRS : Juridiction inter-régionale spécialisée (criminalité organisée, délinquance financière).

J'APPROFONDIS

1. **Doc 1** Que symbolise la tête de la pieuvre ? Et ses tentacules ?
2. **Doc 1** Mettez en lien les noms inscrits sur la tête de la pieuvre et ceux inscrits sur les tentacules en formulant une interrogation.
3. **Doc 4** Expliquez pourquoi les fakes news constituent un danger pour les démocraties.

JE VAIS À L'ESSENTIEL

→ **Formulez un ou plusieurs avantages (cases bleues) présentés par la diffusion du numérique dans la société en faveur de la vie démocratique. Indiquez une difficulté correspondante (cases rouges) et à combattre ou à surmonter.**

Numérisation des démarches administratives	Cyberespace	Lanceurs d'alerte	Information
....	....	....	....
....	....	....	....

La fracture numérique

L'usage d'Internet bouleverse notre quotidien, crée de nouveaux modes de vie qui nécessitent une adaptation. Ainsi, l'État, en décidant de dématérialiser les services publics (Impôts, Sécurité sociale, etc.) pour en faciliter les démarches, contraint les citoyens à posséder un accès à Internet. Or, certains n'en ont pas les moyens, d'autres ne peuvent pas être connectés, dans les zones rurales en particulier, et beaucoup, y compris des jeunes, se sentent très maladroits avec cet outil de communication complexe. Cette **exclusion numérique** interroge la démocratie, car elle bouscule le principe de l'égalité qui pose la participation de tous les citoyens à la vie de la Cité. C'est pourquoi l'État mène de nombreuses initiatives pour inclure tous les citoyens dans le projet de numérisation des institutions de la République.

Les lanceurs d'alerte

L'Internet laisse libre cours à la liberté d'expression. Les réseaux sociaux facilitent la communication et permettent aussi d'alerter d'un danger potentiel ou de dénoncer des pratiques contestables des entreprises ou des États. Cependant, les lanceurs d'alerte sont souvent mis en accusation et emprisonnés. Une loi, soucieuse de la liberté d'expression, dont dépend le débat démocratique, permet, en France et en Europe, de les protéger sous certaines conditions.

Le cyberespace

L'essor de l'Internet place les individus et les États devant de nouvelles formes de criminalité. Le cyberespace constitue une immensité difficile à contrôler, dans laquelle les cibles n'ont pas ou peu de défense face aux délits de pillage de boîte méls et de serveurs. C'est pourquoi la France, comme tous les États modernes, a créé une nouvelle armée chargée de la lutte informatique : des cybercombattants pour assurer la **cybersécurité** des citoyens et de l'État contre les attaques quotidiennes qu'ils subissent venant d'États et de hackers malveillants. Ces attaques sont susceptibles de bloquer les rouages institutionnels d'un pays et présentent un danger pour la démocratie; c'est un nouveau type de guerre auquel il faut faire face.

Fake news

Les fake news pullulent sur Internet. Utilisées à des fins commerciales, mais le plus souvent à des fins politiques, elles jouent sur l'émotion, travestissent les événements et discréditent les médias. Ce faisant, par le biais des réseaux sociaux, elles ont la capacité d'influencer et de manipuler l'opinion par des campagnes de **désinformation** qui faussent le débat démocratique et mettent en danger la démocratie elle-même comme cela a été le cas pour le Brexit et la dernière campagne électorale des États-Unis, victimes d'informations mensongères massives.

1 J'analyse un dessin

1. Quelle question est posée par le personnage en chapeau ?
2. Relevez les réponses données par le second personnage. Sont-elles recevables ?
3. Qu'est-ce qui est dénoncé ici ?
4. Pourquoi le personnage au chapeau y croit-il ? Pourquoi a-t-il tort ?
5. Comment s'appelle cette façon de se moquer ?

Doc 1 **Dessin d'Agathe Dahyot pour *Le Monde***

2 J'analyse un diagramme

→ **Remplissez le texte à trous avec les chiffres qui conviennent.**

Le taux d'illectronisme le plus élevé par tranche d'âge est celui des personnes âgées de 75 ans et plus .... ainsi que celui des 60-64 ans .... Parmi les plus âgés .... n'ont pas d'ordinateur et .... de ceux qui en possèdent ne l'ont pas utilisé en 2019. Ce qui se conçoit pour les plus anciens l'est moins pour les plus jeunes : entre 15 et 44 ans l'illectronisme tourne autour de .... Pour la tranche médiane, le taux triple déjà : .... Remarquons encore que .... de la population totale ne s'est pas est servie d'un ordinateur dans l'année 2019.

Doc 2 **Taux d'illectronisme, 2019**

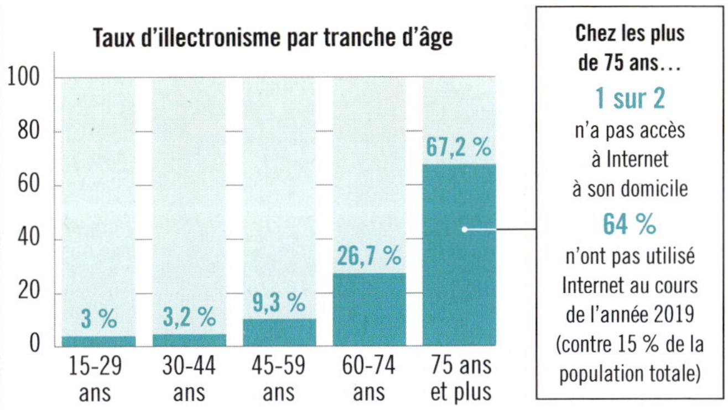

Sciences et Vie, n° 1234.

3 Je maîtrise et j'enrichis mon vocabulaire

1. Comment le dessin invite-t-il à répondre aux questions mystérieuses ?
2. À partir de l'illustration, relevez les expressions négatives qui s'attachent à l'attitude du premier personnage.
3. Décrivez la réaction de chaque personnage et choisissez trois adjectifs pour rédiger un court texte définissant le caractère de chacun d'eux.

   Naïve, crédule, puérile, candide, ingénue, ignorante, simpliste.

   Raisonnée, réfléchie, prudente, justifiée, avisée, modeste.

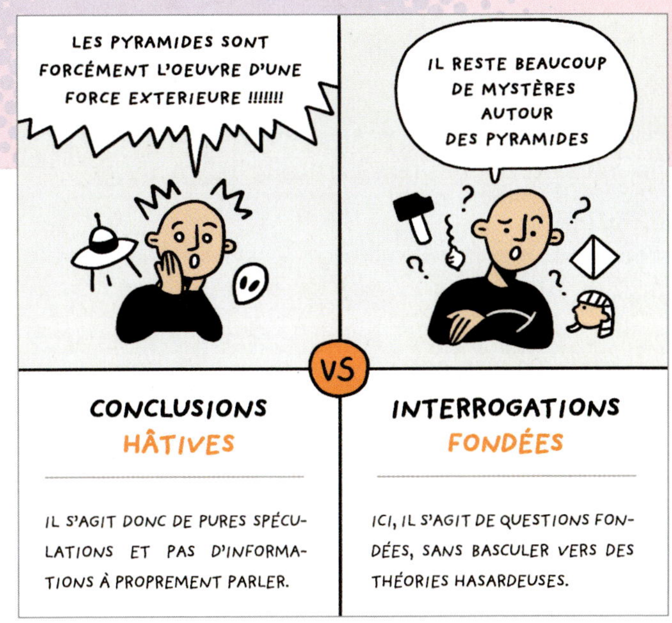

Doc 3 **Dessin de Marc Dubuisson, dessinateur de presse, 2019**

Comment analyser un graphique complexe

Méthode pour lire un graphique complexe

La première question à se poser quand on observe un graphique est : « Quel type d'informations m'est-il donné ? ». Ensuite, il faut s'intéresser aux unités utilisées. Une fois ces précautions prises, on peut analyser les tendances des courbes.

Attention cependant, une **inclinaison de courbes n'est représentative que selon les données des axes !** Le choix de l'échelle des données peut suggérer une impression de hausse plus rapide ou plus lente pour la même information.

J'observe un exemple

→ **Présentez les deux graphiques et montrez leurs différences.**

Doc 4 **La croissance démographique : un phénomène en accélération**

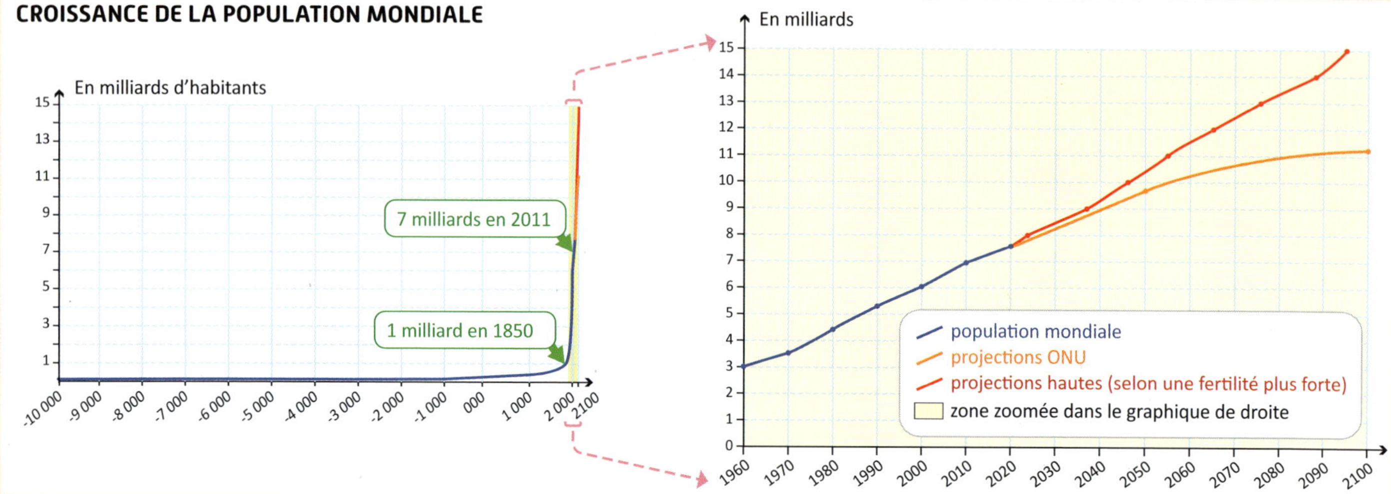

→ J'identifie l'information générale.
L'évolution de la population mondiale et des projections jusqu'en 2100.

→ J'observe les unités utilisées et les échelles choisies sur les axes (ordonnée et abscisse).

Ici, on voit que les axes représentent pour les abscisses (axe horizontal) : les .... (de .... à .... pour celui de droite, de .... à .... pour celui de gauche) et pour les ordonnées (axe vertical) : des milliards représentant .... Pour les deux graphiques, ils vont de ....

→ Je commente la courbe et je qualifie l'évolution pour répondre à la question.

[Idée générale] : Les deux graphiques nous présentent l'évolution de la population mondiale selon deux périodes différentes.

[Description de chaque graphique] Le premier nous montre l'évolution sur les douze derniers millénaires, alors que le deuxième se concentre sur les 60 dernières années.

[Conclusion] : Dans les deux cas, on voit que la population mondiale augmente, et que cela devrait continuer, quelles que soient les projections.

Je m'entraîne

→ Observez le graphique suivant et analysez-le en reprenant la méthode étudiée.

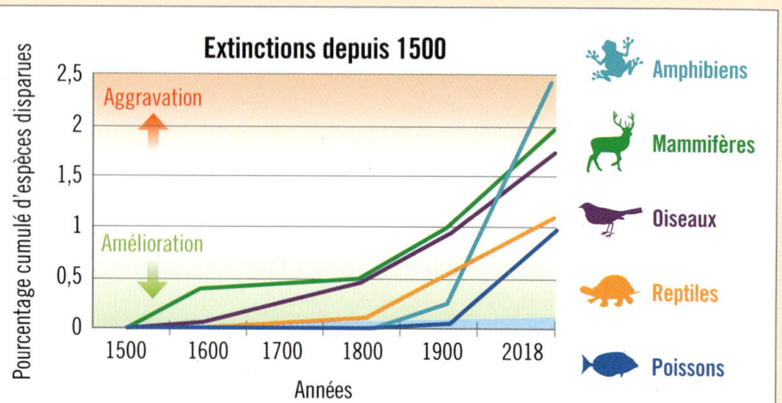

Le rapport de l'évaluation mondiale de la biodiversité et des services, 2020.

Pourcentage cumulé calculé sur la base d'un taux d'extinction de fond de 0,1 – 2 extinctions par million d'espèces par an.

Comment analyser une image de propagande « Vers le BTS »

▶ Méthode pour analyser une image de propagande

La propagande est une action exercée sur l'opinion par tous les moyens disponibles pour lui faire accepter des idées et obtenir son adhésion. Les comics sont des bandes dessinées très populaires et très lues dans la culture américaine. Ils ont, pendant la guerre froide, servi de supports à cette propagande.

→ Identifier l'image : une de journal, affiche, illustration.

→ Repérer l'auteur (s'il est mentionné).

→ Identifier les destinataires.

→ Situer le document dans le temps : repérer sa date de production, contextualiser.

→ Décrire le document.

→ Expliquer l'intérêt du document : ce qu'il veut faire comprendre à ses lecteurs, l'attitude qu'il attend d'eux.

▶ J'observe un exemple

Couverture du n° 1 de *Is This Tomorrow*, tiré à près de 4 millions d'exemplaires

Type : une de comics.

Auteur : inconnu.

Maison d'édition : Catechetical Guild (CG), liée à l'Église catholique américaine.

Destinataires : les lecteurs du journal.

Date et contexte : 1er novembre 1947, au début de la guerre froide.

Description : en haut de l'image, nous voyons une main sortant de la manche d'une veste militaire sur laquelle apparaissent la faucille et le marteau, symboles de l'URSS. Cette main venue de la droite (de l'Est) menace un paisible village américain et une usine.

Intérêt : montrer le danger lié à l'expansion du communisme dans le monde et, en particulier, aux États-Unis ; encourager les lecteurs à lutter contre l'URSS et à soutenir leur gouvernement.

▶ Je m'entraîne

→ Observez attentivement le document ci-contre, puis présentez-le en suivant la méthode indiquée.

1 L'Iceberg rouge

2 Pologne, Hongrie, Corée du Nord, Tchécoslovaquie, Allemagne de l'Est, Chine

Une de comics d'une association catholique anticommuniste américaine, 1960, auteur inconnu.

Comment justifier une réponse en histoire « Vers le BTS »

▶ Méthode pour justifier une réponse en histoire

Justifier une réponse consiste à démontrer pourquoi la réponse apportée est exacte. Il s'agit donc de trouver des preuves. La justification peut prendre appui sur un ou deux documents. La réponse nécessite un développement : le recours à des connecteurs logiques est indispensable pour l'organiser.

→ Après avoir observé le document et répondu à la question posée, apportez la preuve de votre propos à partir d'un élément textuel ou visuel tiré du document. Cette preuve assure la validité de votre réponse : c'est la justification.

▶ J'observe un exemple

→ Quel objectif anime les relations franco-allemandes ? Justifiez votre réponse.

Doc 1 Déclaration de C. De Gaulle et de K. Adenauer, 22 janvier 1963

Le général De Gaulle, président de la République française, et le docteur Konrad Adenauer, chancelier de la République fédérale d'Allemagne [...]

Convaincus que la réconciliation du peuple allemand et du peuple français, mettant fin à une rivalité séculaire, constitue un événement historique qui transforme profondément les relations entre les deux peuples,

Conscients de la solidarité qui unit les deux peuples, tant du point de vue de leur sécurité que du point de vue de leur développement économique et culturel,

Constatant en particulier que la jeunesse a pris conscience de cette solidarité et se trouve appelée à jouer un rôle déterminant dans la consolidation de l'amitié franco-allemande,

Reconnaissant qu'un renforcement de la coopération entre les deux pays constitue une étape indispensable sur la voie de l'Europe unie, qui est le but des deux peuples,

Ont donné leur accord à l'organisation et aux principes de la coopération entre les deux États tels qu'ils sont repris dans le Traité signé en date de ce jour.

Déclaration commune franco-allemande précédant le traité de l'Élysée, 22 janvier 1963.

▶ Je m'entraîne

→ Quel regard est porté sur les pays non-alignés ? Justifiez votre réponse à partir du document.

Doc 2 Le non-alignement

Le non-alignement selon Plantu, 1978.

Sur le tee-shirt : *Tiers Monde*

Corrigé

La volonté d'une réconciliation entre ces deux pays jadis en guerre anime les relations franco-allemandes. Il s'agit de procéder à un rapprochement bilatéral pour favoriser la construction d'une Europe unie et pacifiée. En effet, les chefs d'État français et allemand considèrent les relations franco-allemandes comme le socle de la construction européenne : « un renforcement de la coopération entre les deux pays constitue une étape indispensable sur la voie de l'Europe unie. »

1. À quoi correspond le passage en jaune ?
2. À quoi correspond le passage en vert ? Quels signes typographiques le mettent en évidence ?
3. Qu'apporte le passage en vert par rapport à ce qui précède ?
4. Repérez le connecteur logique utilisé. Quel est son rôle ?

Comment compléter et construire une carte heuristique « Vers le BTS »

ACCOMPAGNEMENT PERSONNALISÉ AP

▶ Méthode pour construire une carte heuristique

Une carte mentale ou carte heuristique est un schéma permettant de représenter un phénomène. Elle reflète votre réflexion, permet de visualiser et de hiérarchiser rapidement un phénomène dans sa globalité.

L'organisation visuelle de la carte heuristique facilite la mémorisation et l'apprentissage. Elle peut également constituer un document préparatoire à un oral.

→ Complétez une carte mentale présentant le risque climatique.

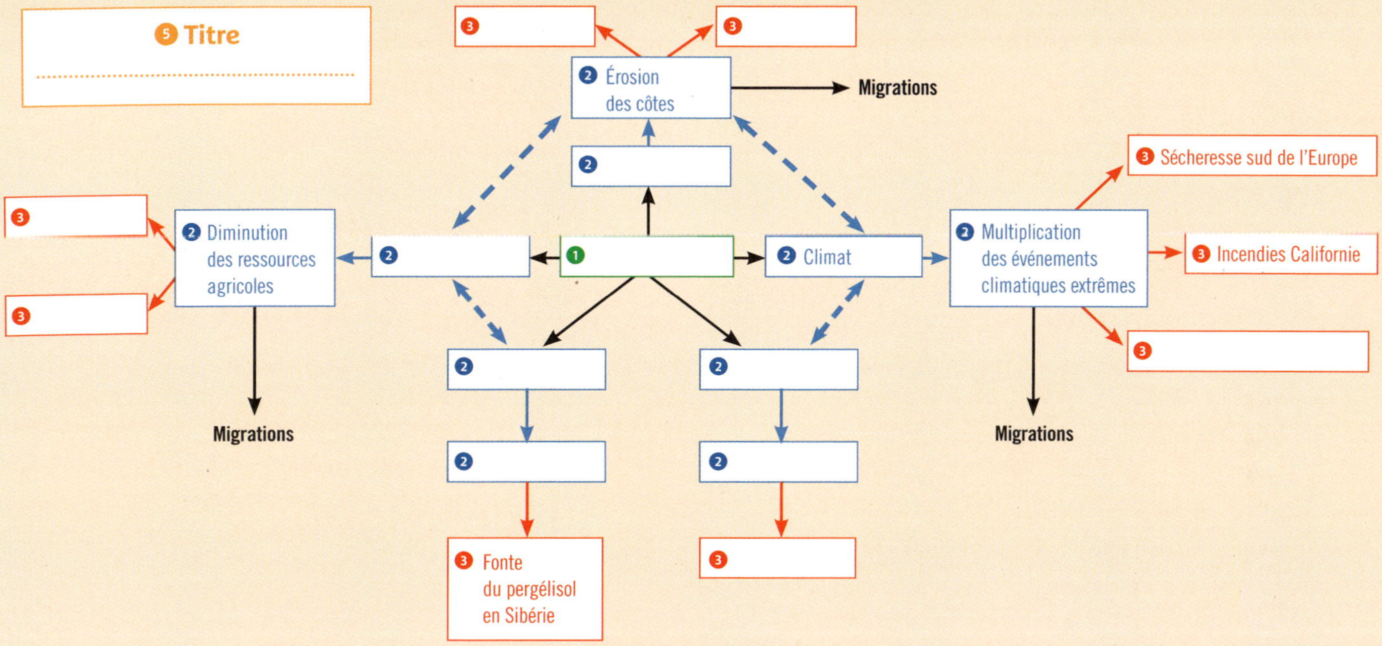

1 Le cœur de la carte	
Prenez une page et positionnez-la dans le sens « paysage ».	
Inscrivez le thème au centre de la feuille.	Quel est le sujet de votre carte mentale ?
2 Les branches principales	
Identifiez et hiérarchisez les principaux sous-thèmes, les éléments importants.	Étudiez la légende de la carte p. 88, nommez et classez les principaux risques en catégories (montée des eaux, climat, réchauffement, alimentation...). Positionnez ces catégories sur le schéma.
Déterminez les relations entre les différents éléments (causes, conséquences).	Identifiez les relations entre les différents éléments de la légende. Quelles sont les conséquences de l'augmentation du niveau des océans ? Quelles sont les conséquences sur le climat ? Quelles sont les conséquences sur l'alimentation et les sociétés? Quelles sont les conséquences de l'augmentation des températures ?
Placez-les et choisissez des termes précis et évocateurs.	Mettez en relation les catégories avec les conséquences identifiées.
3 Les branches secondaires	
Sélectionnez des exemples précis.	Pour chaque risque, sélectionnez un exemple précis et localisé.
4 Mise en forme de la carte	
Utilisez des couleurs et jouez sur l'épaisseur du trait pour montrer les éléments importants. Vous pouvez ajouter des images afin de faciliter la visualisation et la mémorisation des différentes parties de votre carte heuristique.	
5 Donnez un titre à votre carte mentale	

▶ Pour aller plus loin

Découvrir un logiciel permettant de créer et de partager des cartes mentales :

#Logiciel
Framindmap
foucherconnect.fr/21mhg27

ACCOMPAGNEMENT PERSONNALISÉ AP

Comment préparer l'analyse des documents pour la synthèse « Vers le BTS »

▶ Méthode pour préparer l'analyse de documents

La synthèse de documents est une des deux épreuves du BTS en Expression et Culture générale. Ses objectifs sont de dégager et de reformuler le contenu de plusieurs documents, puis de synthétiser les données en les confrontant et, pour terminer, en organiser un exposé rigoureux. Dans cette fiche, il s'agit de réaliser une première étape : dégager les points communs entre les documents (*cf.* Doc 4, 5 et 1, p. 94 et 95).

Doc 4 **Une action de la Banque mondiale**

Banque mondiale, 10 novembre 2017.

Titre

Idées à résumer : en général, une idée par paragraphe

Auteur

Date

Nature

Doc 5 ***ACTED, une ONG en Haïti, doc 5 p. 95***

L'ONG humanitaire française ACTED [...] est mobilisée en Haïti depuis 2004.

En collaboration étroite avec la population locale, ACTED et son partenaire CESVI[1] ont mis en place un chantier de construction de maisons dans le cadre d'un projet de réduction des risques de catastrophes, mis en œuvre depuis avril 2018 [...] Ce projet permet de développer les capacités locales des populations à faire face aux catastrophes naturelles avec la mise en place de 150 chantiers-écoles et de formations, grâce au financement de la Direction générale pour la protection civile[2] et les opérations d'aide humanitaire européennes de la Commission européenne (ECHO).

Extraits du site Acted, 2020.

▶ J'observe comment le tableau préparatoire a été complété.

▶ Je formule une méthodologie

Je le reproduis et je le complète *(Doc 1 et points communs)*

Document	Doc 4	Doc 5	Doc 1
Titre	Une action de la Banque mondiale	Acted, une ONG en Haïti	
Auteur, date, nature	Banque mondiale, 2017, affiche	Acted, 2020, page, site internet	
Idées contenues dans les documents	• Chiffres sur les catastrophes naturelles et leurs conséquences en Haïti. • Premier atlas des risques naturels en Haïti : données cartographiées. • Une plateforme de données accessibles à tous.	• Action d'une ONG pour aider les populations à faire face aux catastrophes naturelles grâce à des chantiers de construction de maisons adaptées. • Renforcer la réduction des risques liés aux habitations.	
Résumé	Données cartographiées pour mieux réagir face aux menaces naturelles en Haïti.	Action d'une ONG pour la construction d'habitations plus résistantes.	
Points communs			

Partie préparant l'introduction et la présentation des documents.

Partie relevant les idées des documents et les résumant.

Partie confrontant les idées : points communs, différences.

Avec un autre corpus documentaire, ce travail préparatoire sur les points communs peut être prolongé par une recherche des possibles points divergents.

#Fiche AP
Comment réaliser une analyse synthétique « Vers le BTS »
foucherconnect.fr/21mhg57

Conseils pour identifier des fake news

Le terme « fake news » signifie « fausses nouvelles » ou « nouvelles truquées ». Les fake news se sont développées avec l'apparition des réseaux sociaux tels que Facebook et Twitter. Elles correspondent à des informations volontairement fausses et trompeuses.

Le courrier ci-dessous a circulé sur les réseaux sociaux en provoquant un grand émoi. Repérez les éléments qui permettent de dire que c'est une fausse nouvelle.

Doc 1 **Fausse lettre de Jean-Michel Blanquer**

Liberté • Égalité • Fraternité
RÉPUBLIQUE FRANÇAISE

Eléments vrais.

ministère éducation nationale

Le Ministre de l'Éducation Nationale

Rue de Grenelle
75006 PARIS

Affaire suivie par :

Les membres du Cabinet du Ministre

Diana Grosmoul
Ariane De Soussan
Didine Pheloullard
Médéric Combbes
Léontine Farbia
Marcèle Corenaco
Mila Serrage
Mark Tibetain
Liselote Purvyle
Anna Ormures
Valérie Lucent
Anne-Lise Cudabatir
Agnetta Chilanie
Yop Vesye

Paris, le 1er avril 2020

À

Mesdames et Messieurs les Parents d'Élèves des Écoles françaises
S/C
Mesdames et Messieurs les Recteurs
Mesdames et Messieurs les Directeurs départementaux des Service de l'Éducation Nationale
Mesdames et Messieurs les Inspecteurs de Circonscription
Mesdames et Messieurs les Directeurs d'École

Mesdames, Messieurs les Parents d'Élèves,

Comme vous le savez, les temps difficiles qui sont les nôtres obligent vos enfants à suivre à domicile une scolarité basée sur la continuité pédagogique.

Je tiens d'ailleurs à rendre un hommage appuyé aux professeurs et professeures qui, sans relâche, jour après jour de confinement, continuent d'assurer leur mission par le biais des technologies numériques de l'information.

Cependant, malgré toute leur bonne volonté, et je sais combien elle est importante, cette scolarité à domicile ne saurait remplacer les traditionnelles journées d'école.

C'est pourquoi, afin de ne pas léser les élèves, et afin d'assurer que tout le programme scolaire sera bien étudié, j'ai proposé au Conseil d'État la mesure pédagogique suivante :

Cette année scolaire, le mois de juillet ne sera plus considéré comme un mois de congés.

C'est pourquoi, cette année, les élèves et leurs enseignants travailleront tout le mois de juillet.

Les vacances débuteront le 3 août 2020 et se termineront le 28 août au soir.

En sachant pouvoir compter sur votre compréhension, je vous prie d'agéer, Mesdames et Messieurs les Parents d'élèves, l'expression de mes salutations distinguées.

Élément faux : la signature

Jean-Michel BLANQUIER

Ministre de l'Éducation nationale

1 Identifier l'auteur du message, la date, l'image, la vidéo (outils pour vérifier des images Tineye ou Google Image, des vidéos sur Youtube Dataviewer).

2 Vérifier l'information et adopter le principe qu'une information sur les réseaux sociaux impossible à vérifier, est plus fausse que vraie.
Se fier plus aux médias reconnus.
Il est possible de vérifier la réputation d'un site avec l'outil Decodex sur le site du journal *Le Monde*.

#Site
Decodex
foucherconnect.fr/21mhg25

3 Se méfier des messages chocs et réfléchir avant de partager pour ne pas piéger son entourage. Quelques clics rapides suffisent pour vérifier.

J'observe un exemple

1. Observez ce document. À l'aide des exemples encadrés et des conseils ci-dessus, relevez un ou plusieurs éléments qui semblent vrais et un élément qui est faux.

2. Selon vous, pourquoi ce courrier a-t-il provoqué un grand émoi ?

Je m'entraîne

Activité numérique : L'incendie de Lubrizol, le 26 septembre 2019, a fait l'objet de nombreux articles de médias reconnus dénonçant de fausses informations (fake news) à propos de cet incendie.

1. Recherchez sur Internet au moins trois de ces fake news, notamment le faux document que l'ARS (Agence régionale de santé) aurait soi-disant publié.

À la suite de vos recherches, complétez le tableau fourni en fichier.

#Fichier
Incendie de Lubrizol : tableau des fake news
foucherconnect.fr/21mhg26

2. Selon vous, que peuvent provoquer ces fake news et pourquoi faut-il faire attention avant de les diffuser à ses contacts ?

Comment raconter en histoire
Pédagogie différenciée

▶ Méthode pour raconter en histoire

« Faire de l'histoire, c'est raconter une histoire », disait l'historien François Furet. Raconter en histoire, c'est dire ce qui s'est passé et dire pourquoi cela s'est passé. Les acteurs sont ceux (femmes, hommes, organisations) qui, par leurs revendications et leurs actions, font l'histoire. Le récit est donc une production essentielle en histoire : c'est en racontant l'histoire que l'on peut l'expliquer.

L'objectif de cette fiche AP est de vous aider à mettre en œuvre la capacité « raconter le rôle d'un leader indépendantiste ou d'une organisation dans l'accession à l'indépendance d'un pays. » (*cf.* p. 26 et 27).

Pour ce faire, vous avez le choix entre trois modalités :

1. Faire l'exercice demandé en suivant les critères de réalisation de la tâche (médaille d'or).
2. Faire l'exercice demandé avec les critères de réalisation de la tâche et les mots clés fournis (médaille d'argent).
3. Faire l'exercice demandé avec les deux aides précédentes et en complétant les phrases de lancement (médaille de bronze).

1. Médaille d'or : Faites l'exercice demandé en suivant les critères de réalisation de la tâche.

Critères de réalisation de la tâche
Je présente l'acteur (nom, objectif, moyens utilisés).
Je précise le lieu et la période (où ? quand ? contexte ?).
Je structure mon texte en paragraphes.
J'indique les dates essentielles et j'emploie des connecteurs logiques et temporels.
J'utilise la 3e personne du singulier et j'emploie le présent de l'indicatif.

2. Médaille d'argent : Faites l'exercice demandé à l'aide de la grille précédente, ainsi que des mots clés et dates.

FLN	Algérie	France	Attentats
Décolonisation	1er novembre 1954	18 mars 1962	5 juillet 1962
Indépendance	Proclamation	Négociations	Toussaint rouge

3. Médaille de bronze : Faites l'exercice demandé avec les deux aides précédentes en complétant les phrases suivantes :

→ Dans les années 1950 et 1960 a lieu un mouvement mondial de décolonisation dont le but est de ……………………………………

→ En Algérie, un mouvement va jouer un rôle essentiel, il s'agit du FLN. Ce sigle signifie : ……………………………………

→ Le 1er novembre 1954, le FLN publie un manifeste pour ……………………………………

→ Le même jour, le FLN lance ……………………………………

→ Pendant huit ans, l'action du FLN va avoir lieu à la fois ……………………………………

→ Finalement, la guerre d'Algérie va se terminer ……………………………………

Comment analyser un document d'information

▶ Méthode pour lire un document d'information relatif à l'enseignement professionnel

Il propose, par l'image et le texte, des renseignements destinés à attirer l'attention du lecteur sur la formation professionnelle proposée.

▶ J'observe un exemple *(Doc 5, p. 49)*

Doc 1 **La formation bac pro systèmes numériques (lycée Émile-Zola, Hennebont, en Bretagne)**

1. Relever le nom de la formation. À qui s'adresse-t-elle ?
2. Identifier le ou les organismes à l'origine de cette formation.
3. Décrire les points forts de la formation.
4. Établir un lien entre les images et le texte : présentation attractive, perspectives…
5. Après avoir observé le contenu et l'organisation de cette affiche, préciser son objectif.

▶ Je rédige une synthèse montrant l'intérêt du document

▶ Je fais appel à mes connaissances sur les transformations du monde du travail

Ce document présente aux élèves une formation motivante, moderne, utile dans de nombreux domaines de pointe. Il témoigne de l'adaptation des filières professionnelles aux attentes du monde du travail (débouchés dans la marine nationale, BTS) et de la qualification croissante des élèves.

Doc 2 **Bac pro Communication visuelle plurimédia**

Affiche de Clotilde Boulanger, étudiante en arts, février 2021.

▶ Je m'entraîne…

→ En reprenant la méthode indiquée, étudiez le document Bac Pro CVPM d'un lycée.

Comment lire le schéma d'une Constitution

▶ Méthode pour lire et comprendre le fonctionnement d'une Constitution

Un schéma sert à représenter de manière simplifiée et logique un fonctionnement complexe.

→ Je me repère dans le schéma *(Doc 1, p. 40)*

Le schéma est vertical et se lit en commençant par le bas. Il indique une hiérarchie.

→ J'observe

1 *Les formes géométriques*

– Les assemblées ont la forme d'un demi-cercle.
– Le pouvoir est symbolisé par un rectangle ou un carré. Ex. : le pouvoir du peuple, du président...

2 *Les flèches*

Une flèche indique une relation, avec un verbe : *nommer, contrôler, dissoudre, élire, choisir, présider, voter*. L'épaisseur est large pour un vote, fine pour une action.

3 *Les couleurs*

Les couleurs permettent de distinguer les différents pouvoirs : le peuple souverain, les pouvoirs exécutif, législatif.

La Constitution de la Ve République

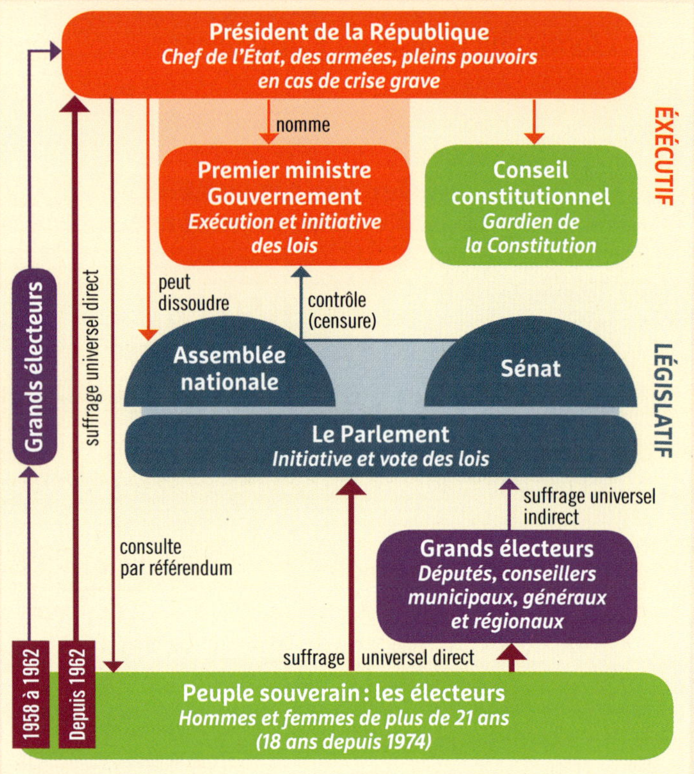

→ Je transcris par écrit les relations qui régissent les différents pouvoirs

Ex. : le peuple souverain vote pour élire le président de la République...

▶ Je m'entraîne

En appliquant la méthode, je décris l'organisation des pouvoirs dans la IVe République.

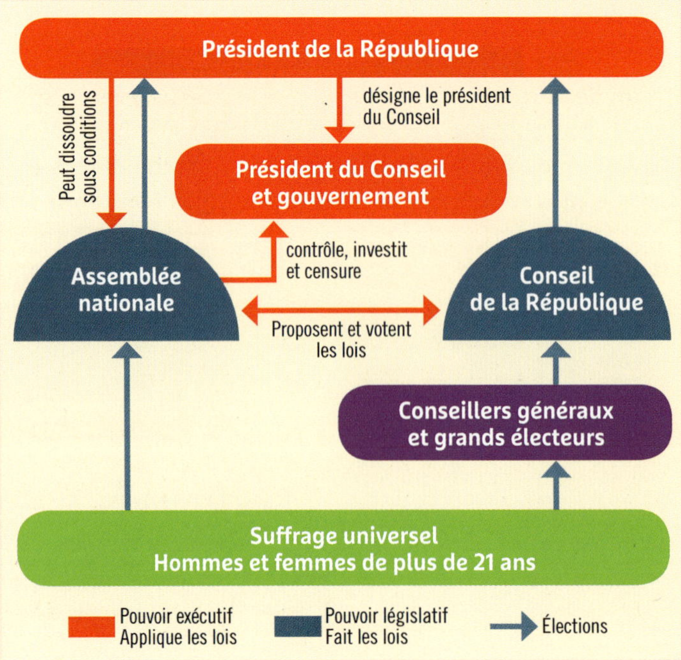

SUJET N° 1

1re partie : HISTOIRE *(6 points)*

Compétences : Maîtriser et utiliser des repères chronologiques *(2 points)*

THÈME 1 Le jeu des puissances dans les relations internationales depuis 1945

1 Complétez cette chronologie sur les étapes essentielles de la guerre froide.

Le monde dans la guerre froide (1947-1991)

1950-1953 :	1962 :	1989 :
....	....	....
....	....	....

Compétences : S'approprier les démarches historiques *(4 points)*

THÈME 1 Le jeu des puissances dans les relations internationales depuis 1945

2 Choisissez une de ces 3 dates et racontez ce qu'il s'est passé. Expliquez pourquoi cette date est importante pour comprendre la guerre froide.

THÈME 2 Vivre en France en démocratie depuis 1945

3 Expliquez l'importance de la création du baccalauréat professionnel dans le contexte des transformations du monde du travail depuis 1945.

2e partie : GÉOGRAPHIE *(8 points)*

THÈME 2 Les sociétés et les risques : anticiper, réagir, se coordonner et s'adapter

Capacités :
– Situer un risque climatique dans son contexte et justifier l'organisation de sa gestion.
– Réaliser une production cartographique simple montrant la vulnérabilité d'un territoire.

Sujet : Le Bangladesh face au risque climatique

Doc 1 La montée des eaux

Avec la montée du niveau de la mer, non seulement l'eau sera encore plus envahissante mais elle sera, et est déjà, salée. La salinité accroît toutes ces maladies[1], empêche la culture du riz, l'activité qui permet à des milliers de personnes de vivre. Un des enjeux fondamentaux est de réussir à traiter cette eau à grande échelle. Plusieurs ONG et agences de développement[2] s'y attellent avec des systèmes de traitement des eaux, de désalinisation [...] Des centaines de programmes sont mis en place dans le pays : formation des habitants pour réagir en cas de cyclones, constructions de refuges, consolidation des logements. L'État aurait investi ces trente dernières années dix milliards de dollars pour anticiper le réchauffement climatique avec la construction de digues et de polders[3].

Les enjeux à venir sont énormes. Avec une population de 160 millions de personnes, qui s'accroît de 6 % par an, 78 millions d'habitants devraient migrer d'ici à 2020. Mais pour aller où ? Dacca, la capitale ? La ville est déjà saturée avec ses presque vingt millions d'habitants. Autre option, l'émigration clandestine vers l'Inde et le Myanmar. La corruption risque de monter en flèche, mais aussi la délinquance, les vols et le racket.

Source : © Julie Lallouët-Geoffroy, « Changement climatique : le Bangladesh a déjà les pieds dans l'eau », Reporterre, 13 janvier 2015.

1. Maladies de peau, diarrhées, hypotension artérielle et cancers.
2. Agences de développement souvent internationales comme les agences de l'ONU, la Banque mondiale...
3. Les digues et les polders permettent de lutter contre les crues et la montée des eaux.

Doc 2 Les aléas

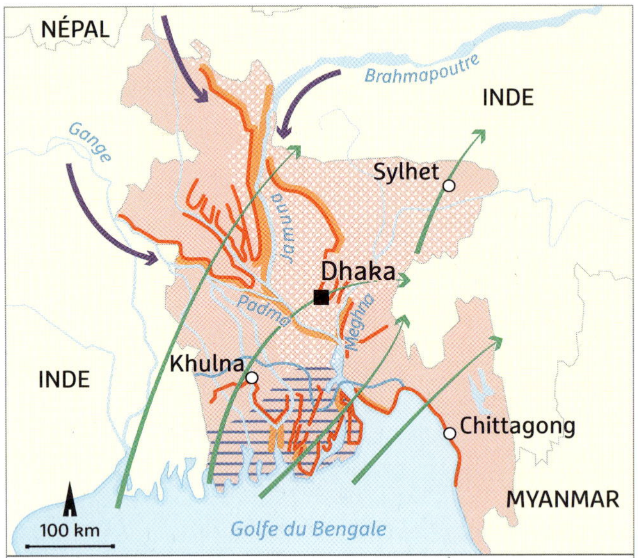

Aléas climatiques

- Cyclones et moussons d'été
- Crues liées à la fonte des neiges et des glaciers de l'Himalaya
- Espace d'inondations fluviales

Territoires fragilisés et menacés

- Érosion des berges
- Limite nord de la salinisation des sols par l'eau de mer
- Espace submergé si l'océan montait d'un mètre (20 % du territoire)
- Principales digues

Doc 3 Adapter l'architecture

[...] L'omniprésence de l'eau sur l'ensemble de son territoire [Bangladesh], et la difficulté à la maîtriser, reste le principal enjeu pour proposer des solutions architecturales pertinentes et efficaces. En imaginant des bâtiments flottants, des infrastructures démontables en roseaux et bambous, mais aussi la surélévation des villages entiers avec des pilotis et l'aménagement de bassins de rétention d'eau, les architectes intègrent les nouvelles contraintes en s'adaptant aux conditions locales et en apportant de nouveaux services aux populations souvent désarmées face à ces changements brutaux qui ont un impact sur leur quotidien. [...]

Dans un pays où l'accès à l'éducation est compliqué pour une grande partie de la population, l'architecte Mohammed Rezwan, soutenu par l'ONG Shidhulai Swaniryar Sangstha, a imaginé une école flottante s'adaptant à la montée des eaux lors de la saison des moussons. [...]

Source : Les Lumières de la ville, média édité par l'agence de prospective urbaine, LDV Studio Urbain, 11 mars 2019.

1. (Doc 1 et 2) **Après avoir précisé ce qu'est le risque climatique, expliquez pourquoi le Bangladesh est particulièrement menacé par celui-ci.**
2. (DOC 1) **Quels sont les autres risques liés au risque climatique qui menacent le Bangladesh ?**
3. (DOC 1 À 3) **Comment le Bangladesh tente-t-il de gérer le risque climatique ?**
4. **Quels sont les acteurs qui interviennent au Bangladesh pour aider les populations face aux risques. Reproduisez et complétez le tableau suivant :**

Doc	Acteurs	Actions
Doc 1		
Doc 3		

5 Reproduisez et complétez le schéma ci-après.

Situation du Bangladesh face à la montée des eaux

Aléas	Risques	Conséquences	Des mesures de prévention face à la montée des eaux (3 exemples)
....	....	....	....
....	....	....	....
....	....	....	....
....	....	....	

6 Complétez le croquis et la légende à partir du document 2 en montrant la vulnérabilité du Bangladesh.

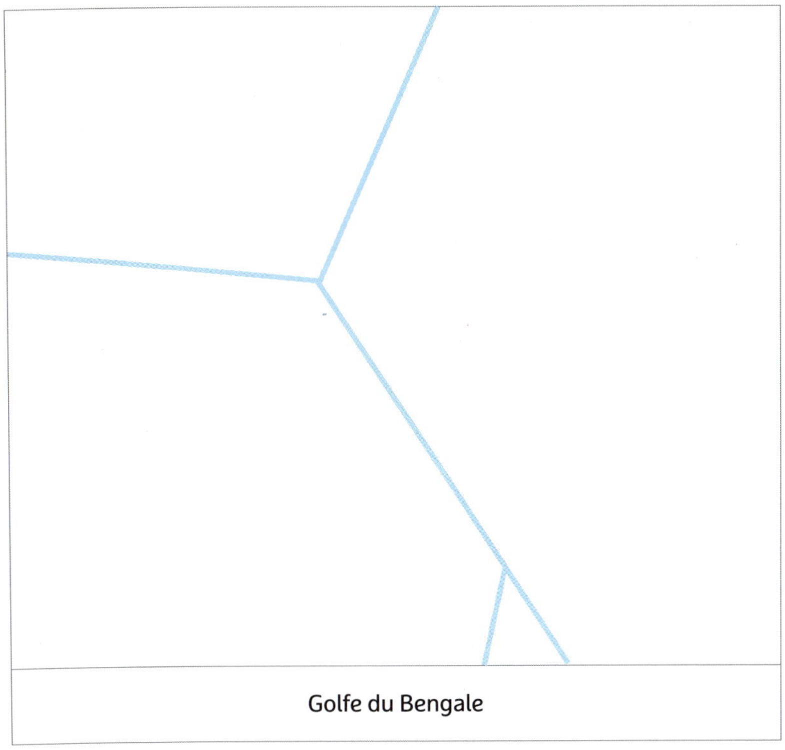

Légende :

- Les espaces menacés par l'eau
- Les espaces pouvant disparaître avec la montée des eaux
- Les moyens de prévention face à la montée des eaux :

....

....

Titre : ....

3e partie : ENSEIGNEMENT MORAL ET CIVIQUE *(6 points)*

THÈME S'engager et débattre en démocratie autour des défis de sociétés

Compétences :
- Mettre à distance ses opinions personnelles pour construire son jugement.
- Construire et exprimer une argumentation cohérente et étayée en s'appuyant sur les repères et les notions du programme.
- Respecter autrui et la pluralité des points de vue.

Notions mobilisées : assemblée, association, démocratie représentative, liberté d'expression, parti politique.

Sujet : Engagement et débats sur les biotechnologies, l'exemple des néonicotinoïdes[1]

1. Les néonicotinoïdes sont employés principalement en agriculture pour protéger les plantes des insectes nuisibles. Depuis le 1er septembre 2018, à la suite de la loi biodiversité du 8 août 2016, l'utilisation de ces produits et des semences traitées avec ces produits est interdite en France.

Doc 1 **Les magasins Biocoop s'engagent contre la réintroduction des néonicotinoïdes**

biocoop
LA BIO NOUS RASSEMBLE

Rechercher

Biocoop | La bio | Producteurs | Recettes | Produits | Magasins | Mes courses en ligne

Accueil / Actualités / Biocoop soutient la pétition contre le retour des néonicotinoïdes

Biocoop soutient la pétition contre le retour des néonicotinoïdes

Le 12/08/2020

Le gouvernement envisage d'autoriser de nouveau les pesticides de la famille des néonicotinoïdes – interdits depuis 2018 – cet automne, alors que ceux-ci sont décriés pour leur toxicité, tout particulièrement sur les abeilles.

BIOCOOP s'oppose formellement à cette possible décision, car l'usage de ce traitement chimique pourrait avoir des conséquences désastreuses pour notre écosystème.

Doc 2 **Les débats au Parlement autour du retour temporaire des néonicotinoïdes**

Le Parlement a autorisé, mercredi 4 novembre, via un ultime vote des sénateurs, le retour temporaire des néonicotinoïdes[1], insecticides nocifs pour les abeilles, pour « sauver » la filière betterave. Après l'Assemblée nationale, le Sénat, à majorité de droite, a voté le projet de loi par 183 voix contre 130. Ce vote vaut adoption définitive de ce texte, dénoncé à gauche comme un *« recul environnemental »*.

Le projet de loi autorise les producteurs de betteraves à sucre à utiliser jusqu'en 2023 des semences traitées avec des pesticides de la famille des néonicotinoïdes, interdits depuis 2018.

Pour la filière, qui représente près de 46 000 emplois, il y a urgence : les dérogations devraient en effet être effectives au plus tard en décembre, pour laisser le temps aux industriels de produire les semences nécessaires aux semis de mars. En cause, un puceron vert qui transmet à la betterave la jaunisse, une maladie qui affaiblit la plante, conduisant à une perte importante de rendement.

Le ministre de l'Agriculture, Julien Denormandie, a reconnu à plusieurs reprises qu'il s'agissait d'un texte *« difficile »*, pour défendre la *« souveraineté alimentaire »* française face à une *« situation exceptionnelle »*. Il a rappelé *« l'engagement résolu »* de la France en faveur de *« la transition agro-écologique »*. *« Nous sommes tous ici favorables à l'arrêt des néonicotinoïdes »*, a-t-il martelé.

La gauche reproche au gouvernement de *« ne pas respecter »* le Parlement en revenant sur le vote de 2016 qui avait interdit ce type de pesticides à partir de 2018. Le sénateur écologiste Joël Labbé a dit sa conviction que *« même dans une situation d'urgence, des alternatives étaient possibles »*, défendant un changement du *« modèle agricole »*, basé sur *« l'agriculture paysanne »*. *« Ce projet de loi est une défaite magistrale, c'est une défaite sanitaire et environnementale »*, a fustigé la socialiste Angèle Préville. [...]

Source : « Betterave sucrière : la réintroduction temporaire des néonicotinoïdes adoptée par le Parlement », AFP, 4 novembre 2020.

1. **(DOC 1) Indiquez les effets négatifs de l'utilisation des néonicotinoïdes.**
2. **(DOC 2) Expliquez pourquoi et à quelles conditions la réintroduction des néonicotinoïdes a été autorisée.**
3. **(DOC 2) Décrivez le parcours de la loi qui a permis la réintroduction des néonicotinoïdes.**
4. **(DOC 1 ET 2) La loi sur la réintroduction des néonicotinoïdes a engendré des débats avant et après son vote. Présentez les formes prises par ces débats et leurs acteurs.**
5. **À partir d'un exemple étudié au cours de l'année, présentez un débat suscité par les biotechnologies. Vous en préciserez les enjeux, les acteurs et leurs arguments.**

SUJET N° 2

1re partie : GÉOGRAPHIE *(6 points)*

Compétences : Maîtriser et utiliser des repères spatiaux *(3 points)*

THÈME 1 **L'accès aux ressources pour produire, consommer, se loger et se déplacer**

1 Définissez ce qu'est un « conflit d'usage ». Citez un exemple en le localisant et en présentant les acteurs.

THÈME 2 **Les sociétés et les risques : anticiper, réagir, se coordonner et s'adapter**

2 À partir de vos connaissances, complétez le schéma suivant en donnant le nom d'un acteur (a) et un exemple de son action (b) :

Acteurs de la prévention et de la gestion des risques

Échelle internationale	Échelle locale	Échelle nationale
a.	a.	a. ....
....	....	....
....	....	....
b.	b.	b. ....
....	....	....
....	....	....

Compétences : S'approprier les démarches géographiques *(3 points)*

THÈME 2 **Les sociétés et les risques : anticiper, réagir, se coordonner et s'adapter**

3 Citez deux littoraux français menacés par les effets du changement climatique et expliquez pourquoi ils sont menacés.

4 Présentez les politiques menées pour lutter contre chacun de ces risques.

2e partie : HISTOIRE *(8 points)*

THÈME 1 **Le jeu des puissances dans les relations internationales depuis 1945**

Capacités :
– Dégager l'intérêt, la portée et le sens d'un document de la période (discours, actes de séminaires internationaux, conférences, traités).
– Confronter des points de vue des États-Unis et de l'Union soviétique à travers l'analyse de documents de propagande.

Sujet : La propagande pendant la guerre froide

Doc 1 — Discours du président américain Truman au Congrès des États-Unis, 12 mars 1947

« Au moment présent de l'histoire du monde, presque toutes les nations se trouvent placées devant le choix entre deux modes de vie. Et trop souvent, ce choix n'est pas un libre choix.

L'un de ces modes de vie est fondé sur la volonté de la majorité. Ses principaux caractères sont des institutions libres, des gouvernements représentatifs, des élections libres, des garanties données à la liberté individuelle, à la liberté de parole et du culte et à l'absence de toute oppression politique.

Le second mode de vie est basé sur la volonté d'une minorité imposée à la majorité. Il s'appuie sur la terreur et l'oppression, sur une radio et une presse contrôlées, sur des élections dirigées et sur la suppression de la liberté personnelle. Je crois que les États-Unis doivent pratiquer une politique d'aide aux peuples libres qui résistent actuellement aux manœuvres de certaines minorités armées ou à la pression extérieure ».

Source : https://www.cvce.eu/obj/discours_de_harry_truman_devant_le_congres_americain_12_mars_1947-fr-263dc0b0-98f5-44a6-bd8b-78d0030f0206.html

Doc 2 — Une de Comics américain, 1953

Traduction de l'anglais : « La 3e guerre mondiale. La guerre qui n'arrivera jamais si l'Amérique reste forte et en alerte. »

Doc 3 — Affiche soviétique, 1953

Traduction du russe par Yves-Marie Garrec :
En haut à droite : « "Colombe" de Washington. Ils ont beau la camoufler ingénieusement, ils ne cacheront pas ses satanées entrailles »
Sur la colombe : « Discours de paix »
Sur le pot : « peinture »

1 Relevez les dates des trois documents. Dans quel contexte ont-ils été produits ?

Document	Date	Contexte
Doc 1		
Doc 2		
Doc 3		

2 (DOC 1, 2 ET 3) **Quels pays s'affrontent pendant cette période et pour quelle raison ?**

3 (DOC 1) **Qui est Harry Truman ? Quel pays évoque-t-il dans le 2e paragraphe ? Dans le 3e paragraphe ? Quelle représentation veut-il donner de chaque pays ?**

4 (DOC 2 ET 3) **Décrivez précisément chaque image en complétant le tableau en page suivante. Pourquoi peut-on dire qu'elles relèvent de la propagande ?**

Description : ....

Lien avec le texte : ....

Intention : ....

Description : ....

Lien avec le texte : ....

Intention : ....

5 (DOC 1, 2 ET 3) **Quelle image permet d'illustrer le discours de Truman ? Justifiez.**

3e partie : ENSEIGNEMENT MORAL ET CIVIQUE *(6 points)*

THÈME **S'engager et débattre en démocratie autour des défis de société**

Compétence :
Construire et exprimer une argumentation cohérente et étayée en s'appuyant sur les repères et les notions du programme.

Notions : liberté d'expression, pluralisme, responsabilité, démocratie représentative.

Sujet : Débat en démocratie et numérisation

Doc 1 **« Dématérialisation de l'État : le Grand Débat »**

Opinion – Dématérialisation de l'État : le Grand Débat

Après de longues semaines, le Grand Débat[1] touche enfin à sa fin. Au-delà des questions économiques et sociétales, il a permis de faire émerger à nouveau le sujet de la dématérialisation de l'État. La transformation numérique du secteur public est sur la table depuis près de deux décennies, et vise à mieux répondre aux attentes des usages grâce aux nouvelles technologies.

Si de nombreux services dématérialisés existent déjà, on constate que cette transformation des procédures pourrait être la source d'une nouvelle fracture numérique. C'est en tout cas ce que le souligne le rapport 2019 du Défenseur des droits[2]. En effet, la vitesse de traitement de plusieurs de ces nouvelles procédures – obtention de cartes grises, prime à la conversion… – ferait presque regretter le monde du papier. […]

Pour cela, l'État français a lancé l'année dernière, Demarches-simplifiees.fr, service numérique permettant de dématérialiser l'ensemble des démarches administratives. Il souhaite, via ce portail, encourager ses agents, mais aussi les citoyens à se mettre au numérique. L'objectif ? 100 % des démarches administratives dématérialisées d'ici le 1er janvier 2022 !

Dans ce contexte, la dématérialisation et l'automatisation des processus représentent réellement une opportunité dans le cadre du programme « Action Publique 2022 »[3]. Bien menées et expliquées, ces transformations doivent permettre de rapprocher l'administration de ses usagers tout en représentant un gisement de productivité et une diminution des dépenses considérable.

Source : Frédéric Massy, *Les Échos*, 18 avril 2019.

1. Débat public ouvert à tous les Français, lancé entre le 15 janvier et le 18 mars 2019 dans le contexte du mouvement des Gilets jaunes. Il était organisé par les maires, les associations, les particuliers à partir de cahiers de doléances ou par un questionnaire en ligne.
2. Inscrite dans la Constitution, cette autorité indépendante a pour mission de défendre et de promouvoir le droit des citoyens devant les administrations.
3. Programme lancé par le Premier ministre en 2017 visant à transformer l'administration. Un comité de 34 membres était chargé de proposer des pistes.

Doc 2 | **Intervention d'un sénateur du parti Les Républicains dans le débat sur les problèmes liés à la dématérialisation de l'État**

Question écrite n° 11323 de M. Patrick Chaize (Ain – Les Républicains) publiée dans le JO Sénat, du 4 juillet 2019 – p. 3471

M. Patrick Chaize appelle l'attention de M. le secrétaire d'État auprès du ministre de l'Intérieur sur les conséquences de la dématérialisation des services publics. [...] La dématérialisation constitue en effet un puissant levier d'amélioration de l'accès à ces services, mais, comme le souligne le rapport du Défenseur des droits remis en janvier 2019, cet objectif ne sera pas atteint si l'ambition collective portée dans ce processus se contente d'être un palliatif à la disparition des services publics sur certains territoires, suivant une stricte approche budgétaire et comptable. Cette évolution risquerait alors d'aboutir à une déresponsabilisation des pouvoirs publics, en renvoyant notamment à la sphère associative la prise en charge de l'accompagnement des usagers, ou en misant sur le secteur privé pour compenser les défaillances du service public. Il s'avère que près de 30 % de la population restent éloignés du numérique pour différentes raisons, dont le développement met en exergue des inégalités entre ceux qui maîtrisent cette technologie et ceux dans l'incapacité d'y recourir. En outre, un usager ne doit plus se trouver démuni face à une plateforme téléphonique, sans avoir pour alternative la possibilité d'interagir avec un véritable interlocuteur humain, seul capable de répondre et de s'adapter à sa demande spécifique. Ainsi, il est indispensable que la dématérialisation des services publics tienne compte des difficultés d'une partie de la population et des besoins spécifiques de certaines catégories d'usagers. Si la mise en œuvre des politiques publiques de dématérialisation est nécessaire, elle doit en revanche être orientée et s'opérer dans le respect des principes fondateurs du service public que sont l'adaptabilité, la continuité et l'égalité devant celui-ci.

1. (DOC 1) **Qu'est-ce que la dématérialisation de l'État ? et quels sont les avantages escomptés ?**
2. (DOC 2) **Quel est le rôle d'un sénateur au sein de la République ? Quelles difficultés soulève-t-il ici ?**
3. (DOC 1) **Quels autres acteurs ont été sollicités pour débattre sur ce sujet ? Pourquoi ?**
4. (DOC 1 ET 2) **En quoi cette dématérialisation méritait-elle, selon vous, de faire partie du Grand Débat national lancé en 2019 ?**

SUJET N° 3

1re partie : GÉOGRAPHIE *(6 points)*

Compétences : Maîtriser et utiliser des repères spatiaux *(3 points)*

THÈME 1 **L'accès aux ressources pour produire, consommer, se loger et se déplacer**

1 Qui a défini les objectifs de développement durable ? Quel est l'objectif global de l'Agenda des ODD 2030 ?

THÈME 2 **Les sociétés et les risques : anticiper, réagir, se coordonner et s'adapter**

2 Donnez la définition d'un risque.

3 Placez sur la carte ci-dessous 5 exemples de risques majeurs.

4 Signalez le lieu et le risque majeur qui menace chacun des exemples choisis.

 # Fichier élève
foucherconnect.fr/21mhg58

Compétences : S'approprier les démarches géographiques *(3 points)*

THÈME 2 **Les sociétés et les risques : anticiper, réagir, se coordonner et s'adapter**

5 Indiquez si chaque affirmation est vraie ou fausse, puis justifiez votre réponse.

a. Les changements globaux résultent du fait que les sociétés subissent aujourd'hui des impacts liés à leurs modes de développement et de vie, et à l'urbanisation croissante.

☐ Vrai ☐ Faux

b. La pression sur les ressources entraîne de plus en plus de conflits d'usage, pour l'accès à l'eau par exemple.

☐ Vrai ☐ Faux

2e partie : HISTOIRE *(8 points)*

THÈME 2 **Vivre en démocratie en France depuis 1945**

Capacités :
– Mener une analyse historique à partir d'un document iconographique.
– Questionner et analyser un texte historique (discours, texte de loi, mémoire, témoignage, article de presse...).

Sujet : Vivre au cœur des Trente Glorieuses

Doc 1 Une société nouvelle

Publicité Moulinex en 1958.

« Pour elle, un Moulinex, pour lui, les bons petits plats. »

Doc 2 L'évolution de la vie quotidienne dans les Trente Glorieuses

Richard obtient son certificat d'études en 1947 à 14 ans. Il entre comme apprenti chez un chaudronnier d'art. Dans leur trois-pièces-cuisine, sans douche ni salle de bains, ses parents vivent au jour le jour. Son CAP de serrurier fait de lui en 1950 un ouvrier qualifié : il gagne alors 20 000 F par mois (552 €[1]). Il se marie en 1954 et sa femme apporte au ménage 35 000 F par mois (792 €) en multipliant les heures supplémentaires ; de quoi acheter le mobilier. L'entreprise de Richard fournit au couple un petit logement, le chauffage et l'électricité. Vers 1960, la situation s'améliore : il touche 743 F par mois (1 232 €) et il peut s'acheter sa première voiture, une 2CV d'occasion, à crédit. Le frigo et la télé viennent aussi à cette époque. Richard comprend que le crédit lui permet d'améliorer son sort plus vite, mais, prudent, il n'en prend jamais plus d'un à la fois. En 1970, il achète une Citroën GS pour 14 000 F, sachant qu'il est à 2 000 F de salaire mensuel (2 233 €). Ses deux filles découvrent pour la première fois les grandes vacances lointaines dans la caravane en 1974. Objectif, le même chaque année : le camping municipal de Narbonne.

Source : M. Beaudeux, « Demain la France », *L'Expansion*, octobre-novembre 1985.

1. Les données en euros sont des conversions de l'INSEE effectuées en 2020.

Doc 3 La fin des Trente Glorieuses

Un chômeur de 50 ans qui a souhaité rester anonyme témoigne : « J'ai commencé à travailler en 1961. J'avais 16 ans. J'ai toujours eu des emplois où il fallait travailler dur. J'ai travaillé sept ans dans une usine métallurgique où je faisais de tout. L'usine a fermé. J'ai été embauché dans une usine qui fabriquait des pare-brises de voiture. Après deux ans et demi, j'ai été licencié économique : on a supprimé un tiers des postes de travail. Ensuite, j'ai travaillé deux ans dans une usine de cuivre. J'ai perdu cet emploi quand elle a fermé. Enfin, j'ai travaillé sept ans comme ouvrier de fabrication dans une entreprise qui produisait des coussins d'auto. Elle a fermé en 81. J'avais 36 ans. [...] Cela fait 16 ans que je suis au chômage... Depuis lors, on ne m'a jamais proposé aucun boulot. [...] J'ai cherché du travail, je me suis présenté à plusieurs usines. Chaque fois, ils me disaient : vous êtes trop vieux. »

Source : Revue *Quart Monde*, « Sortir de l'inactivité forcée », Dossiers et Documents n° 8, Éditions Quart-Monde, 1998.

1 DOC 1 **Analysez cette image (personnages, objets, attitudes...) ; selon vous, dans quel but a-t-elle été réalisée ?**

2 DOC 1, 2 ET 3 **Relevez, à partir des documents, les informations nécessaires pour compléter le tableau suivant. Que constatez-vous ?**

	Date ou période évoquée	Transformations de la vie quotidienne, confort	Emploi
Doc 1			
Doc 2			
Doc 3			

3 DOC 1 ET 2 Utilisez les informations des documents pour définir la société nouvelle qui se développe dans la période des Trente Glorieuses.

4 DOC 1, 2 ET 3 Expliquez pourquoi ces documents sont significatifs de la période des Trente Glorieuses.

3e partie : ENSEIGNEMENT MORAL ET CIVIQUE *(6 points)*

THÈME S'engager et débattre en démocratie autour des défis de société

Compétences :
– Mettre à distance ses opinions personnelles pour construire son jugement.
– Construire et exprimer une argumentation cohérente et étayée en s'appuyant sur les repères et les notions du programme.

Notions mobilisées : assemblée, association, démocratie représentative, liberté d'expression, parti politique

Doc 1 Le projet de loi Énergie climat : lutter contre les « passoires thermiques »

Cette fois, c'est peut-être la bonne. Le gouvernement[1], qui n'arrête pas de tâtonner depuis des semaines pour rendre effective la résorption[2] des « passoires thermiques », est en passe de trouver une voie de passage avec sa majorité. La disposition validée ce mercredi par Matignon[3] sera débattue jeudi par les députés qui ont engagé l'examen en première lecture du projet de loi énergie et climat à l'Assemblée. Il y a urgence.

L'exécutif[4], qui vient d'être accusé par le Haut Conseil pour le climat de ne pas lutter suffisamment contre le réchauffement climatique, doit très vite démontrer qu'il n'en est rien. Ce texte lui en fournit l'occasion et ce d'autant plus que les députés de la majorité l'ont considérablement enrichi en y faisant figurer tout un volet de mesures pour que s'engage enfin le grand chantier de la rénovation énergétique dans l'habitat.

Reste à trouver la bonne méthode pour venir à bout de quelque 7 millions de logements mal isolés en France sans que cela écrase ou pénalise les publics concernés, les locataires mais aussi les propriétaires aux revenus modestes. Pour l'exécutif, autant il faut avancer sur ce dossier, autant il n'est pas question de relancer une vague de contestation de l'ampleur de celles des « gilets jaunes ».

« Socialement acceptable »

Il fallait « trouver une voie entre écologie proclamative et punitive[5] et incitation », relate Patrick Mignola, président du groupe Modem[6] à l'Assemblée. Une réunion organisée à Matignon ce mercredi matin [...] a permis de travailler sur un « dispositif très exigeant mais acceptable socialement », estime le député Modem de Savoie. Il prévoit, jusqu'en 2023, de faire passer les logements classés F et G[7] dans les diagnostics thermiques au niveau E au moins. Pour inciter à passer à l'acte de rénovation, les aides de l'Agence nationale de l'habitat (Anah) seraient mobilisées, ainsi que les certificats d'économie d'énergie (1 milliard d'euros) et les fonds du crédit d'impôt pour la transition énergétique (1,2 milliard), ciblés sur les plus modestes.

Après cette première phase, dite incitative, s'ouvrira une deuxième étape avec la mise en place d'une obligation de rénovations des logements classés F et G d'ici à 2028. Classés F et G, les logements promis à la vente ne pourraient plus bénéficier d'un certificat de conformité. De quoi pousser les propriétaires à rénover leur bien s'ils veulent le vendre à un meilleur prix. [...]

Source : « Passoires thermiques » : l'exécutif en passe de trouver un compromis avec la majorité », Isabelle Ficek et Joël Cossardeaux, *Les Échos*, le 26 juin 2019.

1. Gouvernement d'Édouard Philippe, Premier ministre de 2017 à 2020. **2.** Disparition progressive. **3.** Résidence du Premier ministre. Ici Matignon désigne le Premier ministre. **4.** Le gouvernement. **5.** Politique écologique qui veut mettre en place des mesures (taxes, interdictions...) qui sont perçues comme des contraintes, des punitions. **6.** Groupe parlementaire du parti politique Mouvement démocrate. **7.** Les logements sont classés de A à G selon leur performance énergétique (émission de gaz à effet de serre et consommation d'énergie). « A » pour très bonne performance ; « G » pour une très mauvaise.

Doc 2 Le projet de loi Énergie et Climat

À quelques semaines de l'adoption définitive du projet de loi Énergie et Climat, qui préfère un dispositif progressif de rénovation des « passoires thermiques » à l'interdiction de leur location, des organisations non gouvernementales (ONG) remettent ce sujet sur le métier. Parmi les huit mesures d'urgence présentées ce matin au Premier ministre par les 19 ONG signataires du Pacte du pouvoir de vivre figurait l'interdiction, dès 2021, de louer des logements classés F ou G dans les diagnostics de performance énergétique. « Nous sommes très loin de l'objectif, fixé par la loi de Transition énergétique[1], de rénover 500 000 logements par an », souligne Christophe Robert, directeur général de la Fondation Abbé Pierre[2], sollicité par Batiactu[3]. Les ONG, reçues à leur demande par le Premier ministre, n'ont pas non plus manqué de rappeler à Édouard Philippe que, lors de la campagne présidentielle de 2017, Emmanuel Macron avait promis la rénovation de l'ensemble des passoires thermiques, au nombre de 7 millions, dans les dix ans.

« Le Premier ministre nous a répondu qu'il avait fait le choix d'avancer doucement », relate Christophe Robert. Pour mémoire, le projet de loi Énergie et Climat, sur lequel députés et sénateurs se sont accordés le 25 juillet, obligera, à partir de 2022, les propriétaires de passoires thermiques à réaliser un audit énergétique[4] de leur bien et à informer le locataire et/ou l'acquéreur de celui-ci de ses dépenses énergétiques. Dans un second temps, à compter de 2028, les propriétaires qui n'auront pas rénové leur logement de façon à le faire passer au moins en classe E écoperont de sanctions. « Les obligations de travaux représentent une avancée mais elles sont repoussées au 1er janvier 2028 et la nature des sanctions demande à être précisée », estime Christophe Robert. [...]

Source : « "Passoires thermiques" : le gouvernement ne rassure pas les ONG », article de Christine Lejoux, *Batiactu*, le 27 août 2019, batiactu.com.

1. Loi du 17 juillet 2015.
2. Fondation qui agit pour le logement des personnes défavorisées.
3. Journal en ligne sur l'actualité du bâtiment.
4. État des lieux de la performance énergétique d'une habitation.

1 DOC 1 ET 2 **Quelle disposition du projet de loi Énergie et Climat est évoquée dans les deux articles ? Que prévoit le texte définitif ?**

2 DOC 1 ET 2 **À l'aide de l'exemple du projet de loi ici présenté, expliquez le processus de fabrication de la loi.**

3 DOC 1 ET 2 **Identifiez les défenseurs de la loi Énergie et Climat et ses opposants, ici mentionnés. Présentez de façon synthétique leurs arguments respectifs.**

Défenseurs loi Énergie	Arguments défenseurs	Opposants loi Énergie	Arguments opposants

4 **Votre établissement se mobilise à l'occasion de la semaine du développement durable. Vous participez au débat qui portera sur la question : jusqu'à quel point seriez-vous prêt à changer votre mode de vie pour lutter contre le changement climatique ? Préparez votre intervention en développant un point de vue argumenté et structuré.**

SUJET N° 4

1re partie : HISTOIRE *(6 points)*

Compétences : Maîtriser et utiliser des repères chronologiques *(3 points)*

THÈME 1 **Le jeu des puissances dans les relations internationales depuis 1945**

1 Complétez la légende de cette carte et donnez-lui un titre précis.

Annexe 1 : Titre ....

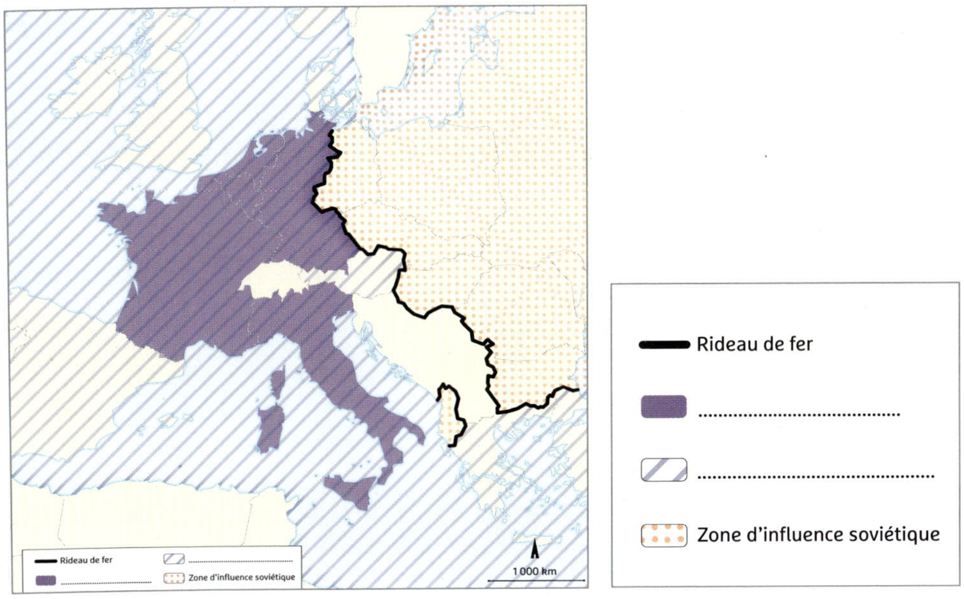

THÈME 2 **Vivre en France en démocratie depuis 1945**

2 Complétez la frise chronologique relative à la vie démocratique en France depuis 1945.

a. Complétez la frise chronologique avec les événements suivants, en utilisant le figuré approprié : *Deux réformes importantes du droit de vote en France – Lois Auroux.*

b. Complétez la frise chronologique avec les périodes suivantes, en utilisant le figuré approprié : *Guerre d'Algérie – Trente Glorieuses – IVe République*

Annexe 2 : Frise chronologique

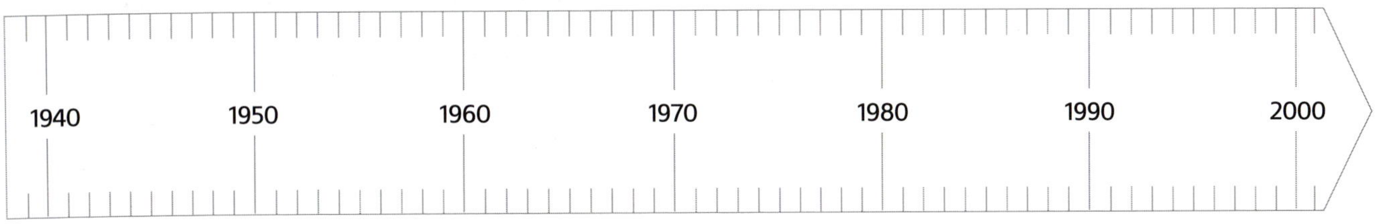

Compétences : S'approprier les démarches historiques *(3 points)*

THÈME 1 **Le jeu des puissances dans les relations internationales depuis 1945**

3 Racontez le rôle d'un leader indépendantiste ou d'une organisation dans l'accession à l'indépendance d'un pays.

THÈME 2 **Vivre en France en démocratie depuis 1945**

4 En quelques lignes, racontez les circonstances de la naissance de la Ve République.

2e partie : GÉOGRAPHIE *(8 points)*

THÈME 1 **L'accès aux ressources pour produire, consommer, se loger et se déplacer**

Capacités :
– Analyser un conflit d'usage autour d'une ressource dans le cadre d'une étude de cas.
– Raconter l'engagement d'un acteur impliqué dans la gestion d'une ressource.

Sujet : l'extraction de l'or en Guyane

Doc 1 **Article de presse intitulé « Guyane : un nouveau projet de mine d'or obtient un vote favorable »**

Les faits : Un gigantesque projet minier, qui n'est pas sans rappeler celui de la Montagne d'Or[1], pourrait voir le jour dans l'ouest de la Guyane... au prix d'une déforestation massive et d'une importante pollution des sols. La Commission départementale des mines a voté en sa faveur jeudi 29 avril [2020], mais les opposants se mobilisent. [...]

Newmont, l'une des deux plus grandes sociétés productrices d'or au monde, projette l'ouverture en 2025 d'une mine d'or à ciel ouvert dans la commune d'Apatou, dans l'ouest du département, proche d'un village d'Indiens Maroni. L'opérateur Espérance envisage l'extraction de 20 millions de m^3 de roches pour creuser une fosse de 300 m de profondeur, sur 1,5 km de longueur pour un premier gisement de 65 tonnes d'or, tout cela en pleine forêt. [...]

« Ce vote, on s'y attendait » : Patrick Monier, porte-parole européen du collectif « Or de question[2] », qui rassemble en vingtaine d'associations (y compris des communautés autochtones) contre l'industrie minière, est désabusé. *« Dans cette commission des mines, les pro-miniers sont toujours largement majoritaires. Ils mettent en avant l'opportunité pour l'emploi, pour faire face au chômage endémique en Guyane... [...] »* Dans un communiqué, Or de question rappelle que *« la déforestation massive altère gravement la biodiversité, accélère les changements climatiques »*, ce qui favorise « l'émergence d'espèces vectrices d'épidémies ». [...] Avant de lancer tout projet, les miniers seront *« dans l'obligation de demander une autorisation administrative »*, a rappelé mercredi par communiqué la préfecture de Guyane. [...] *« Le combat n'est pas perdu »*, veut croire Patrick Monier. [...]

Source : « En Guyane, un nouveau projet de "Montagne d'Or" », Pierre Garrigues, *la-croix.com* © *Bayard Presse*, 3 mai 2020.

1. Grand projet d'extraction d'or en Guyane, abandonné en 2019 après de longues mobilisations.
2. Le collectif fait un jeu de mot entre « Hors de question » et « or ».

Doc 2 **La réponse de la Cie minière Espérance (CME) à l'article intitulé « Guyane : un nouveau projet de mine d'or obtient un vote favorable »**

Cet article appelle les observations suivantes de la part de la Cie minière Espérance (CME) : [...]

Dans le cadre de ses travaux de recherche, la CME a mis en évidence la présence potentielle d'un gisement minier de classe mondiale, ce qui a conduit à un partenariat avec l'entreprise Newmont.

Ce projet de mine primaire dit « Espérance » pourra avoir de formidables retombées économiques et sociales pour la Guyane. En effet, il devrait permettre de faire émerger une industrie minière exemplaire, de créer de nombreux emplois et de participer au développement d'infrastructures respectueuses de l'environnement.

La phase d'exploitation du projet « Espérance » est encore au stade d'étude et ne débutera en tout état de cause pas avant plusieurs années. Elle fera l'objet, le moment venu, de demandes d'autorisation de travaux miniers incluant notamment la réalisation d'une étude d'impact sur l'environnement et une enquête publique. La CME veillera à mettre en œuvre une exploitation ayant l'impact le plus faible possible sur l'environnement et la biodiversité.

Source : Publié dans *20 Minutes*, le 27 juillet 2020.

Doc 3 Une pétition

Page Facebook du collectif « Or de question », 7 mai 2020.

❶ DOC 1 **Dites en quoi consiste le projet « Espérance » et indiquez la ressource concernée par ce projet.**

❷ DOC 1 **Identifiez les principaux acteurs autour de ce projet et précisez leur nature.**

❸ DOC 1, 2 ET 3 **Remplissez le tableau suivant en vous appuyant sur les documents.**

	Promoteurs (défenseurs) du projet	Opposants au projet
Acteurs : groupe et rôles		
Arguments		

❹ DOC 3 **Expliquez l'action présentée ici.**

❺ DOC 1 ET 3 **Racontez comment le collectif « Or de question » s'engage pour préserver la ressource naturelle.**

❻ **Dans un schéma ou un court paragraphe, présentez le conflit d'usage autour de l'or de Guyane.**

3e partie : ENSEIGNEMENT MORAL ET CIVIQUE *(6 points)*

THÈME S'engager et débattre en démocratie autour des défis de sociétés

Compétences :
Construire et exprimer une argumentation cohérente et étayée en s'appuyant sur les repères et les notions du programme.

Notions mobilisées : liberté d'expression, pluralisme, responsabilité, démocratie représentative.

Sujet : Débat en démocratie et numérisation

Doc 1 Démocratie en danger

Rapport du groupe de réflexion du ministère des Armées présenté par Florence Parly, ministre des Armées, lors de la conférence du 4 septembre 2018.

Doc 2 Adoption des lois anti-fake news

C'était un texte voulu et défendu par Emmanuel Macron. Ce mardi à l'Assemblée, les députés ont adopté les deux propositions de loi controversées contre « la manipulation de l'information » en période électorale.

Ces textes s'appuient essentiellement sur une surveillance des réseaux sociaux et des médias étrangers, mis en cause par le Président après son élection[1].

[...] Comme le rappelle *Le Figaro*, si les Français y étaient favorables, l'adoption ne s'est pas faite sans peine. Il aura fallu deux allers-retours entre l'Assemblée nationale et le Sénat, entre juin et fin novembre [2018], pour arriver à ce résultat.

D'ailleurs, lors du vote, droite et gauche ont voté contre ou se sont abstenus, dénonçant des lois « inutiles[2] » et pointant « un risque » notamment pour la liberté d'expression. La définition de la « fausse information » retenue « n'est toujours ni claire ni protectrice », a estimé Constance Le Grip (LR), « sceptique » sur l'efficacité des mesures. Elle craint aussi « des effets indésirables », comme « un risque d'autocensure », de « police de la pensée » et des « atteintes à la liberté de la presse ».

Des associations et syndicats de journalistes se sont aussi élevés contre ces textes, craignant notamment un premier pas vers une possible « censure ».

La loi permettra notamment à un candidat, aux partis, ou à des associations citoyennes de faire retirer des fausses nouvelles sur les réseaux sociaux en période d'élection. Les réseaux sociaux, justement, devront faire preuve de transparence durant ces périodes en indiquant qui a payé pour promouvoir certains messages sur les fils d'actualité des internautes.

Enfin, le CSA[3] aura la possibilité de suspendre ou de retirer aux chaînes étrangères [le droit] d'émettre sur le territoire français.

Source : AFP, 21 novembre 2018.

1. La campagne présidentielle a été émaillée de nombreuses fake news.
2. La loi du 29 juillet 1881 permettait déjà de contrôler les fausses nouvelles.
3. Le Conseil supérieur de l'audiovisuel a pour mission de garantir l'exercice de la liberté de communication audiovisuelle en France.

1 DOC 1 **Mettez en lien le titre du document et son illustration par une grenade. Expliquez ce qui est dénoncé par la ministre des Armées.**

2 DOC 2 **Expliquez le cadre du débat démocratique dans lequel s'est joué le vote de la loi contre les fake news.**

3 DOC 2 **Quelles craintes ont été soulevées à propos des lois contre les fake news ? Par qui ? Pourquoi ?**

4 DOC 2 **Relevez les termes de ces lois et ce qui module sa portée.**

5 DOC 1 ET 2 **Selon vous, faut-il restreindre les fake news sur les réseaux sociaux ? Vous présenterez des arguments pour et d'autres contre avant de formuler votre opinion.**

BIEN PRÉPARER L'ÉPREUVE D'HISTOIRE GÉOGRAPHIE EMC DU BAC PRO

1. JE PRENDS CONNAISSANCE DES MODALITÉS DE L'ÉPREUVE

Épreuve écrite – 2 h 30 – Coefficient 2,5
Évaluation des compétences définies dans les programmes de terminale

1re Partie - Histoire ou Géographie *(6 points)*

- Quelques questions courtes portant sur les repères, notions et capacités **des thèmes** du programme.
- Éventuellement, **un** document à compléter (ex. : croquis, schéma).

2e Partie – Histoire ou Géographie (la discipline non interrogée dans la 1re partie) *(8 points)*

- Analyse d'une situation historique ou géographique, en lien avec **un thème** du programme, à partir de questions posées sur un corpus de trois documents maximum.
- Éventuellement **des** annexes à compléter (ex. : croquis, schéma).

3e Partie - Enseignement moral et civique *(6 points)*

- Analyse d'une situation concrète portant sur le programme de terminale à partir d'un dossier documentaire.
- Des questions pour identifier les enjeux de la situation.
- Formulation d'une opinion personnelle argumentée en lien avec la situation et à l'aide des notions, repères et connaissances du programme.

2. JE ME PRÉPARE RÉGULIÈREMENT À L'ÉPREUVE

Ce que je dois savoir

Les notions, mots clés, repères et contenus des thèmes d'histoire, de géographie et d'EMC.

Pour les maîtriser et les mémoriser :

- Je les apprends rapidement après le cours et vérifie que je les ai bien compris.
- Je retiens les exemples étudiés en classe pour les travailler.
- Je réalise une fiche mémo ou une carte mentale pour noter l'essentiel à retenir de chaque cours.
- Je révise ces connaissances toute l'année de façon très rapprochée, puis de façon plus espacée.
- Quand j'apprends, je crée des autotests auxquels je réponds quand je révise.

Ce que je dois savoir faire en Histoire et en Géographie

- Compléter ou réaliser un croquis simple de géographie, une frise chronologique.
- Réaliser un schéma simple.
- Raconter un événement historique, la vie d'un acteur majeur.
- Décrire une situation géographique.
- Construire une argumentation historique ou géographique.
- Confronter des points de vue d'acteurs différents.
- Dégager l'intérêt et les limites du document.
- Exercer son esprit critique.

Pour maîtriser ces capacités à l'écrit :

- Je réécris les productions travaillées en classe en les améliorant.
- Je m'entraîne avec les exemples proposés par le manuel.

Ce que je dois savoir faire en EMC

Exprimer une argumentation personnelle cohérente :

- Organiser mes idées sous la forme d'un plan au brouillon.
- Introduire mon développement en rappelant le sujet à traiter et les questions qu'il pose.
- Rédiger mon argumentation en hiérarchisant mes idées et en les articulant par des mots de liaison.
- Conclure en élargissant la réflexion à une autre situation par exemple.

Appuyer mon argumentation avec mes connaissances et exemples travaillés en classe autour du projet annuel d'EMC.

Prendre position dans la nuance :

- Mettre mes opinions personnelles à distance.
- Prendre en compte l'opinion des autres.

Crédit iconographique

6	doc1 ph ©	FHK Henrion Archive, University of Brighton Design Archives, by kind permission of the Henrion Estate.
7	doc2 ph ©	Beth A. Keiser/AP/SIPA
9	doc2 Doc.	Catechetical Guild Educationnal Society of ST-Paul, Minnesota / Wikimedia Commons
9	doc3 ph ©	akg-images
11	doc4 ©	Plantu
12	doc2 ph ©	Virginie NGUYEN HOANG/Hans Lucas/HUMA
12	doc3 Coll.	CCFD-Terre Solidaire
12	doc4 Coll.	OAA Fonden- smilingsun.org
15	doc3 ph ©	Leemage/Bridgeman Images © Adagp, 2021, Paris
15	doc4 ph ©	Dixmier / Kharbine Tapabor © Adagp, 2021, Paris
17	doc3 ©	Plantu
18	doc2 ph ©	The Chambers Gallery, London / Bridgeman Images
23	doc3 ©	Horst Haitzinger
23	doc4 ©	Ruben L. Oppenheimer
25	doc3 ©	Marc Chalvin / Iconovox
28	ph ©	Affiche de Reyn Dirksen pour l'Europe, 1950, Sammlung Rauch / Interfoto-AKG Images © Adagp, Paris, 2021
30	doc1 ph ©	UtCon Collection / Alamy / Photo12
30	doc2 ph ©	R.V. Spencer, UAF. (Navy) - CC BY-NC-ND 2.0
30	doc3 ph ©	La Collection
30	doc4 ph ©	David Longstreath / AP / Sipa Press
31	ph ©	Bridgeman Images
32	doc1 ph ©	Archives Charmet / Bridgeman Images
33	doc2 ph ©	Assemblée nationale © Adagp, Paris, 2021
34	doc3 ph ©	C.Félix & H.Poitou © Assemblée nationale. Photo du fond ph© Roger-Viollet
36	doc1 ©	Sécurité sociale, 1958. Affiche pour la promotion des centres médicaux de la sécurité sociale et du centre interdépartemental d'éducation sanitaire.
37	doc3 Coll.	Collection privée
37	doc4 ©	Dessin de Clotilde Boulanger, étudiante en arts, févr. 2021
38	doc2 Coll.	Pierre Pinatel
39	doc4 ©	Le Figaro/13-05-1958
41	doc4 ph ©	Thierry Ollivier / Beaux-Arts de Paris, Dist. RMN-Grand Palais
42	doc1	Gründ, une marque du groupe Édi8, © Gamma-Rapho
43	doc4 ph ©	Paul Colmar
44	doc2 ph ©	L'Express 25-11-1974
44	doc3 ph ©	François Lochon / Gamma-Rapho
45	doc4 ©	Xavier Delucq
46	doc1-1ph ©	Keystone / Gamma-Rapho
46	doc1-2	ph © Sipa Press
46	doc1-3	ph © Hans Lucas
48	doc3 ph ©	Jack Guez / AFP
49	doc5 ph ©	Lycée professionnel Emile Zola-Hennebont
50	doc1 ph ©	Pierre Guillaud / AFP -Parti socialiste
50	doc2-4 ph ©	stock.adobe.com
51	doc5 ph ©	Eric Audras / Alamy / Photo12
54	ph ©	Affiche de Phili pour la Libération de Paris, 1944, Aurimages
56	doc1 ph ©	Renault Communication / Publicis Conseil
57	doc3 ph ©	AFP
58	doc1 ph ©	Yann Arthus-Bertrand / Hemis
59	doc2 ©	Saype
60	doc1 ph ©	Kelly Cheng Travel Photography / Getty-Images
61	doc3 ©	Editions DELCOURT, 2018
62	doc2 ph ©	Vosges Nature Environnement- Collectif Eau 88
63	doc3 ph ©	Brigitte Boulay
66	doc2 ph ©	Marc Granen / Rex / Shutterstock
66	doc3 ph ©	Alexandre Andurant
67	doc4 ©	Sandrine Martin / Marge Design / Epiceum pour Plaine Commune
69	doc3 ©	Consomm'acteurs et Amap de Meaux
69	doc4 ph ©	Corinne Rozotte / Divergence
70	doc2-1 ©	Sharevoisins
70	doc2-2 ph ©	Zero Waste France, graphisme « Atelier des grands pêchers »
70	doc2- 3 ©	Repair café international
72	doc1 ph ©	Philippe Devernay / MENJS
73	doc3 ph ©	Luke Duggleby / REDUX / REA
73	doc4 ©	https://www.un.org/sustainabledevelopment/The content of this publication has not been approved by the United Nations and does not reflect the views of the United Nations or its officials or Member States".
74	doc2 ph ©	Ithiel Dofontien
74	doc3 Doc.	BPA Architecture
75	doc4 ©	BPA Architecture
76	doc1 ©	Novethic - https://www.novethic.fr/
77	doc4 ©	Agence Marcel
79	doc3 ph ©	Zeta
79	doc4 ph ©	Zeta
80	ph ©	Pauline Askin / Reuters
83	ph ©	Frugal inventions
84	doc1 ph ©	Camille Drai
85	doc2 Coll.	Vincent JF Huang
87	doc3 ph ©	MED / Reuters Picture Stream
88	doc1 ph ©	Russian Emergency Ministry / AFP
90	doc2 ph ©	Cellou Binani / AFP
93	doc4 ph ©	Waterstudio.NL - Koen Olthuis
95	doc4 ©	Worldbank
96	doc2 ph ©	Farid Assaf / UNOCHA
97	doc4 ph ©	Toshifumi Kitamura / AFP
100	doc1 ph ©	Jean-Jacques Ganon / AFP
102	doc2 ph ©	Communication-Mairie de Tarbes
103	doc3 ©	Nantes métropole
106	ph ©	Hector Retamal / AFP
107	ph ©	stock.adobe.com
108	doc2 ph ©	Valery Hache / AFP
110	doc2 ph ©	Jean-Marie Périer/Photo12 & Patrice Cartier / Bridgeman Images
111	ph ©	stock.adobe.com
111	ph ©	stock.adobe.com
112	doc1 ph ©	Nicolas Mollo
113	doc3 ©	CIUP
114	doc1	From Rapport sur les objectifs de développement durable 2020, by Department of Economic and Social Affairs ©2020 United Nations. Reprinted with the permission of the United Nations
114	doc2 ©	Ministère de la Transition écologique
118	doc2 ©	Académie de Clermont-Ferrand
119	doc3 ©	Ministère de l'Éducation nationale
124	©	Ville de Strasbourg – Agence de communication Reymann
125	doc2 ©	Illustration AA
126	doc1 ©	GPS&O 2020 – Graphisme : Catherine Potier et Gaël Vingot
127	doc4 ©	Plantu, dessin paru dans Le Monde du 28 juillet 2020
128	doc2 ©	EREBFC
130	doc1 ©	Agence de biomédecine
132	doc1 ph ©	Jean Michel Mazet / PHOTOPQR / LA DEPECHE DU MIDI / MAXPPP - www.mesopinions.com
133	doc3 ©	Assemblée nationale
134	doc1 ©	Christophe DEPOIRE 2020 pour BOULEVARD DES PRODUCTIONS / FORUM EUROPÉEN DE BIOÉTHIQUE
136	©	stock.adobe.com - ERERC CHRU de Tours
137	©	Miss Lilou
138	doc1 ©	Simon Caruso -www.caruso.illustration.com
139	doc4 ©	Secrétariat d'État au numérique
140	doc1 ph ©	Frédérique Schneider, la-croix.com © Bayard Presse, 18 janvier 2019
142	doc1 ph ©	AFP
142	doc2 ©	Andrea Bucella
143	doc5 ©	Bruno Soulcié / Iconovox
145	doc3 ©	Fréquence écoles
146	doc2 ©	Catherine Huguet / Le Point
147	doc4 ©	Michel Chanu / CNETH
148	ph ©	stock.adobe.com
149	doc1 ©	Agathe Dahyot / Le Monde
149	doc3 ©	Marc Dubuisson
151	doc1 ph©	Caricadoc / Bridgeman Images
151	doc2 ph©	The Advertising Archive / Aurimages
152	doc2 ©	Plantu
154	doc4 ©	World Bank
157	doc1 Doc.	Lycée professionnel Emile Zola-Hennebont
157	doc2 ©	Clotilde Boulanger
162	doc1 ©	Biocoop - Image by rostichep from Pixabay
164	doc2 ph ©	AKG Images
164	doc3 ph ©	Bridgeman Images
168	doc1 ph ©	Illustration de JAMBERT de 1961 -Coll. Kharbine Tapabor
173	doc1 ©	MEAE
175	doc3 ph ©	Collectif Or de question - EELV

Couverture :

PHOTO 1	ph©	DDP Images / Abaca
PHOTO 2	ph©	Jean-Philippe Charbonnier / Gamma-Rapho
PHOTO 3	ph©	Denis Guignebourg / Abaca

Iconographie : Brigitte Hammond

Paris – avril 2021 – NB-BA/VO
Dépôt légal n° 16182-9/02 - Juin 2022
Achevé d'imprimer en Italie par Vincenzo Bona S.p.A.

PAPIER À BASE DE FIBRES CERTIFIÉES
Hatier s'engage pour l'environnement en réduisant l'empreinte carbone de ses livres. Celle de cet exemplaire est de : 2.2 kg éq. CO_2
Rendez-vous sur www.hatier-durable.fr
IMPRIM'VERT